薏仁米产业蓝皮书

BLUE BOOK OF
COIX SEED INDUSTRY

中国薏仁米产业发展报告
No.3 (2019)

THE DEVELOPMENT REPORT OF CHINESE COIX SEED INDUSTRY
No.3 (2019)

主　编／李发耀　石　明　黄其松

社会科学文献出版社
SOCIAL SCIENCES ACADEMIC PRESS (CHINA)

图书在版编目（CIP）数据

中国薏仁米产业发展报告 . No. 3，2019 / 李发耀，
石明，黄其松主编 . -- 北京：社会科学文献出版社，
2019. 8
（薏仁米产业蓝皮书）
ISBN 978 - 7 - 5201 - 5229 - 7

Ⅰ.①中⋯　Ⅱ.①李⋯②石⋯③黄⋯　Ⅲ.①薏苡 -
产业发展 - 研究报告 - 中国 - 2019　Ⅳ.①F326. 11

中国版本图书馆 CIP 数据核字（2019）第 164068 号

薏仁米产业蓝皮书
中国薏仁米产业发展报告 No. 3（2019）

主　　编／李发耀　石　明　黄其松

出 版 人／谢寿光
责任编辑／陈　颖
文稿编辑／王　煦

出　　版／社会科学文献出版社·皮书出版分社（010）59367127
　　　　　　地址：北京市北三环中路甲 29 号院华龙大厦　邮编：100029
　　　　　　网址：www. ssap. com. cn
发　　行／市场营销中心（010）59367081　59367083
印　　装／天津千鹤文化传播有限公司

规　　格／开　本：787mm × 1092mm　1/16
　　　　　　印　张：16. 75　字　数：249 千字
版　　次／2019 年 8 月第 1 版　2019 年 8 月第 1 次印刷
书　　号／ISBN 978 - 7 - 5201 - 5229 - 7
定　　价／158. 00 元

本书如有印装质量问题，请与读者服务中心（010 - 59367028）联系

《中国薏仁米产业发展报告 No. 3（2019）》
编 委 会

《中国薏仁米产业发展报告 No. 3（2019）》
撰　写　组

主　　编	李发耀　石　明　黄其松		
副 主 编	敖茂宏　姚　鹏　李春艳		
统　　稿	李发耀		
审　　稿	黄旭东		
撰　　稿	李发耀	杜小书	黄其松	苟以勇
	刘杜若	杨明锡	张　燕	曾仁俊
	敖茂宏	姚　鹏	彭渊迪	刘清庭
	李春艳	朱忠琴	郭　沙	涂娟芝
	刘章颇	陈　洪	赵　鹏	罗　华
	杨　贤	徐买柱	王　璐	李　玲
	赵　鹏	宋智琴	付瑜华	刘凡值
	卢俊峰			
文字注解	李发耀		
图片摄影	叶　娇		
图片编辑	叶　娇		

感谢兴仁市人民政府对该报告提供全面支持!

主要编撰者简介

李发耀 贵州贞丰人。贵州省社会科学院研究员，贵州大学兼职教授/硕士研究生导师，贵州省地理标志研究中心主任，贵州省地理标志研究会会长，中国民族地区环境资源保护研究所兼职研究员，贵州省委宣传部2010年"四个一批"理论人才，贵州省苗学会副秘书长，2017年中国农业品牌建设"十大个人贡献奖"获得者。主要研究专长为：民族地区社会经济与社区可持续发展，环境资源的社会、经济和法律机制，地理标志保护与实施，地方标准体系制定，文化遗产与文化产业等。出版专著《多维视野下的传统知识保护机制研究》、《贵州：传统学术思想世界重访》（第二作者），主编《生态档案：跨越时空的生态历史记忆》、《反贫困的历史征程：来自普定生态文明报告》、《中国薏仁米产业发展报告（2017）》、《贵州地理标志产业发展报告（2017）》（2018年8月获优秀皮书报告一等奖）。发表学术论文60余篇，如《地理标志制度框架下遗传资源获取与惠益分享研究》《地理标志制度对生物资源的保护及可持续利用分析》，主持联合国课题：全球环境基金"赤水河流域生态补偿与全球重要生物多样性保护示范项目"——促进企业参与赤水河流域保护的生态标签机制设计活动，主持国家社科基金课题：地理标志制度视野下西南山区特色产业发展模式研究，国家部委课题、省长基金课题、省科技厅（知识产权局）课题、省社科规划办课题、省级软科学课题、地方政府委托课题等，以及与地理标志相关的技术实证、社会经济可持续发展等多个项目。同时接受过美国《科学》杂志社亚太分社，中央电视台1频道、2频道、7频道，新华社、《中国农民报》、《当代贵州》、《贵州日报》、《经济信息时报》等国内外20多家媒体的专题采访。

石　明　中共党员，贵州省省管专家，省政府津贴专家，国务院津贴专家，国家农业农村部小宗粮豆品种鉴定委员，第六、七、八届黔西南州政协常委。现任黔西南州脱贫攻坚产业指导办公室主任、贵州省薏苡工程技术研究中心主任，研究员。主要从事作物育种、成果转化、作物高产栽培等方面的研究工作和黔西南州扶贫产业的梳理、规划、指导等工作。主持和参与了国家科技支撑计划、科技成果转化、贵州省科技重大专项、贵州省科技攻关及黔西南州重大科技项目 36 项。获贵州省科技进步一等奖、二等奖，黔西南州最高科学技术奖及科技进步奖等多项，在国家核心期刊发表研究论文 30 余篇。分别获得贵州省"五四"青年奖章，黔西南州优秀科技人才、贵州省科技兴农人才奖、全国优秀科技工作者、中国农学会青年科技奖、贵州省"五一劳动奖章"获得者、贵州省先进工作者、全省创先争优优秀共产党员、黔西南州最高科学技术奖等奖项与荣誉称号。作为贵州薏苡学术带头人及薏苡科技创新人才团队领衔人，主持了"国家星火计划"、贵州省科技重大专项、攻关计划、创新团队建设，动植物育种专项、良种繁育、基地建设等科技项目。已经形成了贵州省稳定的薏苡研究团队，选育了黔薏苡 1 号、黔薏 2 号、黔薏 3 号等薏苡新品种，研究形成了贵州薏苡高产栽培技术规程、良种繁育技术规程（地方标准），申请并受理《一种糯薏苡的选育方法》《一种促进薏苡种子快速萌发的方法》专利 2 项，拟出版《薏苡种质资源描述规范和数据标准》专著 1 部。发表《禾谷类作物胚乳淀粉合成及 Waxy 基因研究进展》《黔薏苡 1 号干物质积累及生长发育动态研究》《薏苡生物学特性和养分吸收特征研究》《种植密度与施肥对薏苡产量的影响》《薏苡营养球育苗及高产栽培技术》等研究论文 11 篇。

黄其松　四川省富顺县人。贵州大学公共管理学院院长。2009 年获得武汉大学政治学博士学位，2010 年进入天津师范大学政治学博士后流动站从事科研工作至 2013 年。发表过《新型常态治理：推进国家治理现代化的转型之道》《权利、自治与认同：民族认同的制度逻辑》《制度建构与民族认同：现代国家建构的双重任务》《论政治思想史研究的四种范式》《知识抑或信仰：现代性危机探源——兼论现代社会的知识基础》等 20 余篇学术论文，出版学术专著《政府治理评论》1 部。曾主持过教育部文科项目、国家社科基金项目和博士后基金面上项目等科研课题，获得贵州省第九次、第十二次哲学社会科学优秀成果一等奖和第四届贵州省高校人文社会科学优秀研究成果奖一等奖、贵州省第十次哲学社会科学优秀成果三等奖等奖励。

摘　要

《中国薏仁米产业发展报告 No.3（2019）》由总报告、产业发展篇、文化专题篇、专题研究篇、附录五个部分组成。

总报告包括 2019 年薏仁米产业发展现状及薏仁米文化专题。2019 年薏仁米产业发展现状：全国薏仁米种植面积 110 万亩，总产量 55 万吨；生产加工方面，薏仁米标准基本形成，加工技术进一步创新，新工艺不断得到运用，新技术不断探索，新产品不断涌现；产品质量方面，薏仁米全产业链的质量意识进一步得到提高，产品质量控制技术与产品质量安全指数大幅提升；薏仁米市场与品牌建设方面，薏仁米产业的多级多功能市场不断提升和不断形成，薏仁米消费人群和市场不断扩大。薏仁米文化专题：以薏仁米产业发展和薏苡的文化历史发展考察为路线，从《说文解字》《辞源》《辞海》等查询薏苡文字起源开始，整理薏苡的文献分类和内容分类，分析薏苡文献内容的变迁，梳理和分析薏仁的文化空间，分析中国薏仁米文化发展基本趋势。

产业发展篇，以薏仁米产业发展为基本主题：由薏仁产业国际贸易市场与政策研究报告、薏仁米产业链延伸与优化、中国薏仁米产品竞争力发展报告、贵州绿色优质农产品生产和销售调查报告、农村产业革命下贵州薏仁米产业现状分析报告组成，提出了薏仁米产业发展当前面临的四个主题——国际贸易、产业链发展、绿色食品质量、农村产业革命等重要问题。

文化专题篇，以薏仁米的文化沉淀整理为核心，收录四个主题报告，薏仁米诗词文献分析报告，薏仁米药食文化与养生文化发展报告，国际杂粮文化与薏仁米产业发展研究报告，薏仁米质量文化与品牌文化研究报告。四个报告全面呈现薏仁米产业发展的诗歌文化、药食文化与养生文化、杂粮文化、品牌文化。

专题研究篇，以薏仁米产业发展的公共品牌建设路线展开，包括：薏仁米公共政策建设研究报告，薏仁米公共技术服务平台建设研究报告，薏仁米公共服务建设研究报告，薏仁米公共宣传建设研究报告，中国薏仁米核心主产区兴仁创建全国绿色食品原料基地纪实，中国质量万里行走进贵州兴仁专题报告，薏仁米品质大数据报告。

关键词：薏仁米产业　文化品牌　品牌建设

Abstract

The 2019 Chinese coix seed rice industry development report consists of five parts: general report、 industrial development、 cultural topic、 thematic study and appendix.

The general report includes the development status and cultural topic of coix seed rice in 2019. Development status of coix seed rice industry in 2019: The national area of coix seed rice barley was 1. 1 million mu, and the total output was 550, 000 tons. In terms of production and processing, the standard of coix seed rice was basically formed, and the processing technology was further innovated, new technologies were applied continuously, new technologies were explored and new products emerged continuously. In terms of product quality, the quality consciousness of the whole industrial chain of coix seed rice barley was further improved, and the product quality control technology and product quality safety index were greatly improved. Coix seed rice market and brand building. The multistage multifunctional market of coix seed rice industry has been continuously promoted and formed, and the consumer population and market of coix seed rice have been continuously expanded. Coix seed rice culture topic in 2019: It takes the development of coix seed rice industry and the cultural and historical development of coix seed rice as the route: From Shuowen Jiezi, etymology and Cihai, this paper probed into the origin of coix seed, sorted out the classification of coix seed's literature and content, and analyzed the changes of coix seed literature content. Combing and analyzing the cultural space of Chinese coix seed and analyzing the basic development trend of Chinese coix seed.

Industry development chapter, Taking the development of coix seed rice industry as the basic theme: It consists of International trade market and policy research report of coix seed rice industry; Industrial chain extension and optimization of coix seed rice industry; Report on competitive development of

Chinese coix seed rice; Green industry development report of coix seed rice industry Investigation report on production and sale of green quality agricultural products in guizhou; Analysis report on the status quo of guizhou coix seed rice industry under the rural industrial revolution Four major issues, such as international trade, industrial chain development, green food quality and rural industrial revolution, were put forward.

The cultural chapter, the core display is coix seed's cultural precipitation and arrangement, and four special reports were presented: Literature analysis report on the poetry of coix seed rice; Development report on the dietary culture and health culture of coix seed rice; International coarse grain culture and the development of coix seed rice industry; Quality culture and brand culture of coix seed rice. The four reports comprehensively present the poetry culture、medicine and food culture、health culture、brand culture、miscellaneous grain culture and brand culture of the development of coix seed rice industry.

Thematic research chapter, It starts with the public brand construction route of coix seed rice industry development which includes research report on public policy construction of coix seed rice; research report on public technical service platform construction of coix seed rice; research report on public service construction of coix seed rice; research report on public propaganda construction of coix seed rice; main core production area of coix seed rice: Xingren created a national green food raw material base documentary; Chinese quality walk into guizhou Xingren special report; etc.

Keywords: Coix Seed Rice Industry; Cultural Brand; Brand Construction

目　录

Ⅳ　专题研究篇

Ⅴ　附录

皮书数据库阅读**使用指南**

CONTENTS

I General Report

II Industrial Development

Ⅲ　Cultural Topics

Ⅳ　Thematic Study

V   Appendices

B.1

2019年薏仁米产业现状及
文化专题报告

李发耀 石 明 黄其松 杜小书*

摘 要： 2019年产业现状。薏仁米种植方面，全国新增薏仁米种植面
积近10万亩，全国总面积达到110万亩。年总产量在55万
吨，可生产优质薏仁米20万吨以上。增长最大区域主要是薏
仁米核心产区兴仁市，全市薏仁米总面积35万亩。薏仁米加
工方面。加工技术进一步创新，新工艺不断得到运用，新技
术不断探索，薏仁米产品链不断丰富。薏仁米市场与品牌建
设现状。薏仁米产业的多级多功能市场不断提升和不断形成，

* 李发耀，贵州省社会科学院研究员，地理标志研究中心执行主任，研究方向为社会可持续发
展；石明，黔西南州脱贫攻坚产业指导办主任、贵州省薏苡工程技术研究中心主任/研究员；
黄其松，贵州大学公共管理学院院长、教授，研究方向为公共管理；杜小书，贵州省社会科
学院文化研究所所长、研究员，研究方向为文化产业。

薏仁米消费人群和市场不断扩大，薏仁米价格持续升高，现阶段薏仁98米价格已经上涨到15000元/吨，薏仁碎米7500元/吨，东南亚大粒薏仁米8000元/吨，价格较往年增长40%以上。

薏仁米文化专题。薏仁米文化历史悠久，薏苡从古文字出现到历史传说记载，在中国的食药文化史上有重要的位置。本报告从《说文解字》《辞源》《辞海》的薏苡文字起源说起。薏仁米有着丰富而完整的文化内容，包括薏苡丰富的文献分类和内容分类，薏苡独特的文化空间，薏仁米文化产业与产业文化呈现快速发展趋势。

关键词： 薏仁米　薏仁米文化　产业文化

一　2019年薏仁米产业现状

（一）薏仁米生产加工

薏仁米种植方面。目前，国内薏苡主产区仍然在贵州、云南、广西、福建等4个省区，种植面积整体呈现增长之势。2018~2019年，全国新增薏仁米种植面积近10万亩，全国总面积达到110万亩。年总产量在55万吨，可生产优质薏仁米20万吨以上。增长最大区域主要是薏仁米核心产区兴仁市，2018~2019年薏仁米种植面积增长5万亩，全市薏仁米种植面积达到35万亩。从全国薏仁米种植面积的分布来看，贵州作为薏苡的主要传统产区，在全国最大的薏苡加工集聚区和产品集散地位置不断巩固，薏苡种植面积、产量均居全国第一，生产量占全国2/3，全省薏仁米总产量达到28.8万吨，全省种植和粗加工产值达43亿元。建设种子繁育基地6000亩，启动薏苡仁功能性健康产品研发，培育20万亩以上种植大县（市）1个，5万亩以上种植大县4个，3万亩以上种植大县10个，建设规范化种植基地20万亩，培育薏苡仁健康旅游小镇1个；建设4个产地粗加工基地，严格监督管理产品质量，加强产销对接；带动扶持贫困人口10万人增收。

薏仁米加工方面。加工技术进一步创新，新工艺不断得到运用，新技术不断探索，加工过程中的无水工艺应用企业不断增多。特别是收储环节的通风干燥与即收即处理，全面降低和解决薏仁米黄曲霉素问题，保证薏仁米绿色优质农产品的好品质。薏仁米的新产品进一步增多，目前薏仁米系列产品已形成完整产品链：薏仁黄米、糯薏仁米、薏仁珍珠米、薏仁玄米、薏仁面条、薏仁米爆米花、红豆薏仁粉、山药薏仁粉、薏仁米饮料、薏仁酒、薏仁烤芙、薏仁米豆沙粑、薏仁沙琪玛、薏仁茶、薏仁饼干、薏仁椒、薏仁米洁面皂、薏仁米面膜、薏仁米化妆水、皂薏仁胶囊、薏仁精油胶囊、薏仁口服液、薏仁米精油等。与此同时，薏仁米作为药食同源产品，在抗癌、抗肿瘤、降血糖、消炎等多种药理特性开发方面不断取得进展，薏仁米药理、药方、药膳不断被挖掘，薏仁米的营养成分和药用成分提取技术不断精进。

（二）薏仁米市场与品牌建设

薏仁米产业的多级多功能市场不断提升和不断形成，薏仁米消费人群和市场不断扩大。2018～2019年，薏仁米品牌效应持续发挥，薏仁米价格持续升高，现阶段薏仁米价格已经上涨到15000元/吨，薏仁碎米7500元/吨，东南亚大粒薏仁米8000元/吨，价格较往年增长40%以上。2018～2019年，全国薏仁米品牌建设提速，云南、广西、福建、贵州纷纷把薏仁米品牌工作纳入地方政府工作计划方案，作为专项工作加快推进速度，其中贵州省薏仁米品牌建设显著，新增保田薏仁、晴隆糯薏仁两件农产品地理标志，兴仁薏仁米紫云板当薏仁米加快绿色食品认证，兴仁薏仁米全国绿色原料基地前期工作筹备完成，兴仁薏仁米获得中国质量万里行促进会授予"中国好品质"

荣誉。贵州省成立农村产业革命工作领导小组，薏仁米列入农村产业革命中药材产业革命专班，即将印发"贵州省农村产业革命中药材薏苡仁产业发展行动方案（2019～2020年）"，指导薏仁米产业发展。

（三）薏仁米标准建设

薏仁米国家标准。目前我国还未发布实施任何一项相关薏仁米的国家标准，薏仁米的国家标准目前为空白。安徽与贵州两地正在推进薏仁米国家标准建设工作，但由于技术路线问题，相关工作有待协调推进。

薏仁米行业标准。截至目前，我国发布实施的相关薏仁米行业标准有两项，且均为农业标准，为"NY/T 2977－2016 绿色食品 薏仁及薏仁粉"及"NY/T 2572－2014 植物新品种特异性、一致性和稳定性测试指南 薏苡"，分别是薏仁米的品种测定及产品标准。

表1 薏仁米相关行业标准情况汇总

序号	标准名称	标准编号	发布实施时间	适用范围	标准状态
1	绿色食品 薏仁及薏仁粉	NY/T 2977	2016年10月26日发布 2017年4月1日实施	适用于绿色食品薏仁,包括带皮薏仁及纯薏仁粉。不适用于即食薏仁粉	现行有效
2	植物新品种特异性、一致性和稳定性测试指南 薏苡	NY/T 2572	2014年3月24日发布 2014年6月1日实施	适用于薏苡属新品种特异性、一致性和稳定性测试和结果判断	现行有效

薏仁米地方标准。截至目前，我国发布实施相关薏仁米地方标准的有3个省份，分别是浙江省、福建省和贵州省，其中浙江省和福建省各发布实施1项标准，贵州省发布实施有5项标准，标准状态均为现行有效，总计发布实施的薏仁米相关地方标准有7项。标准类型包含有种植标准、产品标准及地理标志产品标准3种。另外，贵州已开始薏仁米标准体系制定，相关工作正在进行。

表2　薏仁米相关地方标准情况汇总

序号	省份	标准名称	标准编号	标准状态	标准类型
1	浙江省	薏苡种植技术规程	DB33/T 858－2012	现行有效	种植标准
2	福建省	地理标志产品　浦城薏米	DB35/T 942－2009	现行有效	地理标志产品标准
3	贵州省	地理标志产品　兴仁薏（苡）仁米	DB52/T 1067－2015	现行有效	地理标志产品标准
4	贵州省	薏苡间作大豆种植技术规程	DB52/T 1337－2018	现行有效	种植标准
5	贵州省	贵州薏苡栽培技术规程	DB52/T 1068－2015	现行有效	种植标准
6	贵州省	贵州无公害薏仁生产技术规程	DB52/T 1316－2018	现行有效	种植标准
7	贵州省	薏苡仁米（粉）	DB52/T 1072－2015	现行有效	产品标准

表3　贵州薏仁米综合标准体系结构研究

序号	标准类型	标准种类	标准代号	标准名称
1	基础标准	种质资源	DB52/XXXX—XXX	薏苡种质资源描述规范(新增)
2	种植标准	良种繁育	DB52/XXXX—XXX	薏仁米良种繁育技术规程(新增)
		栽培技术	DB52/T1337－2018	薏苡间作大豆种植技术规程(已发布)
			DB52/T1316－2018	贵州无公害薏仁生产技术规程(已发布)
			DB52/T1068－2015	薏苡栽培技术规程(已发布)
		病虫害	DB52/XXXX—XXX	薏仁米病虫害绿色防控技术(新增)
3	技术标准	加工技术	DB52/XXXX—XXXX	贵州薏仁米加工技术规范(新增)
		包装储运	DB52/XXXX—XXXX	贵州薏仁米包装储运标准(新增)
4	产品标准	薏仁米	DB52/T1072－2015	薏苡仁米(粉)(已发布)
		地理标志	DB52/T1067－2015	地理标志产品　兴仁薏仁米(已发布)
		贵州薏仁米质量标准	DB52/XXXX—XXXX	贵州薏仁米质量标准(新增)

注：已发布标准5项、新增标准6项，一共11项标准。

　　贵州省薏仁米标准体系有11项标准，其中已发布的5项标准，新增6项标准。该标准体系包含了种质资源、育苗、栽培、病虫害、加工、产品、包装储运等7类标准，基本涵盖了薏仁米产业链条中的每一环节，在以后随着科技进步及对薏仁米新产品的研发使用，可相应增加新产品加工工艺标准及产品标准，同时更新修订其他标准内容。

二 薏仁米文化专题

（一）薏苡文字起源发展

薏苡，在中国文化的文字起源里面有丰富的内容。中国文字里面汉语词典的基本解释，薏苡，草本植物，子实脱壳后叫薏米。茎直立，叶线状披针形，颖果卵形，淡褐色。子粒（薏苡仁）含淀粉，供食用、酿酒，并入药，茎叶可作造纸原料。《尔雅》注：莲子的心，即莲子中的青嫩胚芽，莲青皮，果白。《说文解字》有着我国第一部字书之称，是一部系统分析字形、考究字源的文字学著作，其对薏的解释：

> 薏【卷一】【艸部】，薏苢。从艸意聲。一曰薏英。於力切。

清代段玉裁的注释：

> （薏）薏苢。本艸經艸部上品有薏苡仁。陶隱居云。生交阯者子最大。彼土人呼爲韓珠。馬援大將取還。人讒以爲珍珠也。按韓與？雙聲。

另一部对中国文化具有深远影响的汉字辞书《康熙字典》，其对薏的解释，古文薏：

> 【唐韻】於力切，音億。【疏】薏，中心也。又苡薏。詳苡字註。又【玉篇】乙吏切，音意。義同。又【韻會】薏苡，草名。

《辞源》对薏米解释：薏苡实中的仁。薏苡：植物名。属禾本科，花生于叶腋，果实椭圆，果仁叫薏米，白色，可入米中作粥饭或磨面。又入药。《辞海》对薏苡的解释，薏俗称"药玉米"、"回玉米"。禾本科。一年生或多年生草木。根系强大，宿根生。秆直立粗壮，有分歧。叶线状披针形，中脉粗厚。花单性，雌雄同株，总状花序腋生或顶生；雌小穗位于花序基部，外面包有骨质念珠状总苞；雄小穗无柄或具柄，数丛，排列花序上部，呈穗状，颖果椭圆形，淡褐色，有光泽。性喜温暖湿润气候，耐涝。我国分布较广，日本亦产。种仁又称"米仁"，含淀粉，供食用或酿酒。茎、叶可作造纸原料。中医学上有根和种仁入药，种仁性微寒、味甘，功能清热利湿、健脾，主治水肿脚气、风湿痹痛、泄泻、肠痛、肺痛等。炒用补益肺脾、扁平疣。根具清热、利尿的功效，用于肾炎等症。

薏苡有许多异称，如解蠡、起英、芑实、赣米、赣珠、回回米、薏珠子、薏仁、苡仁、玉秫、六谷米、珠珠米、药玉米、水玉米、沟子米、裕米、益米、五谷子、茉苢、草珠儿、薏米、米仁等别称。明代李时珍《本草纲目·谷部》集中训释了多个异名的来源：其叶似蠡实叶而解散，又似芑黍之苗，故有解蠡、芑实之名，赣米乃其坚硬者，有赣强之意，苗名屋菼。赣有强硬之意，薏苡的籽粒坚硬，故名赣米。明代朱橚的《救荒本草》第二卷：回回米又呼西番蜀秫，俗名草珠儿。历史上人们曾经认为薏苡是从西域传入而来，所以人们也称之为回回米或西番蜀秫。《诗经·周南·茉苢》："采采茉苢，薄言采之。"对于茉苢的理解，薏苡是较多的一种说法。东汉时期著名的经学家、文字学家许慎《说文解字》注释认为，茉苢为薏苡，"苢，茉苢，一名马舄，其实如李，令人宜子。"

薏苡有特定的文化符号。薏苡之谗。清·李渔《玉搔头·拾愁》：忠能格主，不蒙薏苡之谗；功每先人，曾最麒麟之强。薏苡之谤指蒙受不白之冤。《后汉书·马援传》：初，援在交阯，常饵薏苡实，用能轻身省欲，以胜瘴气。南方薏苡实大，援欲以为种，军还，载之一车。时人以为南土珍怪，权贵皆望之。后薏苡之谤成为一个历史符号，《旧唐书·王珪杜正伦等传论》：正伦以能文被举，以直道见委，参典机密，出入两宫，斯谓得时。然被承干金带之讥，孰与夫薏苡之谤，士大夫慎之。五代·王定保《唐摭言·好及第恶登科》：是知瓜李之嫌，薏苡之谤，斯不可忘。清·朱彝尊《酬洪升》诗：梧桐夜雨词凄绝，薏苡明珠谤偶然。在现代人的世界里面，薏仁米是以一个杂粮产品出现,在古人的世界里面,薏仁米则是药食两源同时并进,薏苡以多种文化意象出现在古人的世界里面。如薏苡为粮食,南宋诗人陆游的诗"初游唐安饭薏米,炊成不减雕胡美"。陆龟蒙的诗"唯求薏苡供僧食,别著氍毹待客床"。薏苡为酒,明代诗人袁宏道的诗"兑将数斗薏仁酒,赁取山光不用钱"。薏苡为药,这就更多了。

(二)薏苡文献整理

薏苡历史文化内容丰富,从类型来看,有神话传说、故事传承、历史史载、诗词曲赋、药方食谱、地域食俗等。时间跨度方面,在浙江河姆渡遗址出土的薏苡种子已有 6000 年以上历史①。薏苡相关的文献记载最早是《山海经》,这是一部中国志怪古籍,是战国中后期到汉初的南方楚国或巴蜀人所作,作为一部荒诞不经的奇书,《山海经·海内西经》第十一卷载:"开明北有视肉,珠树,文玉树,玕琪树,不死树……又有离朱、木禾、柏树、甘水、圣木曼兑,一曰挺木牙交。"又曰:"帝之下都,昆山仑之墟,有木禾。"学术界对于木禾的解释,普遍认为是薏苡。李璠认为,"木禾"即薏苡②,理解薏苡的茎秆在禾谷类作物中是最强健的,故用木禾的特征来命名是正确的。薏苡籽粒在外形上非常像稻谷,外壳内仁,具有禾的特征,这估计是把薏苡命名为木禾的主要原因。《史记·夏本纪》"禹母修己见流星贯昴,又吞神珠薏苡,胸坼而生禹。"王充《论衡·奇怪篇》"禹母吞薏苡而生禹。"上面历史记载的传说,虽然可信度不高,至少可以说明薏苡在历史的长河里面有特殊的符号存在。《诗经·周南·芣苢》载:采采芣苢,薄言采之。采采芣苢,薄言有之。采采芣苢,薄言掇之。采采芣苢,薄言捋之。采采芣苢,薄言袺之。采采芣苢,薄言襭之。芣苢亦是薏苡。薏苡在中国历史文化的图像里面,一是珍贵物产,二是生活用品。

自古以来,我国对薏仁米的研究内容丰富。从汉代《神农本草经》,魏

---

① 中国社会科学院考古研究所:《新中国的考古发现和研究》,文物出版社,1984。
② 李璠:《中国栽培植物发展史》,科学出版社,1984。

晋《名医别录》，南北朝《本草经集注》，到唐代《新修本草》，宋代《本草图经》《证类本草》，再到明代《本草品汇精要》《本草蒙筌》《药鉴》《雷公炮制药性解》，清代《本草崇原》《本草易读》《本经逢原》《本草求真》，记载了古医书对薏苡仁"药性"的认识与研究。《神农本草经》载："薏苡仁，味甘，微寒。"《本草经集注》载："薏苡仁，味甘，微寒，无毒。"《本草蒙筌》载："薏苡仁，味甘，气微寒，无毒。"《药鉴》载："薏苡仁，气微寒，味甘平，无毒。"《雷公炮制药性解》载："薏苡仁，味甘，微寒无毒。入肺脾肝胃大肠五经。"《本草征要》载："薏苡仁，味甘，性微寒，无毒，入肺、脾二经。"《本草易读》载："薏苡仁，糯米同炒用。甘，微寒。入足太阴、足阳明经。"《本草新编》载："薏苡仁，味甘，气微寒，无毒。入脾、肾二经，兼入肺。"《本草从新》载："薏苡仁，补脾肺、通行水。甘淡微寒而属土，阳明药也。"《要药分剂》载："味甘淡，微寒，无毒。正得地之燥气，兼禀天之秋气以生。降也，阳中阴也。"《本草便读》载："薏苡仁，清寒降，甘淡益脾。"

民国年间，温敬修著《最新实验药物学正编》，蒋玉伯著《中国药物学集成》，四明、胡安邦编《实用药性字典》，唐志才、杨华亭著《中央国医馆医药丛书 药物图考》，陈存仁编校《皇汉医学丛书》，陆士谔主编《周伯度本草思辨录》，郭若定编著《汉药新觉》，周太炎著《药用植物实验栽培法》、储劲编《农业及实习》，也多以探讨薏苡药性和医疗适用，除此以外，开始出现研究薏苡的种植科学的书籍。近年来，以薏苡为研究主题的专著有：赵晓明等著，2000年中国林业出版社出版《薏苡》；李承翰编著，2001年世茂出版社出版《薏苡仁的疗效 制癌·排毒·美白的食疗圣品》；王文一著，2001年江南大学出版社出版《注射用薏苡仁油的制备》；陈美玲、杨栓群主编，2004年河南科学技术出版社出版《射干、薏苡、白附子高效栽培技术》；申玉华主编，2010年天津科学技术出版社出版《十大常用中药丛书 薏苡仁》；谭兴贵主编，2010年天津科学技术出版社出版《家庭常用中药丛书 薏苡仁》；俞旭平、姜武、顾雪萍主编，2016年浙江科学技术出版社出版《薏苡、金银花全程标准化操作手册》；石明、李祥栋、秦礼康著，2017 年中国农业出版社出版《薏苡种质资源描述规范和数据标准》；段碧华、朱怡、石明著，2017 年中国农业科学技术出版社《中国薏苡》等；李发耀、石明、秦礼康主编，2017 年社会科学文献出版社出版《中国薏仁米产业发展报告（2017）》；李发耀、石明、秦礼康主编，2018 年社会科学文献出版社出版《中国薏仁米产业发展报告（2018）》。

从国内权威期刊成果数据库观察自 1956 年 3 月到 2019 年 5 月期间发表的论文可见，薏苡的研究热度在 2007 年以前一直保持平稳缓慢增长状态，2008 年当年成果较前一年翻了一番，2009 年、2010 年两年稍有回落，但整体保持增长态势，2015 年成果又有明显激增，是 2007 年的近 4 倍，随后几年呈小幅波动。

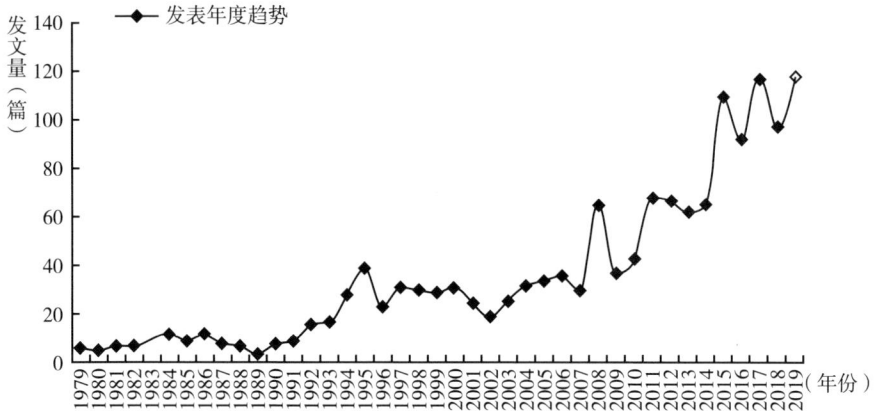

图 1　40 年发表薏仁米相关论文情况

从研究内容来看，涉及医药、卫生、工业技术、农业科学、生物科学、文学、文化、语言、历史、地理、经济、法律甚至哲学、宗教。从研究路线看，早期主要是中药研究，后来涉及食物研究，再后来涉及产业研究、农业技术研究和其他研究。

内容包括对薏苡仁淀粉、蛋白质、脂肪酸及酯类、多酚类、甾醇类、苊类、微量元素及维生素等化学成分和薏苡麸皮、谷壳、根的化学成分的研究；对薏苡抗癌、抗肿瘤，镇痛、抗炎活性，降血糖、降血脂活性，增强免疫力，抗菌，抗溃疡、止泻等活性成分及药理的研究；围绕薏苡的药理特

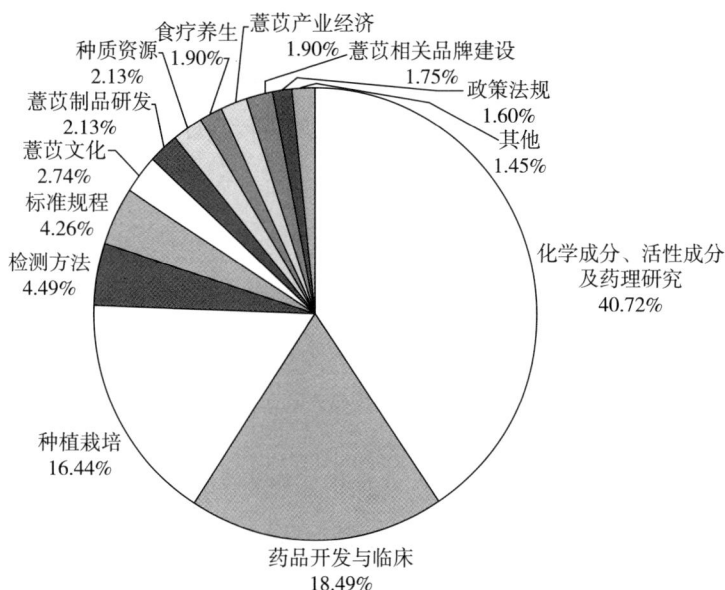

图2　薏仁米相关论文内容分类及占比

性，主治或与其他药材配伍治疗疾病的临床研究和应用经验进行探讨。各类与薏苡相关的药品的研制与临床应用研究。探讨薏苡在整个栽培过程中选种、选地、整地、种子处理、播种、田间管理、病虫害防治、收获等问题；结合我国薏苡种植模式与特殊地理环境条件，为提高薏苡产量与收获效率，探讨薏苡种植过程中的各种技术。包含薏苡脂肪酸的含量测定、薏苡仁总多糖的含量测定、总酚含量测定、总黄酮含量测定、药材的总灰分含量测定、重金属含量测定、二氧化硫残留量的测定、农药残留量测定在内的薏苡各类化学成分与药理成分检测方法和技术手段研究。高质量薏苡生产技术规程研究；薏苡的规范化种植标准研究；薏苡以及薏苡制品的质量技术标准；薏苡品质评价方法研究。研究在河姆渡文化中追溯薏苡历史；研究薏苡的传说典故、诗词歌赋；研究薏苡别名、俗名的丰富；研究"薏""苡"及相关文字的演变；研究薏苡作为图腾信仰，作为臣服而进、地方朝贺、国际交往佳品的文化；研究薏食的养生文化。对以薏苡为原料的产品如薏仁饼干、薏仁粉、薏仁茶、薏仁饮料、薏仁保健酒等产品的研制，对薏苡制品功能性进行定性定量分析、评价；对薏苡制品加工技术及产品质量、营养成分分析。薏苡种质资源收集与保存研究；优质薏苡种子的质量评价检验标准；薏苡种质资源改良的研究；薏苡分子育种研究；薏苡的遗传多样性分析研究。研究薏苡作为药食同源的养生优势；各种养生妙方的研究。研究薏苡及与其相关产业发展的现状，对产业发展问题、产业社会认知、产业发展要素、产业科技投入、龙头企业培养等问题进行探讨。薏苡绿色、有机、地理标志等相关品牌认证研究。与薏苡相关的政策、法规研究。薏苡相关新闻报道、学术会议等。

（三）中国薏苡文化空间

文化空间是联合国教科文组织在保护非物质文化遗产时使用的一个专有名词①，主要用来指人类口头和非物质遗产代表作的形态和样式。由于文化空间是非物质文化遗产中的用语。因此，文化空间的释义必须以非物质文化遗产为基础，兼顾非物质文化产生的源头。目前，薏仁米和薏苡已形成特定的文化空间，在漫长的历史长河里面，沉淀了丰富的名称符号、生活写实、历史含意、文化指向、文化意象、文化活动等。

众多与薏苡相关的文献里，出现许多同义词，传统的薏是薏苡的简称，薏仁米是近代人的用词，从薏仁米的分布来看，全国主要有贵州、云南、广西、福建，当前薏仁米种植加工的区域均为多民族聚居区，在文化人类学的视野里面，文化是指一个综合词汇，包括各种与薏仁米相关的生活应用、传统技术、功能利用、价值观念、习俗艺术等文化遗产。文化遗产包括物质文化遗产和非物质文化遗产，联合国教科文组织在《保护非物质文化遗产公约》中对"非物质文化遗产"的定义是：被各社区、群体，有时为个人所视为其文化遗产组成部分的各种社会实践、观念表述、表现形式、知识、技

---

① 1998年，联合国教科文组织颁布的《人类口头和非物质遗产代表作条例》中，明确将人类口头和非物质文化遗产划分为两大类，一是各种"民间传统文化表现形式"，包括语言、文学、音乐、舞蹈、游戏、神话、礼仪、习惯、手工艺、建筑术及其他艺术、传统形式的传播和信息等民间传统文化表现形式；二是文化空间。在该条例中，"文化空间"被指定为非物质文化遗产的重要形态。

能及相关的工具、实物、手工艺品和文化场所。根据这一定义，"非物质文化遗产"包括以下五个方面的内容：A、口头传统和表现形式，包括作为非物质文化遗产媒介的语言；B、表演艺术；C、社会实践、礼仪、节庆活动；D、有关自然界和宇宙的知识和实践；E、传统手工艺①。

　　基于文化人类学分析，薏苡属于特定的文化空间，也是一种活态延续的文化，作为这种文化的表达，形式和内容都体现了薏苡文化空间的丰富。

表4　薏苡文化空间要素

薏苡名称	记载	历史记忆	地理环境	产品
解蠡、药玉米、水玉米、沟子米	《本草经》	神农本草经	重要产区：贵州：兴仁、晴隆、安龙、贞丰、普安、义龙、兴义、盘州、紫云、西秀、遵义 云南：师宗、罗平、富源、广南、澜沧 广西：西林、隆林、田林 福建：浦城、莆田、宁化、仙游、龙岩	食用品：薏仁米、薏仁粉、薏仁汁、薏仁面、薏仁酒、薏仁酱、薏仁醋、薏仁花、薏仁烤芙；化妆品：薏仁面膜、薏仁精油、薏仁香皂；药用品：薏仁药方、薏仁药剂；药膳：薏仁粥、薏仁饭、薏仁汤
起实、赣米	《别录》	中国第一部分类书，最早书目		
薏珠子	《本草图经》《咽经》	古代中药学著作[宋]·苏颂等编撰		
回回米、草珠儿、菩提子、赣珠	《救荒本草》	明代早期植物图谱		
必提珠	《滇南本草》	明代中医宝典		
感米	《千金·食治》	唐代孙思邈药学著作		
苢实	《本草纲目》	明代李时珍药学著作		
薏米	《药品化义》	明代贾九如药学著作		
米仁	《本草崇原》	清代张志聪医书		
苡仁	《临证指南》	清代古吴、叶天士医书		
苡米	《本草求原》	清代赵其光医书		
草珠子	《植物名汇》	中药材书	生态因子：气候因子中的水分、光照、降雨、温度；土壤因子中的土壤性质、土壤肥力等；地形因子中的海拔等	地理标志产品：兴仁薏仁米、浦城薏仁米、晴隆薏仁米、保田薏仁米、板当薏仁米
六谷米	《中药形性经验鉴别法》	云南药书		
珠珠米	《贵州民间方药集》	贵州药书		
胶念珠	《福建民间草药》	福建药书		
尿塘珠、老鸦珠	《广西中兽医药用植物》	广西药书		
菩提珠	《江苏植药志》	江苏药书		
五谷子	黔西南民间	黔西南民间		
薏仁米	市场统称	现代全国市场		
薏仁文化:薏仁米诗、词、曲、赋、摄影、绘画、书法、楹联、小说、散文、影视				

资料来源：作者整理。

---

① 2005年3月，国务院办公厅公布的《关于加强我国非物质文化遗产保护工作的意见》的[附件]《国家级非物质文化遗产代表作申报评定暂行办法》中，界定非物质文化遗产是指各族人民世代相承的、与群众生活密切相关的各种传统文化表现形式（如民俗活动、表演艺术、侗族大歌和技能，以及与之相关的器具、实物、手工艺制品等）和文化空间。

从表 4 来看，薏仁米的文化空间不是单一的存在。而是多种薏苡要素的集合，是一个复合体文化，并且随时间的变化而发生变化。这种特定的文化有其固有的特殊文化空间，是物质文化遗产与非物质文化遗产的集合，是各种文化要素之间不断关联性的互动。其中历史文化、地域文化、文化功能之间的互动，又使得物质文化和非物质文化之间的界限并不是如人们过去想象的那样泾渭分明，通常是互为包蕴、互相依存。

因此，薏仁米文化首先是薏仁米文化空间的整体存在。其次必须是薏仁米产业"活的存在"。保护薏仁米文化空间，是保护薏仁米产业的另一个源头活水。

（四）中国薏仁米文化发展趋势

1. 大生态文化与大健康文化

薏仁米是一个生态产品，又是纯天然的药食同源食物。基于生态因子研究薏仁米品质，可以从生态产品视角厘清薏仁米的生态品质内涵和外延，同时更深刻理解薏仁米药食两用产品的最大化价值。"大健康"产业涵盖的领域很广，其产品领域包括医药产品、生物产品、化妆品、保健（功能）食品、绿色食品、器械以及与健康有关其他全部产品等，健康产业直接关系人的生命与健康，"大健康"产业是 21 世纪的核心产业，科技部提出要发展"大健康"产业，积极创立大健康产业化基地，鼓励和支持大健康产业的创新和科技进步。这一切的目标，都是为了大健康，大健康的基础是生态环境，其核心又是生态因子的作用与影响。所谓的生态因子，指对生物有影响的各种环境因子，其常直接作用于个体和群体，主要影响个体生存和繁殖、种群分布和数量、群落结构和功能等。一般将生态因子分为非生物因子和生物因子两大类。根据性质分为以下五类：气候因子（包括温度、湿度、风、日照等）、土壤因子（包括土壤结构、土壤的理化性质、土壤肥力和土壤生物等）、地形因子（包括地面的起伏、坡度、坡向、阴坡和阳坡等）、生物因子（生物之间的各种相互关系，如捕食、寄生、竞争和互惠共生等）和人文因子（包括人类活动对自然界的直接或间接影响）。

每一个生态因子都影响薏仁米的品质，如：地理因子影响薏仁米的产区分布，海拔低的产区降雨多积温高，薏仁米生长期短生长时间快，产品粒径较大，但相应的干物质积累不占优势；海拔稍高的地区薏仁米生育期稍长，产品粒径较小，但是内涵物质丰富；全国各薏仁米产区的品质有一定差异，这是地理环境决定的，是生态因子的综合影响。从薏仁米的生态幅来看，薏仁米广泛分布于国内适宜种植旱粮作物的区域，全国薏仁米种植除了贵州、云南、广西、福建等主产区外，大部分地区都有零星种植或者小规模种植。从生态因子的视角，黔西南州及周边地区作为全国最大的薏仁米核心产区（全国2/3），表面上是产业发展选择的结果，实质是生态条件的自然选择。贵州农作物的生态条件"高海拔、低纬度、寡日照"，在黔西南州得到明显印证和体现，北纬25度（低纬度），海拔1200~1500米（高海拔地区），多降雨区，"兴仁—晴隆—六枝"是贵州省著名的富降雨带（1400~1600毫米），平均高于省内其他地区300毫米左右，多雾地区，从北面赫章妈姑到盘州两河，到晴隆沙子，再到兴仁大山，这是贵州有名的多雾区域，使得薏仁米有良好的生育条件。同时，黔西南州地处北盘江和南盘江腹地，境内大部分是中度石漠化地区，少部分是重度石漠化，俗称的喀斯特地区，亿万年形成的岩化土使得土壤中的矿物质元素含量丰富，该区域生长的许多农作物都富含微量元素，正是这样特殊的生态条件，形成了优质薏仁米的最大核心产区自然选择。薏仁米生态文化发展的趋势，一是薏仁米产业与旅游业结合，产生农文旅商一体化的复合产业。二是与城镇化建设结合，推进"产城景一体化建设"，推动"一、二、三产业融合发展"。

2. 诚信文化体系建设

诚信文化是现代市场体系的一个重要特征，随着薏仁米产业快速发展，诚信文化体系建设非常重要。诚信文化体系的建设包括：诚信价值建设，诚信制度建设，诚信产品建设，诚信市场建设，诚信企业建设。基于此，薏仁米的诚信文化体系将推进产品质量追溯建设、产品质量体系建设、产品质量提升建设、产品市场监督、企业黑名单制度、企业诚信奖励制度。

建立薏仁米产业整体发展和可持续发展的诚信支撑体系，以薏仁米产业发展办公室、薏仁米行业协会、薏仁米龙头企业为主要推动载体，制定《薏仁米行业管理规则》。制定薏仁米质量安全可追溯体系，从产地准出到市场准入，形成溯源式产品保护。以质量为核心，开展薏仁米生产的标准管理和薏仁米产品流通的市场管理，形成薏仁米大质量的管理体系。

3. 文化产业与产业文化

薏仁米文化产业是薏仁米产业链的一个高级阶段。文化产业以生产和提供精神产品为主要活动，相对应的产业内容包括创作与销售，如摄影书法创作、文学艺术创作、音乐创作、舞蹈舞美创作、工业设计与建筑设计创作等。原文化部将文化产业界定为："从事文化产品生产和提供文化服务的经营性行业。文化产业是与文化事业相对应的概念，两者都是社会主义文化建设的重要组成部分。文化产业是社会生产力发展的必然产物，是随着中国社会主义市场经济的逐步完善和现代生产方式的不断进步而发展起来的新兴产业。"① 文化产业还有另一层定义："为社会公众提供文化娱乐产品和服务的活动，以及与这些活动有关联的活动的集合。"② 总的来说，薏仁米文化产业是产业自身发展提升的需求，也是产业发展提升的反映。

---

① 2003 年 9 月，中国文化部制定下发的《关于支持和促进文化产业发展的若干意见》规定。
② 2004 年，国家统计局对"文化及相关产业"的界定。

产业发展篇

Industrial Development

B.2

薏仁米产业国际贸易市场与政策研究报告

刘杜若*

摘　要： 本章基于产品层面的最新数据，对我国薏仁产业对外贸易的主要市场情况和相关贸易政策进行了深入研究。研究发现，目前相关商品的主要进口市场集中于欧美与亚洲地区，我国对薏仁产业各类商品的供需品质要求呈现出"双高"，这说明我国薏仁产业具备一定质量优势和市场优势。在相关贸易政策方面，本文报告了我国相关商品出口至上述地区的最惠国关税和优惠协定关税情况；并从产品层面，就后者进口我国相关商品时所采取的非关税措施进行了逐一分析。

关键词： 薏仁米产业　国际贸易　贸易政策

＊ 刘杜若，博士，贵州省社会科学院对外经济研究所副研究员，研究方向为国际贸易与劳动力市场。

一 薏仁产业国际贸易市场情况

（一）薏仁产业进出口贸易编码

为了解薏仁产业各类商品的进出口贸易情况，我们首先对我国薏仁产业进出口贸易的 HS 编码进行了查询，有关数据详见表 1。从表 1 得知，薏仁产业进出口商品共有 34 种，所涉及的十位 HS 编码共有 17 个，涵盖第 08、10、11、12、13、15、19、21、22 和 29 章。属于植物产品的已报关商品共19 种，涉及十位 HS 编码 8 个；油脂类商品 1 种，涉及十位 HS 编码 1 个；食品饮料类商品 13 种，涉及十位 HS 编码 7 个；化学产品 1 种，涉及十位 HS 编码 1 个。从商品 HS 编码的分布来看，我国薏仁产业的对外贸易主要集中在薏仁的初级农作物，有关食品、饮料、油脂、药品等领域。

表 1　我国薏仁产业进出口贸易 HS 编码

商品编码	商品名称
0802310000	松子核桃薏米
1008909000	薏仁谷
1102909000	薏仁粉、薏米粉、膨化薏米粉、薏苡仁粉
1104299000	薏米、薏仁米、薏米仁、大薏米、贵州小薏米
1106300000	薏仁杏仁粉
1211903999	薏苡仁、薏苡、薏苡叶碎（药材）
1212999990	薏米
1302199099	薏苡仁提取胶液、薏苡仁提取液、薏苡仁提取液品：日本丸善 COIX SEED EXTRACT 液体状
1515909090	薏苡仁油
1901900000	核桃杏仁薏米茶
1904100000	薏米花、薏仁麦片、台糖山药枸杞薏仁粉
1904900000	薏仁燕麦养生素

续表

商品编码	商品名称
2106909090	薏仁粉、巧口薏仁八宝粥、薏苡仁红枣茶、"窈身衣变"玄米红薏仁粉、马玉山薏仁燕麦坚果饮
2202990099	燕麦薏仁露
2202100090	筒谷物薏苡茶
2206009000	薏米酒
2932999099	薏苡仁提取物

资料来源：HS 编码查询网，https：//www.hsbianma.com。

（二）薏仁产业全球进出口贸易情况分析

根据薏仁产业各类商品进出口贸易的 HS 编码，基于联合国商品贸易统计数据库（UN COMTRADE）公布的最新数据①，对有关商品的国际进出口贸易情况进行了统计②，并分别从出口和进口角度进行分析。通过分析，可以了解包括薏仁产业在内的相关产品③的全球贸易进出口市场规模、相对价格等情况。

1. 薏仁产业全球出口情况分析

表 2 报告了 2017 年各国家与地区对包括薏仁产业在内的相关商品出口量与排名情况。可以看出，出口量在世界排名中靠前的国家主要集中在欧美地区，其次是亚洲。其中，排名前十的国家出口量之和占世界总出口量的

---

① 目前，UN COMTRADE 数据库公布了 2018 年部分国家数据。为保证数据完整性，我们采用了 2017 年的全球数据。

② 根据查询，有关薏仁产业各类商品进出口的十位 HS 编码并不专指薏仁，而是定义为"其他类"。因此，相关 HS 编码下的贸易统计数据不仅包含了薏仁产业各类商品，还包含被各国海关归属于相同编码下的其他类商品。例如，HS 编码 1008909000 指"荞麦、谷子及加纳利草子；其他谷物"中的"其他谷物"。此外，由于联合国商品贸易统计数据库（UN COMTRADE）仅统计了各国六位 HS 编码商品的进出口贸易情况，因此，在分析中采用了该数据库的统计，本研究报告的数据不能专指薏仁，而是与薏仁产业各类产品归属于相同六位 HS 编码下的各类商品。更精确的分析有待相关机构所公布数据的进一步细化。

③ 此处是指与薏仁产业各类商品归属于同一 HS 编码下的有关商品。

51%，市场集中程度较高。2017 年，中国对包括薏仁产业在内相关商品的出口量为 129.34 万吨，排名世界第 7。中国香港对包括薏仁产业在内相关商品的出口量为 19.51 万吨，排名世界第 42 位。

表 2 薏仁米相关商品的全球出口量（2017 年）

排名	国家与地区	出口量（万吨）	排名	国家与地区	出口量（万吨）
1	德　　国	374.65	26	瑞　　典	41.80
2	美　　国	249.32	27	危 地 马 拉	41.52
3	荷　　兰	221.63	28	亚洲其他地区	34.06
4	比 利 时	188.24	29	白 俄 罗 斯	33.98
5	奥 地 利	176.29	30	菲 律 宾	32.53
6	波　　兰	129.84	31	澳 大 利 亚	29.85
7	中　　国	129.34	32	智　　利	29.69
8	意 大 利	127.54	33	印　　度	29.46
9	马 来 西 亚	118.56	34	印 度 尼 西 亚	24.82
10	韩　　国	101.27	35	塞 尔 维 亚	24.67
11	英　　国	99.32	36	阿 联 酋	23.64
12	法　　国	91.69	37	萨 尔 瓦 多	23.44
13	瑞　　士	91.61	38	立 陶 宛	21.98
14	丹　　麦	86.73	39	罗 马 尼 亚	21.81
15	爱 尔 兰	66.40	40	日　　本	21.59
16	墨 西 哥	64.12	41	斯 洛 伐 克	21.51
17	捷　　克	63.55	42	中 国 香 港	19.51
18	南　　非	63.19	43	乌 克 兰	17.53
19	西 班 牙	62.92	44	葡 萄 牙	13.68
20	加 拿 大	56.59	45	巴　　西	11.95
21	斯 洛 文 尼 亚	51.31	46	科 威 特	11.84
22	新 加 坡	47.09	47	越　　南	11.43
23	俄 罗 斯	46.41	48	保 加 利 亚	11.37
24	土 耳 其	46.40	49	希　　腊	10.52
25	匈 牙 利	42.66	50	哈 萨 克 斯 坦	10.49

资料来源：联合国商品贸易统计数据库，https：//comtrade.un.org/。

表 3 报告了 2017 年世界各国家与地区对包括薏仁产业在内的相关商品出口额与排名情况。可以看出，出口额在世界排名中靠前的国家也主要集中在欧美和亚洲地区。其中，排名前十的国家出口额之和占世界总出口额的

55%，市场集中程度较高。2017年，中国对包括薏仁产业在内相关商品的出口额为48.64亿美元，排名世界第4。中国香港对包括薏仁产业在内相关商品的出口量为7.44亿美元，排名世界第26。结合出口量的世界排名情况可知，我国有关商品出口额排名较为靠前，出口价格较高，这说明我国有关商品的出口品质存在一定竞争优势。

表3　薏仁米相关商品的全球出口额（2017年）

排名	国家与地区	出口额(亿美元)	排名	国家与地区	出口额(亿美元)
1	美　　国	85.08	26	中国香港	7.44
2	德　　国	77.64	27	捷　　克	7.04
3	荷　　兰	53.93	28	阿　联　酋	6.88
4	中　　国	48.64	29	智　　利	6.78
5	法　　国	38.19	30	土　耳　其	6.47
6	比　利　时	29.44	31	南　　非	6.32
7	奥　地　利	29.33	32	印度尼西亚	6.09
8	瑞　　士	28.80	33	匈　牙　利	5.05
9	英　　国	28.49	34	哥斯达黎加	4.80
10	新　加　坡	27.46	35	俄　罗　斯	4.56
11	意　大　利	25.63	36	巴　　西	4.45
12	丹　　麦	21.08	37	越　　南	3.94
13	波　　兰	19.74	38	埃　　及	3.00
14	澳　大　利　亚	18.44	39	立　陶　宛	2.84
15	西　班　牙	18.01	40	希　　腊	2.59
16	加　拿　大	17.42	41	以　色　列	2.51
17	爱　尔　兰	17.12	42	罗马尼亚	2.42
18	韩　　国	16.01	43	危地马拉	2.21
19	马　来　西　亚	14.69	44	斯洛文尼亚	2.20
20	日　　本	12.81	45	斯洛伐克	2.11
21	墨　西　哥	12.21	46	葡　萄　牙	2.01
22	印　　度	10.93	47	乌　克　兰	1.95
23	新　西　兰	10.48	48	萨瓦尔多	1.95
24	瑞　　典	9.87	49	阿　根　廷	1.90
25	亚洲其他地区	8.14	50	保加利亚	1.89

资料来源：联合国商品贸易统计数据库，https：//comtrade.un.org/。

2. 薏仁产业全球进口情况分析

表 4 报告了 2017 年世界各国与地区对包括薏仁产业在内的相关商品出口量与排名情况。可以看出，进口量在世界排名中靠前的国家主要集中在欧美地区，其次是亚洲与非洲。其中，排名前十的国家进口量之和占世界总进口量的 47%，市场集中程度较高。2017 年，中国对包括薏仁产业在内相关商品的进口量为 81.54 万吨，排名世界第 8。中国香港对包括薏仁产业在内相关商品的进口量为 49.28 万吨，排名世界第 17。

表 4　薏仁米相关商品的全球进口量（2017 年）

排名	国家与地区	进口量(万吨)	排名	国家与地区	进口量(万吨)
1	莫 桑 比 克	308.51	26	瑞　　　典	37.40
2	美　　　国	305.94	27	葡　萄　牙	36.79
3	德　　　国	209.30	28	马 来 西 亚	33.03
4	英　　　国	206.81	29	印 度 尼 西 亚	31.73
5	荷　　　兰	199.33	30	菲　律　宾	30.65
6	日　　　本	128.23	31	新　加　坡	30.25
7	法　　　国	117.60	32	加　拿　大	29.87
8	中　　　国	81.54	33	土　耳　其	28.26
9	哥 伦 比 亚	75.44	34	立　陶　宛	26.32
10	俄　罗　斯	69.96	35	亚洲其他地区	25.41
11	意　大　利	69.51	36	罗 马 尼 亚	25.38
12	比　利　时	67.15	37	萨 瓦 尔 多	23.35
13	西　班　牙	66.77	38	丹　　　麦	22.86
14	捷　　　克	52.91	39	白 俄 罗 斯	22.11
15	挪　　　威	50.15	40	加　　　纳	21.44
16	澳 大 利 亚	49.97	41	缅　　　甸	20.38
17	中 国 香 港	49.28	42	约　　　旦	19.16
18	斯 洛 伐 克	47.07	43	洪 都 拉 斯	19.04
19	奥　地　利	45.69	44	危 地 马 拉	18.73
20	匈　牙　利	44.84	45	保 加 利 亚	18.71
21	爱　尔　兰	44.74	46	印 度 尼 西 亚	17.93
22	波　　　兰	43.33	47	墨　西　哥	15.85
23	阿　联　酋	39.17	48	芬　　　兰	15.48
24	瑞　　　士	39.13	49	以　色　列	15.47
25	韩　　　国	37.53	50	哈 萨 克 斯 坦	15.30

资料来源：联合国商品贸易统计数据库，https://comtrade.un.org/。

表 5 报告了 2017 年世界各国与地区对包括薏仁产业在内的相关商品进口额与排名情况。可以看出，进口额在世界排名中靠前的国家也主要集中在欧美和亚洲地区。其中，排名前十的国家进口额之和占世界总进口额的49%，市场集中程度较高。2017 年，中国对包括薏仁产业在内相关商品的进口额为 36 亿美元，排名世界第 4。中国香港对包括薏仁产业在内相关商品的进口量为 15.9 亿美元，排名世界第 14。结合进口量的排名情况可知，我国有关商品进口额排名较为靠前，进口价格较高，这说明我国对有关进口商品的品质要求较高。

表 5　薏仁米相关商品的全球进口额（2017 年）

排名	国家与地区	进口额（亿美元）	排名	国家与地区	进口额（亿美元）
1	美　国	93.73	26	新　加　坡	7.95
2	德　国	43.32	27	挪　威	7.94
3	英　国	40.52	28	越　南	7.64
4	中　国	36.00	29	印度尼西亚	7.63
5	加　拿　大	33.06	30	土　耳　其	7.62
6	荷　兰	31.29	31	捷　克	6.94
7	法　国	30.26	32	丹　麦	6.41
8	日　本	27.06	33	新　西　兰	6.41
9	比　利　时	21.46	34	巴　西	5.77
10	韩　国	19.20	35	匈　牙　利	5.28
11	西　班　牙	18.04	36	哥　伦　比　亚	5.25
12	意　大　利	17.98	37	罗　马　尼　亚	4.87
13	澳　大　利　亚	16.57	38	葡　萄　牙	4.82
14	中　国　香　港	15.90	39	以　色　列	4.43
15	俄　罗　斯	11.35	40	斯　洛　伐　克	4.25
16	阿　联　酋	10.99	41	印　度	4.24
17	瑞　士	10.90	42	芬　兰	4.08
18	波　兰	10.76	43	希　腊	4.01
19	亚洲其他地区	10.71	44	危　地　马　拉	3.72
20	墨　西　哥	10.59	45	智　利	3.49
21	奥　地　利	10.42	46	缅　甸	3.45
22	马　来　西　亚	10.34	47	白　俄　罗　斯	3.09
23	瑞　典	9.13	48	约　旦	3.01
24	爱　尔　兰	8.82	49	伊　朗	2.99
25	菲　律　宾	8.81	50	南　非	2.95

资料来源：联合国商品贸易统计数据库，https://comtrade.un.org/。

（三）薏仁产业美国出口贸易情况分析

由于美国普查局网站所公布的贸易数据是基于 HS 十位码统计的，具有更高精准度，因此，为更好掌握薏仁产业全球进出口贸易情况，我们根据表 1 给出的薏仁产业 HS 十位码，对美国有关商品的历年出口情况进行了统计。图 1 给出了 2002～2019 年 4 月期间，美国薏仁产业各类商品出口情况。从图 1 可知，2002～2013 年间，美国对薏仁产业各类商品的出口额呈现出逐步上升的态势，目前出口规模在 4.75 亿美元左右。2019 年 1～4 月，薏仁产业各类商品出口额为 1.74 亿美元。从商品层面看，2018 年，"松子核桃薏米"所归属 HS 编码 080231000 下的商品出口比重最大，出口金额为 4.23 亿美元；"薏仁杏仁粉"所归属 HS 编码 1106300000 的商品出口占比第二，出口金额为 0.44 亿美元；"薏米、薏仁米、薏米仁、大薏米、贵州小薏米"所归属 HS 编码 1104299000 下的商品出口占比最小，出口金额为 0.08 亿美元。上述数据显示，美国对薏仁产业相关产品出口种类以薏仁与其他农作物混合商品为主①。

（四）小结

上文对全球薏仁产业进出口贸易情况进行了统计分析。尽管受限于当前公开数据的可获得性，相关分析的精准度有所欠缺，但仍能从中得到有用结论。首先，与薏仁产业相近的各类商品的进出口市场均集中在欧美地区和亚洲。其次，我国对薏仁产业相关商品的供需品质均较高，市场相对价格较高，这意味着我国在薏仁产业方面具备一定质量优势与市场势力。再次，美国对薏仁产业相关商品的出口呈现出上升态势，但主要以薏仁与其他农作物混合商品为主。上述结论为我国薏仁产业对外贸易的市场选择提供了参考。考虑到我国薏仁产业生产技术、市场营销策略等仍存在较多不足，上述结论

---

① 受该结论启发，我们剔除了薏仁与其他农作物混合商品的 HS 编码，仅保留表 1 中专指向薏仁的 HS 编码，重新对全球进出口贸易进行了统计。统计发现，中国排名上升至第一位；但全球主要进出口市场的国别构成没有变化。

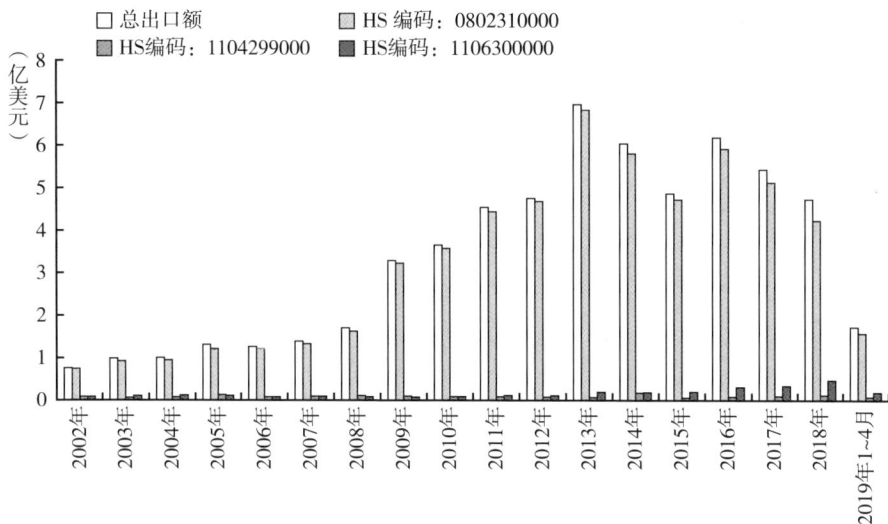

图1 2002~2019年美国薏仁产业有关产品出口金额

资料来源：美国普查局网站，https：//www.census.gov/en.html。

意味着，国内薏仁产业从业者可进一步加强对相关商品全球市场集中度较大的国家与地区的研究，充分用好国内国外两个市场两种资源，做到互通有无、取长补短。

二 薏仁产业国际贸易政策情况

一国的对外贸易管理政策主要分为关税壁垒和非关税壁垒两类。为了解我国薏仁产业各类商品出口时所需遵循的各类有关贸易政策如最惠国税率、协定优惠税率以及非关税措施等情况，我们基于薏仁产业HS编码，对相关内容进行了统计分析。

（一）2017年世界各国家与地区薏仁产业进口关税政策现况

表6报告了2017年世界各国家与地区薏仁产业各类产品的进口平均关税率，资料来源为世界银行WITS数据库的最惠国税率。2017年，全球薏仁

表6　2017年世界各国家与地区薏仁产业进口关税平均值

编号	国家与地区	关税(%)	编号	国家与地区	关税(%)
1	新加坡	0.09	32	塔吉克斯坦	7.53
2	文莱	0.23	33	莱索托	7.64
3	新西兰	2.03	34	南非	7.64
4	澳大利亚	2.46	35	纳米比亚	7.64
5	塞舌尔	2.69	36	斯威士兰	7.66
6	加拿大	3.11	37	博兹瓦纳	7.68
7	黑山	3.77	38	图瓦卢	7.81
8	美国	3.91	39	印度尼西亚	8.06
9	冰岛	4.37	40	挪威	9.28
10	乌克兰	4.48	41	阿鲁巴	9.41
11	以色列	4.53	42	圣基茨和尼维斯	9.74
12	日本	4.89	43	圣文森特和格林纳丁斯	10.03
13	帕劳	4.96	44	列支敦士登	10.11
14	科威特	5.04	45	约旦	10.12
15	巴林	5.07	46	瑞士	10.21
16	阿联酋	5.08	47	斯里兰卡	10.26
17	卡塔尔	5.09	48	中国	10.85
18	欧盟	5.61	49	土耳其	10.85
19	阿曼	5.85	50	所罗门群岛	10.90
20	沙特阿拉伯	5.85	51	萨摩亚	11.66
21	亚美尼亚	5.91	52	马尔代夫	12.91
22	黎巴嫩	5.92	53	韩国	13.85
23	哈萨克斯坦	6.30	54	印度	13.86
24	吉尔吉斯斯坦	6.32	55	厄瓜多尔	13.89
25	波黑	6.33	56	斐济	13.96
26	俄罗斯	6.40	57	瑙鲁	14.55
27	白俄罗斯	6.41	58	安奎拉	16.93
28	马其顿	6.50	59	百慕大	19.22
29	库克群岛	6.75	60	埃及	19.68
30	中国台湾	6.78	61	开曼群岛	21.23
31	墨西哥	6.88			

资料来源：世界银行WITS数据库，https：//wits.worldbank.org/。

产业进口平均关税率为 8.11%；有 1/4 的国家有关商品进口税率在 5.08% 以下，1/4 的国家有关商品进口税率在 5.08% ~ 6.88% 之间，另有 1/4 国家有关商品进口税率在 6.88% ~ 10.21% 之间。此外，还有 1/4 的国家关税率高于 10.21%。其中，新加坡、文莱对有关产品进口税率最低，开曼群岛相关进口税率最高。在全球薏仁产业各类商品进口额较高的国家与地区中，美国、欧盟、加拿大、澳大利亚和日本的进口平均关税较低，而韩国、瑞士等平均关税率则较高。

近年来，我国区域经济一体化发展迅速，与多个国家和地区签署了自由贸易协定。根据自由贸易协定优惠安排，原产于我国的商品出口至协议国与地区时，可享受自贸协定中规定的优惠税率。表 7 给出了我国薏仁产业各类商品 2019 年的自贸协定优惠税率。由表可见，除韩国、巴基斯坦外，其他国家对我国薏仁产业各类商品的进口关税率较最惠国税率有很大幅度的减免：东盟、冰岛、瑞士、格鲁吉亚、哥斯达黎加、秘鲁、澳大利亚、新西兰、新加坡、智利对我国绝大多数薏仁产业商品采取了 0 关税，冰岛、秘鲁、澳大利亚、新西兰、新加坡、智利对我国薏仁产业所有商品执行了零关税进口待遇。当前，我国区域经济一体化进程进一步提速，与多个国家与地区的自贸协定或自贸协定升级版正在谈判之中。可以预见，我国薏仁产业出口企业所能享受的贸易优惠将进一步扩大，企业"走出去"面临更大机遇。

（二）非关税措施现况

根据联合国贸发会议（UNCTAD）的"贸易控制措施编码体系"（TCMCS），非关税措施的国际编码共有 16 章（A－P），其中，A－O 章为进口涉及的非关税措施种类，P 章为出口涉及的非关税措施种类。在各章中，TCMCS 又收录了多达 3 位码的非关税措施分组。表 8 报告了相关非关税措施的具体含义。

为了解我国薏仁产业各类商品出口至他国时所面临的非关税措施情况，我们选取欧盟、美国、加拿大、日本、韩国和瑞士为进口国样本，就它们对

表7 2019年度我国薏仁产业出口的自贸协定优惠税率

单位：%

编号	商品编码	东盟	巴基斯坦	韩国	冰岛	瑞士	格鲁吉亚	哥斯达黎加	秘鲁	澳大利亚	新西兰	新加坡	智利
1	802310000	0	5	45	0	0	12	0	0	0	0	0	0
2	1008909000	0	5	800.3	0	0	0	0	0	0	0	0	0
3	1102909000	0	10	800.3	0	0	0	4	0	0	0	0	0
4	1104299000	0	15	800.3	0	0	0	0	0	0	0	0	0
5	1106300000	0	5	5.33	0	0	0	0	0	0	0	0	0
6	1211903999	0	5	5.33	0	0	0	0	0	0	0	0	0
7	1212999990	0	0	6	0	0	0	0	0	0	0	0	0
8	1302199099	0	7.5	6	0	0	0	0	0	0	0	0	0
9	1515909090	0	9050卢比/吨	2.5	0	141.25	0	6	0	0	0	0	0
10	1901900000	0	16	5.33	0	37.5	0	0	0	0	0	0	0
11	1904100000	0	20	2.7	0	19.55	0	0	0	0	0	0	0
12	1904900000	0	20	5.33	0	7.2	0	14	0	0	0	0	6
13	2106909090	0	20	4	0	0	0	0	0	0	0	0	0
14	2202990099	60	—	4	0	0	12	14	0	0	0	0	0
15	2202100090	0	—	0	0	0	0	14	0	0	0	0	0
16	2206009000	0	—	10	0	0	0.5欧/升	0	0	0	0	0	0
17	2932999099	0	0	3.25	0	0	0	0	0	0	0	0	0

数据来源：通过对各自由贸易协定文本的整理、计算得到；瑞士采用从量税。

表8 联合国贸发会议（2012）对进口非关税措施的分类

进口	技术措施	A	卫生和植物卫生措施
		B	技术性贸易壁垒
		C	装船前检验和其他手续
	非技术措施	D	依情况而定的贸易保护措施
		E	非自动许可、配额、禁令和除 SPS、TBT 原因以外的数量控制措施
		F	价格控制措施,含其他税和费用等
		G	金融措施
		H	与竞争有关的措施
		I	贸易相关投资措施
		J	流通限制
		K	售后服务限制
		L	补贴(不含出口补贴)
		M	政府采购限制
		N	知识产权
		O	原产地规则
出口		P	出口相关措施

资料来源：世界银行 WITS 数据库，https：//wits. worldbank. org/。

我国薏仁产业商品进口所采用的非关税措施进行了统计①，表9 报告了相应结果。

表9 进口国非关税措施涵盖的我国薏仁产业商品种类的频次

非关税措施	欧盟	美国	加拿大	日本	韩国	瑞士
A110						1
A120	42	24				
A130	92					
A140	25	4				

① 由于各国与地区并非每年都会对所执行非关税措施情况进行报告，我们选取 "最新年份" 就各国与地区对我国薏仁产业商品出口所采用的非关税措施进行了查询。具体年份为：欧盟 2016 年；美国 2014 年；加拿大 2015 年；日本 2015 年；韩国 2015 年；瑞士 2015 年。

非关税措施	欧盟	美国	加拿大	日本	韩国	瑞士
A150	96					1
A190	37			2	9	
A210	104					
A220	92					
A310	210					
A320	33					
A330	92					
A400	6					
A410	92			18		
A420	93					
A500						1
A610				1		
A630	98	1				
A820	11					
A830	18	2	6	18		2
A840	13		6			5
A850	65	2				
A851	59					
A852	92					
A853	59					
A900		1				
B110	29					
B140	92					
B150	33					
B310	249					
B320	3					
B330	32	4				
B420		4				
B700	8					
B810	8					

非关税措施	欧盟	美国	加拿大	日本	韩国	瑞士
B820	8					
B830	1	4				
B840	27					
B851	1					
C200			58			
C300						1
C900		4				
E100	2					
E611			10	51		
F610						4
G110	2					
P110						1
P120		1				
P130			102	1	1	
P140						1
P190				1		
P610	1					
P620	1					
P690				2	2	3
合计	1926	51	182	93	13	20

资料来源：世界银行 WITS 数据库，https：//wits. worldbank. org/。

由表9得知，欧盟对我国薏仁产业商品出口的限制程度最广，所执行非关税措施的覆盖商品种类的频次为1926次；其次是加拿大、日本、美国、瑞士和韩国，所执行非关税措施的覆盖商品种类的频次分别为182次、93次、51次、20次和13次。从非关税措施的种类看，欧盟采取的有关措施主要包括标签要求、农残和微生物最大限度、各环节上的食品安全标准及信息披露、进口商注册条件、原产地及可追溯等。美国的相关措施主要包括进口国授权与禁止权利、包装要求、可追溯性、食品安全等。加拿大的相关措施主要包括运输条件、关税配额、进口国授权等。日本的相关政策主要包括关税配额、进口国授权与禁止权利、食品安全、植物生长条件等。韩国主要采取进口国进口禁止领域政策。瑞士主要采取的是进口国检验要求、海关检验、进口国证书、进口国禁止、进口商注册等非关税措施。

为了解我国薏仁产业下各类商品出口不同国家与地区时所面临的非关税措施情况，更好指导有关企业的出口业务，下面基于我国出口薏仁产业商品种类，就各国与地区对我国薏仁产业商品出口所采取的非关税措施进行深入分析。

表10报告了我国HS编码为80231的薏仁出口商品所面对的非关税措施情况。在此类HS编码下，我国主要出口商品有松子核桃薏米。可以看出，薏仁商品主要进口国的非关税措施以A、B两章为主；欧盟在该类商品下的非关税措施覆盖面最广，其他国家的非关税措施则主要集中在某些领域。例如，美国主要采取可追溯条件措施，日本主要采取最终品微生物标准措施，韩国主要采取进口禁止/限制。加拿大、瑞士在该部分未对我国采取额外的非关税措施[1]。

表10　各进口国对我国薏仁产业商品（HS编码80231）的非关税措施*

编码	主要释义	欧盟	美国	加拿大	日本	韩国	瑞士
A120	对合规性的地理限制:由于缺乏充分安全条件证据,所以对无法避免卫生和植物卫生风险的特定国家或地区的特定产品实施进口禁止	√					
A130	系统方法:在同一产品上,执行两种或两种以上的独立SPS措施	√					

---

[1] 受数据精度限制,我们无法从各国报告的"对世界的非关税措施"中筛选出仅针对中国的措施。此处我们仅保留了各国报告的专门针对中国所采取的非关税措施情况。更精确的分析有待数据完善。

续表

编码	主要释义	欧盟	美国	加拿大	日本	韩国	瑞士
A140	出于 SPS 理由的特殊授权要求:进口商需要在目的国相关政府部门获得的授权、许可和同意	√					
A150	进口商注册条件:在进口前,进口商需符合相应条件、提供文件及支付注册费用,以完成注册	√					
A190	其他章节未提及的出于 SPS 原因所采取的进口禁止/限制					√	
A210	对部分(非微生物)物质所致残留和污染的容忍限度	√					
A220	有关食物、饲料以及触及材料的部分物质的限制使用	√					
A310	标签要求:应向消费者提供有关食品安全的信息	√					
A330	包装要求:有关食品安全的商品包装方式和包装材料条件	√					
A410	最终品的微生物标准				√		
A420	生产中的卫生操作:在食物链上从初级生产到最终消费的各环节,对有关微生物标准设定与应用的要求	√					
A630	食物和饲料加工:为满足最终品卫生条件,食物和饲料生产应满足的条件	√					
A830	证书要求:遵守了进口国给定规定的证书,可由出口国或进口国签发	√					
A840	检验要求:进口国对产品检验方面的要求	√					
A850	可追溯性条件		√				
A851	材料和零部件的原产地	√					
A852	加工历史:所有生产环节信息的披露,如地址、加工方式和设备、所使用材料	√					
A853	商品发货后的流通与地点:自商品发货至抵达最终消费者,商品流通的时间、地点信息的披露	√					
B140	出于 TBT 原因的授权条件:出于国家安全、环境保护等,进口商需要在目的国相关政府部门获得的授权、许可和同意	√					
B310	标签要求:对关于应向消费者提供的信息、包装与标签上印刷的种类、颜色和形状进行规范的措施	√					

续表

编码	主要释义	欧盟	美国	加拿大	日本	韩国	瑞士
B320	标志要求:商品运输/流通包装上应注明的运输和通关信息	√					
B700	产品质量或性能要求	√					
B840	检验要求:进口国对产品检验方面的要求	√					

* 受不同国家和地区报告数据的精度差异所限,此处采取六位 HS 编码作为统计口径。

资料来源:对世界银行 WITS 数据库的资料和数据进行翻译和统计后得出,https://wits.worldbank.org/。

表 11 报告了我国 HS 编码为 100890 的薏仁出口商品所面对的非关税措施情况。在此类下,我国主要出口商品有薏仁谷。相关措施主要集中在 A、B 两章。欧盟对我国相关商品所采取的非关税措施覆盖面最广,其次是美国和日本。美国主要采取进口国授权措施和 SPS 措施,日本主要采取最终品微生物标准和植物生长环节要求措施。加拿大、韩国和瑞士在该部分未对我国采取额外的非关税措施。

表 11 各进口国对我国薏仁谷(HS 编码 100890)的非关税措施

编码	内容释义	欧盟	美国	加拿大	日本	韩国	瑞士
A130	系统方法:在同一产品上,执行两种或两种以上的独立 SPS 措施	√					
A140	出于 SPS 理由的特殊授权要求:进口商需要在目的国相关政府部门获得的授权、许可和同意		√				
A150	进口商注册条件:在进口前,进口商需符合相应条件、提供文件及支付注册费用,以完成注册	√					
A190	其他章节未提及的出于 SPS 原因所采取的进口禁止/限制	√					
A220	有关食物、饲料以及触及材料的部分物质的限制使用	√					
A310	标签要求:应向消费者提供有关食品安全的信息	√					
A320	标志要求:有关食品安全的信息应出现在商品运输和/或流通的包装上	√					

续表

编码	内容释义	欧盟	美国	加拿大	日本	韩国	瑞士
A330	包装要求:有关食品安全的商品包装方式和包装材料条件	√					
A410	最终品的微生物标准				√		
A420	生产中的卫生操作:在食物链上从初级生产到最终消费的各环节,对有关微生物标准设定与应用的要求	√					
A610	植物生长环节:对植物生长条件如温度、光照、植物间隙、水、养分、矿物质营养等方面的要求				√		
A630	食物和饲料加工:为满足最终品卫生条件,食物和饲料生产应满足的条件	√					
A830	证书要求:遵守了进口国给定规定的证书,可由出口国或进口国签发	√					
A840	检验要求:进口国对产品检验方面的要求	√					
A852	加工历史:所有生产环节信息的披露,如地址、加工方式和设备、所使用材料	√					
A900	未另作说明的SPS措施		√				
B140	出于TBT原因的授权条件:出于国家安全、环境保护等,进口商需要在目的国相关政府部门获得的授权、许可和同意	√					
B310	标签要求:对关于应向消费者提供的信息、包装与标签上印刷的种类、颜色和形状进行规范的措施	√					
B700	产品质量或性能要求	√					

资料来源:对世界银行 WITS 数据库的资料和数据进行翻译与统计后得出, https://wits.worldbank.org/。

表12 报告了我国 HS 编码在 11~15 章的薏仁出口商品所面对的非关税措施情况。在此类下,我国主要出口商品有薏仁粉、薏米粉、膨化薏米粉、薏苡仁粉、薏米、薏仁米、薏米仁、大薏米、贵州小薏米、薏仁杏仁粉、薏苡仁、薏苡、薏苡叶碎(药材)、薏米、薏苡仁提取胶液、薏苡仁提取液、薏苡仁提取液品:日本丸善 COIX SEED EXTRACT 液体状和薏苡仁油等。针对上述商品的相关非关税措施覆盖面较广,A、B、C、E、F 和 G 章均有涉

及。欧盟对我国相关商品采取的非关税措施覆盖最大；其次是美国、加拿大、瑞士和日本。韩国对来自我国的此类商品未采取额外的非关税措施。相较于其他商品而言，各国对此类商品的非关税措施覆盖更广，对运输、包装、进口国检验、海关、关税配额等各方面均有所涉及。

表 12　各进口国对我国薏仁产业农产品（HS 编码 11～15 章）的非关税措施

编码	内容释义	欧盟	美国	加拿大	日本	韩国	瑞士
A110	出于 SPS 要求所执行的暂时地理限制：由于传染/污染所引发疾病，对特定国家或地区的特定产品所采取的进口禁止						√
A120	对合规性的地理限制：由于缺乏充分安全条件证据，所无法避免卫生和植物卫生风险的特定国家或地区的特定产品实施进口禁止	√					
A130	系统方法：在同一产品上，执行两种或两种以上的独立 SPS 措施	√					
A140	出于 SPS 理由的特殊授权要求：进口商需要在目的国相关政府部门获得的授权、许可和同意	√					
A150	进口商注册条件：在进口前，进口商需符合相应条件、提供文件及支付注册费用，以完成注册	√					
A190	其他章节未提及的出于 SPS 原因所采取的进口禁止/限制	√					
A210	对部分(非微生物)物质所致残留和污染的容忍限度	√					
A220	有关食物、饲料以及触及材料的部分物质的限制使用	√					
A310	标签要求：应向消费者提供有关食品安全的信息	√					
A320	标志要求：有关食品安全的信息应出现在商品运输和/或流通的包装上	√					
A330	包装要求：有关食品安全的商品包装方式和包装材料条件	√					
A400	卫生要求	√					
A410	最终品的微生物标准	√					
A420	生产中的卫生操作：在食物链上从初级生产到最终消费的各环节，对有关微生物标准设定与应用的要求	√					

续表

编码	内容释义	欧盟	美国	加拿大	日本	韩国	瑞士
A500	最终品中植物和动物害虫以及致病有机体的处置						√
A630	食物和饲料加工:为满足最终品卫生条件,食物和饲料生产应满足的条件	√					
A820	测试要求:产品应进行给定规定如 MRL 等测试	√					
A830	证书要求:遵守了进口国给定规定的证书,可由出口国或进口国签发				√		
A840	检验要求:进口国对产品检验方面的要求	√					
A850	可追溯性条件	√					
A851	材料和零部件的原产地	√					
A852	加工历史:所有生产环节信息的披露,如地址、加工方式和设备、所使用材料	√					
A853	商品发货后的流通与地点:自商品发货至抵达最终消费者,商品流通的时间、地点信息的披露	√					
B110	出于 TBT 原因的禁令	√					
B140	出于 TBT 原因的授权条件:出于国家安全、环境保护等,进口商需要在目的国相关政府部门获得的授权、许可和同意	√					
B150	出于 TBT 原因,对进口商采取的注册条件	√					
B310	标签要求:对关于应向消费者提供的信息、包装与标签上印刷的种类、颜色和形状进行规范的措施	√					
B320	标志要求:商品运输/流通包装上应注明的运输和通关信息	√					
B330	包装要求:有关食品安全的商品包装方式和包装材料条件	√					
B420	对运输和仓储的 TBT 要求		√				
B700	产品质量或性能要求	√					
B810	产品注册要求:在进口国的产品注册要求	√					
B820	测试要求:产品需进行依据给定规定的检验,如性能水平等	√					

编码	内容释义	欧盟	美国	加拿大	日本	韩国	瑞士
B830	证书要求:遵守了进口国给定规定的证书,可由出口国或进口国签发		√				
B840	检验要求:进口国对产品检验方面的要求	√					
C200	直接运输要求			√			
C300	通过特定海关港口的要求						√
C900	未另作说明的其他合规性		√				
E100	除 SPS 或 TBT 原因的许可外的非自动进口许可证	√					
E611	全球配置:WTO 规定的关税配额,无关产品原产地国			√			
F610	海关检验、加工和服务费						√
G110	进口存款预交制:在收到商品前,进口商需存入进口交易额部分比例的无息存款	√					

资料来源:对世界银行 WITS 数据库的资料和数据进行翻译与统计后得出, https://wits.worldbank.org/。

表 13 报告了我国 HS 编码在 19～22 章的薏仁出口商品所面对的非关税措施情况。在此类下, 我国主要出口商品有核桃杏仁薏米茶、薏米花、薏仁麦片、台糖山药枸杞薏仁粉/20 箱、薏仁燕麦养生素、薏仁粉、巧口薏仁八宝粥、薏苡仁红枣茶、"窈身衣变"玄米红薏仁粉、马玉山薏仁燕麦坚果饮、燕麦薏仁露、筒谷物薏苡茶、薏米酒等。对此类商品的非关税措施广泛分布于 A、B、C、E、F 和 G 章;欧盟对我国有关商品进口的非关税措施覆盖面最广, 其次为美国、加拿大和瑞士, 日本和韩国未对我国相关商品采取额外的非关税措施。

表 13　各进口国对我国薏仁产业饮料食品（HS 编码 19～22 章）的非关税措施

编码	内容释义	欧盟	美国	加拿大	日本	韩国	瑞士
A120	对合规性的地理限制:由于缺乏充分安全条件证据,所以对无法避免卫生和植物卫生风险的特定国家或地区的特定产品实施进口禁止	√					

编码	内容释义	欧盟	美国	加拿大	日本	韩国	瑞士
A130	系统方法:在同一产品上,执行两种或两种以上的独立SPS措施	√					
A150	进口商注册条件:在进口前,进口商需符合相应条件、提供文件及支付注册费用,以完成注册	√					
A210	对部分(非微生物)物质所致残留和污染的容忍限度	√					
A220	有关食物、饲料以及触及材料的部分物质的限制使用	√					
A310	标签要求:应向消费者提供有关食品安全的信息	√					
A330	包装要求:有关食品安全的商品包装方式和包装材料条件	√					
A400	卫生要求	√					
A410	最终品的微生物标准	√					
A420	生产中的卫生操作:在食物链上从初级生产到最终消费的各环节,对有关微生物标准设定与应用的要求	√					
A630	食物和饲料加工:为满足最终品卫生条件,食物和饲料生产应满足的条件	√					
A820	测试要求:产品应进行给定规定如 MRL 等测试	√					
A830	证书要求:遵守了进口国给定规定的证书,可由出口国或进口国签发	√					
A840	检验要求:进口国对产品检验方面的要求	√					
A850	可追溯性条件	√					
A851	材料和零部件的原产地	√					
A852	加工历史:所有生产环节信息的披露,如地址、加工方式和设备、所使用材料	√					
A853	商品发货后的流通与地点:自商品发货至抵达最终消费者,商品流通的时间、地点信息的披露	√					
B110	出于 TBT 原因的禁令	√					
B140	出于 TBT 原因的授权条件:出于国家安全、环境保护等,进口商需要在目的国相关政府部门获得的授权、许可和同意	√					
B150	出于 TBT 原因,对进口商采取的注册条件	√					

续表

编码	内容释义	欧盟	美国	加拿大	日本	韩国	瑞士
B310	标签要求:对关于应向消费者提供的信息、包装与标签上印刷的种类、颜色和形状进行规范的措施	√					
B330	包装要求:有关食品安全的商品包装方式和包装材料条件	√					
B420	对运输和仓储的 TBT 要求		√				
B810	产品注册要求:在进口国的产品注册要求	√					
B820	测试要求:产品需进行依据给定规定的检验,如性能水平等	√					
B830	证书要求:遵守了进口国给定规定的证书,可由出口国或进口国签发		√				
B840	检验要求:进口国对产品检验方面的要求	√					
C200	直接运输要求			√			
C900	未另作说明的其他合规性		√				
E100	除 SPS 或 TBT 原因的许可外的非自动进口许可证	√					
E611	全球配置:WTO 规定的关税配额,无关产品原产地国			√			
F610	海关检验、加工和服务费						√
G110	进口存款预交制:在收到商品前,进口商需存入进口交易额部分比例的无息存款	√					

资料来源:对世界银行 WITS 数据库的资料和数据进行翻译与统计后得出,https://wits.worldbank.org/。

表 14 报告了我国 HS 编码在 29 章的薏仁出口商品所面对的非关税措施情况。在此类下,我国主要出口商品有薏苡仁提取物。对此类商品的非关税措施广泛分布于 A、B 和 C 章;欧盟对我国有关商品进口的非关税措施覆盖面最广,其次为美国,其他国家未对我国相关商品采取额外的非关税措施。

表 14 各进口国对我国薏仁产业化工类商品(HS 编码 29 章)的非关税措施

编码	内容释义	欧盟	美国	加拿大	日本	韩国	瑞士
A420	生产中的卫生操作:在食物链上从初级生产到最终消费的各环节,对有关微生物标准设定与应用的要求	√					

续表

编码	内容释义	欧盟	美国	加拿大	日本	韩国	瑞士
B110	出于 TBT 原因的禁令	√					
B140	出于 TBT 原因的授权条件:出于国家安全、环境保护等,进口商需要在目的国相关政府部门获得的授权、许可和同意	√					
B150	出于 TBT 原因,对进口商采取的注册条件	√					
B310	标签要求:对关于应向消费者提供的信息、包装与标签上印刷的种类、颜色和形状进行规范的措施	√					
B330	包装要求:有关食品安全的商品包装方式和包装材料条件	√					
B420	对运输和仓储的 TBT 要求		√				
B830	证书要求:遵守了进口国给定规定的证书,可由出口国或进口国签发	√					
B840	检验要求:进口国对产品检验方面的要求	√					
B851	材料和零部件的原产地	√					
C900	未另作说明的其他合规性		√				

资料来源:对世界银行 WITS 数据库的资料和数据进行翻译与统计后得出, https://wits. worldbank. org/。

(三)小结

目前,主要进口国家与地区对产自我国的薏仁产业各类商品执行了较为广泛的非关税限制措施,TCMCS 的 A、B、C、E、F 和 G 类均有涉及,A、B 类措施实施数量最多。分国家和地区来看,欧盟采用的非关税措施覆盖面最广,其次是美国。从商品种类来看,HS 编码在 11~15 章、19~22 章的出口商品需满足的各国非关税措施总数要求最多;其他商品次之。总的来看,要想进入相关的国际市场,我国薏仁产业商品必须"苦练内功",从而突破各类非关税壁垒。

三 结语

本章基于产品层面的最新数据,对我国薏仁产业对外贸易的主要市场情况和相关贸易政策进行了深入研究。研究发现，目前相关商品的主要进口市场集中于欧美与亚洲地区，我国对薏仁产业各类商品的供需品质要求呈现出"双高"，这说明我国薏仁产业具备一定质量优势和市场势力。在相关贸易政策方面，本章报告了相关商品出口至上述国家与地区的最惠国关税和优惠协定关税情况；并从产品层面，就后者进口我国相关商品时所采取的非关税措施进行了逐一分析。结论表明，我国在薏仁产业对外贸易方面具备一定竞争优势；但也面临不少挑战。今后应加强对关税政策的研究，用足用好相关优惠协定红利；此外，还要加强对目标国市场各类非关税措施的深入研究，提高我国薏仁商品在国际市场的占有率。

参考文献

贵州省兴仁市人民政府、贵州省地理标志研究中心：《薏仁米生态引资与品质大数据报告（2018）》，2018。

田云华：《中国进口非关税措施（NTMs）的现状、特征及其对进口表现的影响》，对外经济贸易大学博士毕业论文，2016。

B.3
薏仁米产业链延伸与优化

杨明锡*

摘　要：　随着薏仁米产业的快速发展，薏仁米的营养价值、药用功效和保健功能进一步凸显。但是薏仁米产业链发展过程中还存在产业链条短、产业链各环节衔接不紧密、深加工滞后、科研力量薄弱、产业链不完善等许多问题。通过对薏仁米产业链生产、加工、销售各环节的分析，提出了薏仁米产业链横向延伸和纵向延伸的发展方向，及薏仁米产业链整合和提升的路径。

关键词：　薏仁米产业　产业链　延伸

一　薏仁米产业基本情况

薏仁米是我国传统的药食两用作物，不仅具有丰富的营养价值，还具有重要的药用保健功能，在我国有着悠久的种植历史。

我国薏仁米种植面积超过100万亩，主要分布在贵州、广西、云南、浙江、福建、湖南、台湾等省区。其中，贵州、云南、广西、福建种植规模最大。贵州因独特的气候和生态条件使其成为中国薏仁米的传统主产区，通过近年来的大力发展，现已成为全国及周边国家最大的薏仁米加工集聚区和集散地，薏仁米的种植面积和产量均居全国第一位。2014年贵州省薏仁米种植面积28000公顷，产量13.80万吨；2015年种植面积43533公顷，产量

---

* 杨明锡，博士，贵州省社会科学院对外经济研究所助理研究员，研究方向为国民经济。

18.28 万吨；2016 年种植面积 51000 公顷，产量 22.95 万吨；2017 年种植面积 53333 公顷，产量 24 万吨；2018 年种植面积 66667 公顷，产量 24 万吨。

中国是薏仁米种植和消费大国，据不完全统计，国内市场每年消费薏仁米 100 万吨以上，每年需要从东南亚国家进口满足市场。

截至目前，我国薏仁米已审定的品种名录有 16 个，蒲城、浙江、贵州、云南等地相继发布了种植技术标准化规程，"三品一标"已经成为薏仁米质量发展的一个重要方向。

随着薏仁米产业的快速发展，产品形态逐渐丰富多样化。目前，以薏仁米相关名称注册的商标达 200 个以上。投入市场的食用加工产品可分为主食类、冲调粉类、调味品类、休闲零食类等 20 多类产品，正在开发的 20 多种产品也在陆续投放市场。从药用产品来看，已经研制成功并投入市场的主要有薏仁胶囊、薏仁米精油胶囊、薏仁口服液、薏仁米多糖咀嚼片等，其他 10 多种药用产品正在加紧研发中。从功能性产品来看，目前市场上主要是薏仁米化妆水、薏仁米洁面皂、薏仁米面膜、薏仁米精油等薏仁米护肤化妆品，其他功能性产品正在研发之中。

二　薏仁米产业链概念与内容

（一）薏仁米产业链的界定

产业链是指处于同一产业或不同产业之间的行业或企业，通过一定的技术经济关联，能够提高生产效率，并具有价值增值功能的生产服务协作体系。企业在生产过程中由技术经济联系逐渐形成了长期的生产服务协作体系，这种联系一般通过企业之间的技术、经济、社会法律关系等形式表现出来。它可以体现具有某种内在联系的企业群结构中的上游、中游、下游之间的关系和影响。

薏仁米产业链是指提供薏仁米相关产品以及实现价值增值的企业之间，以薏仁米企业为主导、薏仁米种植户为主体，将薏仁米生产、加工、流通各个环节紧密连接，依据前后关系和时空布局合理配置资源，追求整链价值最大的利益共同体。

（二）薏仁米产业链的构成

薏仁米是我国一些地区的传统种植作物，经过较长时期的种植，薏仁米生产过程中的各个环节之间、地区之间已经建立了一定的相互联系和影响，具有了产业链雏形。从产业链构成来看，薏仁米产业链具有一定的复杂性，薏仁米具有药食两用功能，在传统消费领域，人们一般把它作为主食或副食品进行直接消费。随着对薏仁米药用价值的发掘，提取技术的进步，其药用价值逐渐体现出来，现在人们将薏仁米加工炮制成薏仁米材料、薏仁米料提取物，再进一步制成配方颗粒或中成药。因此，薏仁米产业的产业链涉及面非常广，结构复杂。

薏仁米产业链的基本结构：根据薏仁米产品的两种主要用途，一是薏仁米－食品－副食品；二是提取物－配方颗粒或中成药，薏仁米产业链主要由薏仁米食品产业链和药品产业链结合组成。主要包括：（1）种植技术研发部门，如薏仁米种子的研究和开发、农药的研究和开发、肥料的研究和开发等部门；（2）薏仁米的种植、技术支持与服务、种植管理等部门；（3）薏仁米初级加工和提取物提取、制药机械的研发与生产等中间产业部门；（4）薏仁米精深加工、新产品研发、新技术研发等部门；（5）薏仁米储存、运输、销售等活动部门；（6）薏仁米包装、包装材料、信息咨询、电子商务等配套服务部门。随着薏仁米功能性产品的研发，产业链可能进一步丰富，如提取物－功能性产品等链条将进一步纳入薏仁米产业链中来。如图1所示。

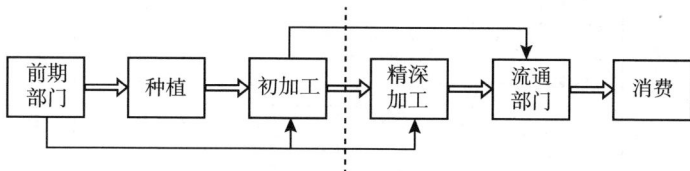

图1 薏仁米产业链结构

当前阶段对薏仁米产业链进行分析，主要是明确产业链条上具有哪些环节，这些环节可以涉及什么样的企业，需要什么样的技术条件，并探究各环节之间的衔接方式是否合理、协调、完整，进而找到改善产业链结构、增强竞争力的发展方向。

（三）薏仁米产业链相关环节

薏仁米产业链由众多相关产业环节组成，这些环节包括不同行业以及不同行业中的相关企业。

具体来看，薏仁米产业链的上游产业：种源研发环节处于薏仁米产业链的前端，是整个产业链创新能力的源泉，另外，产品研发对整个产业链条具有很大的导向作用，包括高校、科研单位、部分企业的研发部门。薏仁米种植环节包括土地供应与流转、农场建设与经营、生物资源开发利用等环节，也包括农药、化肥、农具等基础资料的农资供应环节。

薏仁米产业链的中游产业：薏仁米加工生产处于产业链的中游，包括对薏仁米产品进行粗加工和精深加工，加工成品具有较高的附加值。这一环节是上游技术研发的生产实现，是构建薏仁米产业链的关键环节。初加工环节包括主食类、冲调粉类等食用产品的加工生产。精深加工环节包括调味品类、休闲零食类食用商品的加工生产和薏仁胶囊、薏仁米精油胶囊、薏仁口服液、薏仁米多糖咀嚼片等药用产品的加工生产。

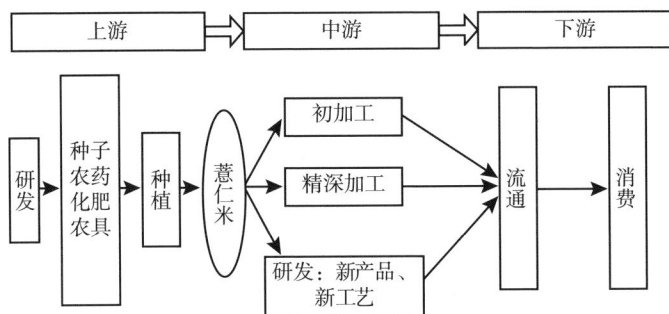

图 2　薏仁米产业链环节

薏仁米产业链的下游产业：从事薏仁米及其加工产品的储存、运输和销售，是整个产业链价值实现的环节。包括流通、消费环节，由仓储、物流、批发、零售、电商等部门构成。

三 薏仁米产业链存在的问题

（一）产业链条短

一般来说，随着产业链的延伸，链条越长，产品的综合利用度越高，产生附加值也越大。现阶段我国薏仁米产业种植面积并不广泛，加工环节也处于由粗加工向精深加工迈进之中。虽然随着对薏仁米的药用价值和功能性价值的开发，其综合利用程度越来越高，但是薏仁米产品涉及范围还较为狭小，导致了整个薏仁米产业链短且附加值较低。

（二）产业链各环节衔接不紧密

相对来说，龙头企业对产业链各环节具有黏合功能。龙头企业是产业链中资源的支配者，可以通过交易的内部化来降低产业链各环节之间的交易成本，对紧密联系产业链上下游发挥着至关重要的作用。目前我国的薏仁米相关企业普遍规模偏小，缺乏能整合多个环节的龙头企业，现有企业难以承载产业链中核心组织作用，导致产业链各环节之间组织较为松散。

（三）科研力量薄弱，开发力度欠缺

近几年，随着薏仁米产品交易规模不断扩大，薏仁米产业发展得到相关地区、部门的重视，对薏仁米的种源、新技术、新产品等方面进行研究也不断加强，但是专业人才仍然十分紧缺，科研力量还十分薄弱。特别是对薏仁米药用价值和功能性开发的研究力度还有待加强。另外，既懂经济、又会管理的经营管理人才的不足，也制约了整个产业链的发展。

（四）产业链条不健全

从企业链角度来看，薏仁米产业链技术链短，信息链断裂，导致上下游企业间联系不紧密，交易成本较高。从供需链角度来看，薏仁米产业各环节发展不均衡。如加工环节由于建设周期短，进入门槛相对较低，发展迅速，加工生产能力出现过剩；而市场销售环节尚处于培育发展阶段，销售渠道狭窄。从空间链角度来看，薏仁米产业空间发展不平衡。整个产业向西南地区集聚，在贵州、广西、云南等省份形成了优势产业带，其中，80%的加工生产能力在贵州省兴仁县。从价值链角度来看，薏仁米产品整体层次只能满足市场的中低端需求。市场需求的多层次性，决定了满足需求的产业链的多层次性。由于薏仁米不是主粮，消费需求和水平不高，产品技术含量低，产业增值程度有限。

四　薏仁米产业链延伸方向与路径

（一）产业链延伸

产业链的延伸一般有两个方向，即纵向延伸和横向延伸。纵向延伸是指由种植、加工、流通、销售等一系列环节的延长。横向延伸是指将其他产业纳入产业链的范畴内，通过对产业链上相同类型企业产生影响，实现价值增值。产业链越长，环节越多，涉及的企业越多，产业链就越完善。

我国薏仁米产业链链条短，并且涉及范围较为狭窄，需要对薏仁米产业链进行横向及纵向延伸，通过增加产业链的环节或长度来提高产业链的整体价值。首先是薏仁米产业链的纵向延伸。根据施振荣提出"微笑曲线"，在产业链两端附加值更高。薏仁米产业链中，附加值高的是产品研发、技术开发、品牌打造等环节。因此，薏仁米产业链需要向两端延伸，加强产品的开发和销售环节。虽然近几年我国薏仁米产品在产量和销售量方面大幅增长，但是薏仁米新产品并不多，同时也缺少品牌的支撑，附加值也不高，需要加大对品牌建设、市场建设的力度。

薏仁米产业链的横向延伸主要是将第二产业及第三产业的仓储、物流、旅游、电商、金融、咨询、检验、培训、认证等引进产业链中。以种植环节为例，薏仁米的种植可以向旅游业延伸，以薏仁米产业带动生态旅游、相关服务业的发展；同时可以将物流业、信息咨询业以及薏仁米生产和加工需要的机械制造业等纳入薏仁米产业链的范畴中；还可以向金融业、担保行业、电商等行业延伸，进一步完善薏仁米产业链，相互推动，促进薏仁米产业的发展。如图3所示为薏仁米种植环节产业链延伸方向。

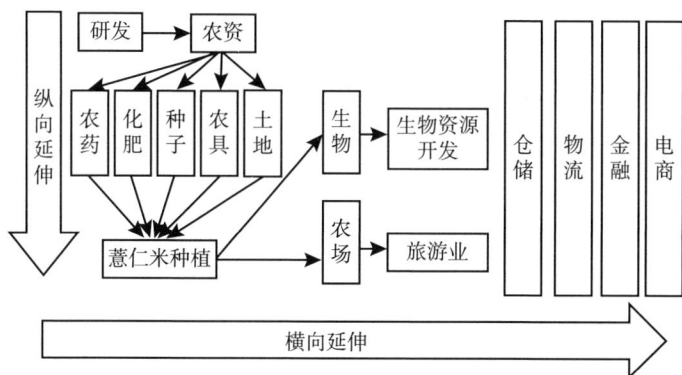

图3　薏仁米种植环节延伸示意

（二）产业链整合

薏仁米产业链的整合是指通过相关企业加强产业链中各环节之间的产品流通、信息流通和资金流通，使环节之间的连接、协调和合作更加合理，减少产业链中的交易费用，提高资源利用效率。

1.加强信息流通

首先是加强消费者与市场之间的信息流通，让消费者知道有哪些薏仁米产品可以购买；其次，是加强生产企业之间的信息流通，如精深加工企业可以方便快捷地找到所需原材料；再次是加强研发环节和种植环节之间的信息流通，使得科研成果可以快速地进行转化。同时，要加强种植单元与农资企业之间的信息流通，保证产出稳定高效。

2. 促进商品流通

对薏仁米产业链的各个环节进行有效整合：一方面构建快捷物流系统，将原产地与全国主要消费市场进行对接，确保薏仁米产品能进入大型商场、超市、农产品供应站等消费终端。另一方面是减少薏仁米产品的流通环节，充分利用"互联网+"优势，扶持电商发展，有效减少流通过程。

（三）产业链提升

产业链提升是指提高薏仁米产业链各个环节的知识含量、技术水平和附加值，全面提高产业链层次和素质。现阶段，薏仁米产业链上各个环节的综合素质并不均衡。在产业链的上游种植环节，农户及一些企业在技术水平、知识层次方面有待提高，如传统薏仁米种植农户大部分学历为初中或小学，对现代知识和技术的吸收和应用接受程度不高，导致技术效益难以发挥。

在薏仁米加工环节，虽然知识含量、资本密集程度都有提高，但新产品、新工艺研发力度仍然不足，薏仁米的食用和药用功能性产品并不丰富。

在薏仁米销售环节中，虽然我国在薏仁米国际市场占有很大的市场份额，并且对国内市场具有重大影响，但是缺少知名品牌，产品附加值不高。品牌是实现价值增值的重要手段，是整条产业链提升的关键，建设我国薏仁米产品的品牌是目前产业链实现提升的现实路径。

五　薏仁米产业链延伸的对策与措施

（一）做好薏仁米产业链延伸的基础性工作

一是加强品牌建设，推进薏仁米"三标一品"建设，加大绿色发展理念的宣传、贯彻和实施，通过品牌建设，规范薏仁米产品的生产、加工，全面提高薏仁米产业的加工水平和质量标准。二是加强薏仁米科技开发与基础研究工作，开发新种源，加强原产地认证、地理标志产品认证等，加强薏仁米产品药用机理、保健机理等基础性研究，强化无公害及有机产品种植技术、有用成分提取技术等应用技术研究。三是积极与第三产业融合，发展观光旅游、薏仁米采制体验游、薏仁米文化游、薏仁米购物等相关产业，实现产业之间相互促进、融合发展。

（二）大力发展薏仁米精深加工环节

一是以当前名优产品为导向，积极发展薏仁米冲调粉、调味品、休闲零食等新型食品，大力开发薏仁胶囊、薏仁米精油胶囊、薏仁口服液、薏仁米多糖咀嚼片等高附加值产品，不断提高薏仁米精、深加工产品的比重。二是加大政策优惠力度，吸引社会资金参与精、深产品加工与开发。三是创新成果转化模式，支持企业加大对新加工技术的研发投入，完善产学研协同体系。

（三）推动薏仁米消费环节建设

一是加强薏仁米文化开发。挖掘文化内涵，加强文化宣传，推进薏仁米文化与产业的融合，将薏仁米文化与旅游业有机结合起来，培育新的产业消费点。二是加强销售渠道建设，大力扶持相关物流、电商企业发展，延长产业链条。

参考文献

李剑、杨明、何倩灵、刘泽玉、苏柘童、陈世彬：《论中药产业链的构建》，《中草药》2010 年第 8 期。

杨剑铖：《我国菠萝产业链优化研究》，海南大学硕士毕业论文，2011。

张海峰：《农村茶叶产业链构建与整合的策略研究》，《四川农业科技》2018 年第 8 期。

肖小虹：《产业链理论研究综述》，《科技创业月刊》2012 年第 12 期。

B.4
中国薏仁米产品竞争力发展报告

苟以勇*

摘　要： 为了进一步提高薏仁米产品质量和产品价值，培育和壮大薏仁米产业，增加其产品市场竞争力，必须对薏仁米产品竞争力进行深入分析。产品竞争力是指产品符合市场要求的程度，主要体现为产品的性能、质量、价格三大要素。本报告阐述薏仁米产品竞争力概念，分析我国薏仁米产品竞争力发展现状，从精准薏仁米市场定位、建立完善的薏仁米质量体系、技术创新体系、品牌保护机制和制定特殊优惠政策、加大薏仁米品牌宣传力度等方面提出可操作性的对策建议。

关键词： 薏仁米　产品　竞争力

有关竞争力的观念经历了一个不断的演化修正过程，测度方式也与时俱进。以往对产品竞争力的分析，多是从产品本身质量、技术、成本、设计等因素考虑的，没有考虑客户对产品的认知。产品竞争力就是指产品符合市场要求的程度，具体体现在产品属性、营销观念和价值创新上。产品属性主要体现为产品性能、质量和产品价格等要素。产品竞争力的显示指标是它的市场地位和销售情况。我国薏仁米的主产区主要集中在南方部分省区，如贵州、云南、四川、广西、福建、湖北等省区，薏仁米主要有初级产品、加工产品、药用与保健产品和功能性产品。

---

* 苟以勇，贵州省社会科学院对外经济研究所所长、研究员，研究方向为区域经济。

一　薏仁米产品竞争力概述

（一）竞争力概念

竞争力是研究对象在竞争中显示的综合能力。它是一个相对指标，必须通过两方或两方以上研究对象的竞争才能表现出来。竞争力有大有小，或强或弱。测定和评价竞争力可以采用未来研究方法，可以根据目标时间在竞争群体中的表现评价它。对于不同对象、不同范围和不同区域，竞争力表现为区域竞争力、产业竞争力、企业竞争力和产品竞争力等内容。

（二）产品竞争力概念

产品是满足消费者需要而具有某种特定形态和用途的物质资料。产品竞争力就是指产品符合市场要求的程度，具体体现在产品属性、营销观念和价值创新上。产品竞争力要素主要包括产品性能、产品质量和产品价格。产品竞争力拓展或延伸就是产品的质量竞争力、品牌竞争力和企业竞争力。

1. 质量竞争力

质量是一组固有特性满足要求的程度。质量竞争力是指竞争主体以卓越质量赢得优势的能力，可以通过建立一套科学合理的评价指标体系，并运用适宜的指数化评价方法进行量化测评。

2. 品牌竞争力

品牌（Brand）是指消费者对产品及产品系列的评价和认知，是一种识别标志、一种精神象征和一种价值理念，是一种商品品质优异的核心体现。广义的"品牌"，是具有经济价值的无形资产，用抽象化的、特有的、能识别的心智概念来表现其差异性，在人们的意识当中占据一定位置的综合反映。狭义的"品牌"是一种拥有对内对外两面性的"标准"或"规则"，是通过对理念、行为、视觉、听觉四方面进行标准化、规则化，使之具备特有性、价值性、长期性、认知性的一种识别系统总称。品牌竞争力是品牌在竞争性市场中具有的超越其他同类产品的、能够持续地获得市场认同与支持的整体形象特质，它代表着卖方交付买方的产品特征、利益和服务的一贯承诺。

3. 企业竞争力

企业竞争力是指企业在竞争性的市场中所具有的能够比其他企业更有效地向市场提供产品和服务，并获得盈利和声望的能力。主要分为产品层、制度层和核心层三个层面（见表1）。

表1　企业竞争力概念及内容

名称	类型	企业竞争力内容
企业竞争力	产品层	①企业产品生产及质量 ②控制能力 ③企业的服务 ④成本控制 ⑤营销 ⑥研发能力
	制度层	①经营管理要素组成的结构平台 ②企业内外部环境 ③资源关系 ④企业运行机制 ⑤企业规模 ⑥品牌 ⑦企业产权制度
	核心层	①以企业理念、企业价值观为核心的企业文化 ②内外一致的企业形象 ③企业创新能力 ④差异化个性化的企业特色 ⑤稳健的财务 ⑥拥有卓越的远见和长远的全球化发展目标

（三）薏仁米产品竞争力

薏仁（Coix Seed），又名苡仁、薏苡仁、苡米，土玉米，薏米、薏珠子、起实、草珠珠、回回米、米仁、六谷子等。薏仁是普遍、常吃的食物，常食可以保持人体皮肤光泽细腻，同时作为一种美容食品，其对消除粉刺、妊娠斑、雀斑、老年斑、蝴蝶斑，对痤疮、皲裂、脱屑、皮肤粗糙等都有良好疗效。薏仁又是常用的中药（利水渗湿药），性味甘淡微寒，其中药的功效主要有：利水消肿、健脾去湿、舒筋除痹和清热排脓等。

薏仁米产品竞争力。薏仁米产品竞争力主要体现在它的市场地位和销售情况。其产品竞争力表现在：一是薏仁米产品品质优，突出在薏仁米的营养价值、药用功效与保健功能等方面；二是薏仁米的产品附加值高，薏仁米的食用加工产品种类丰富，如精制薏仁米高效加工与副产品增值利用，工艺技术优化及产品延伸等，有力地提升了薏仁米的附加值；三是薏仁米药用高，药用产品开发与利用价值高；四是有一定美容功效，功能性产品的开发很有前景。

二 薏仁米产品竞争力发展现状

（一）薏仁米产品分布

薏仁米在全国大部分地区均能种植，主要产品分布在我国黔、滇、川、粤、桂、琼、湘、鄂、赣、苏、皖、闽、鲁、晋、陕、京、冀、豫、黑、吉、辽、内蒙古等省份。而从其多样性特征看，更为集中种植在贵州、云南、广西、海南等中心地区。

目前，我国薏仁米的主产地主要集中分布在西南地区的云南、贵州、四川，华中地区的湖南、湖北、江苏、江西，华南地区的广东、广西，华北地区的河北、河南，华东地区的福建，东北地区的辽宁、黑龙江等省区。其中，西南地区的贵州省是我国薏仁米的种植核心地区，其种植面积和产量均居全国第一。

（二）薏仁产品种类

随着薏仁米产业的快速发展，其产品呈现出丰富、多元、多样性的产业形态。目前，我国大约有四种薏仁米的产品形态（见表2）。

一是薏仁初级产品。主要以初级农产品形态出现，在市场上表现为以小宗类谷物杂粮进行销售，占到整个薏仁米市场的一半以上。如糯薏仁米、珍珠薏仁米、黄金薏仁米等。

表2　我国薏仁米产品情况

	产品形态	产品名称举例	备注
1	初级产品	①兴仁薏仁米；②晴隆糯薏仁；③师宗薏仁米；④蒲城薏仁；⑤宁化薏仁；⑥西林薏仁；⑦酉阳薏仁；⑧泗流山薏苡仁；⑨蕲春薏苡仁；⑩祁薏米	
2	加工产品	①红枣薏米蒲公英复合饮料；②薏米纳豆；③花生薏米保健饮料；④薏料蛋糕；⑤薏苡仁饮料；⑥薏米保健饮料；⑦薏米保健面酱；⑧薏米荞麦复合饮料；⑨酶解薏米饮料；⑩微波膨化薏米饼	
3	药用与保健产品	①复方薏苡仁方；②薏苡仁油剂（康莱特）；③薏苡仁油纳米粒；④雷公藤红素——薏仁油微乳；⑤转铁蛋、叶酸双重修饰的薏苡仁油；⑥薏苡酱；⑦升麻薏米方；⑧三仁汤回减方；⑨四妙散；⑩六妙汤	
4	功能性产品	①薏苡润膏；②白芷、薏苡美白面膜；③薏苡仁面膜；④PKP薏仁手工皂；⑤JBM薏苡酯净白活肤面膜；⑥薏苡醌修护洗发乳	

二是薏仁加工产品。主要以加工食品或加工药品的产品形态出现，在市场上有加工的薏仁米杂粮面条、食用饮料或药用剂等。

三是薏仁药用与保健产品。主要以精深加工的药用产品和保健产品形态出现，如薏仁口服液、薏仁胶囊等。

四是薏仁功能性产品。主要以非饮用的功能性产品为表现形态，如薏仁精油、薏仁面膜、薏仁米化妆水、薏仁米洁面皂等。

（三）薏仁米品牌种类

经过多年的发展与培育，我国薏仁米逐渐出现并形成了一些较为知名的薏仁米产品品牌。如贵州省的"兴仁薏仁米""晴隆糯薏仁"，云南省的

"师宗薏仁米",重庆市的"酉阳薏米",广西的"西林薏米",湖北省的"泗流山薏苡仁""蕲春薏苡仁",福建省的"蒲城薏米""金沙薏米""宁化薏米",河北的"祁薏米"等。我国薏仁米品牌的产区、种类和特征如下(见表3)。

表3　我国薏仁米品牌产区、品牌种类及特性情况

	产区	品牌名称	特性
1	贵州兴仁县	兴仁薏仁米	以"兴仁小白壳"为主打品种,加工生产薏仁精米、薏仁营养副食品、薏仁蛋白饮料、营养薏仁精粉、薏仁保健精油、薏仁美白化妆品等20余个系列产品,出口东南亚和欧美等地
2	贵州晴隆县	晴隆糯薏仁	以食品为主,在晴隆县的莲城、沙子、碧痕、大厂、紫马、安谷等乡种植
3	云南师宗县	师宗薏仁米	重点发展黑壳小粒品种师宗薏仁米,销往日本、新加坡等国家和中国上海、广州及香港等地区
4	福建蒲城县	蒲城薏仁	重点浦城薏米的种植、生产与加工,产品销往东南亚、欧美等地
5	福建仙游县龙华镇金沙村	金沙薏仁	重点开发金沙薏仁为主的薏米系列产品开发,同时研制开发薏米水、薏米糊、薏米酒、薏米根冲剂等系列保健产品
6	福建宁化县	宁化薏仁	以食品为主,开发薏米系列食品深加工产品,主打产品有薏米粉、薏米露、糯薏酒、薏米饼干等食品用品
7	广西西林县	西林薏仁	以药用为主,在西林县介廷、岩茶、克长等村
8	重庆酉阳县	酉阳薏仁	利用酉阳薏米的营养价值和药用功效,以开发薏米为主,药食两用
9	湖北蕲春县檀林镇泗流山村	泗流山薏苡仁	泗流山重点生产薏苡仁,以开发饮食为主,产品销往台湾、上海、北京等地
10	湖北蕲春县	蕲春薏苡仁	①蕲春薏苡仁主要以药品、食品、保健品为主。②主要产品有薏苡仁茶、薏苡仁酒、薏苡仁糕点、薏苡仁乳酸饮料等系列食品。③开发有蕲春薏苡仁乳精、蕲春薏苡仁保健粉等系列保健品。④开发有薏苡仁口服液、薏苡仁中性油脂乳剂、薏苡仁油软胶囊等系列药品
11	河北保定安国	祁薏米	重点开发被誉"植物珍珠"安国祁薏米

（四）薏仁米产品竞争力情况

目前，我国薏仁米生产产量及加工量位列世界首位；投放市场的薏仁米加工产品种类丰富；利用薏仁米的功能进行药用产品开发与利用，已由初级加工向精深加工转型；对薏仁米功能性产品的开发与利用，已由单一的护肤化妆产品向护肤化妆系列产品开发，各类系列产品特别是新产品开发越来越多，不但增加了薏仁米产品的附加值，而且为薏仁米产业的发展带来了巨大的经济效益，促进了薏仁米产品竞争力的提高。

三　提升薏仁米产品竞争力的对策建议

根据目前我国薏仁米产品发展现状，剖析发展中存在的问题，应着力从精准市场定位、完善产品质量体系与技术创新体系、建立品牌保护机制、制定优惠政策和加大宣传力度等方面提升薏仁米产品竞争力，助推薏仁米新产品新业态成长，促进薏仁米产业持续健康发展。

（一）精准薏仁米市场定位

产品竞争力的高低并不完全取决于产品本身品质的好坏，薏仁米品牌定位来源于市场对产品质量和产品销售的服务以及产品的文化底蕴，而要进一步提升薏仁米产品竞争力，关键是要提升薏仁米的市场地位和销售情况，尤其是找准市场定位。对此，要准确研判市场行情，精准确定薏仁米市场品牌定位。薏仁米产品市场地位的影响因素是竞争对手水平和行业状况，竞争对手的水平直接关系产品的市场占有率。

一是准确把握消费者的消费心理。要将薏仁米产品转化为知名品牌，不仅要扎实做好产品品质、销售服务和文化底蕴等工作，而且要准确把握薏仁米消费者的消费心理。要恰当运用销售方法，准确把握消费者心理，把消费者心理与薏仁米产品质量特点推销有机统一，促进消费者的消费选择和消费习惯与薏仁米的营养价值和功效促销有机结合起来。

二是产品设计令群众满意。在产品的设计上，要提前做好市场调查，分析大众群体喜欢的产品样式和功能，然后根据市场设计用户需求量大的产品类型。大众有需求，产品设计又能满足群众需要，这就是产品竞争力！

三是打造富有特色的产品。除了以消费群体为主的产品设计理念外，还要有一种以产品特色为主的设计理念：突破传统的设计理念，打造一些比较特殊且富有特色的产品，继而提高产品竞争力。

（二）建立完善的薏仁米质量体系

要想产品拥有足够的竞争力，首先要保证自己的产品质量过关，消费者能够信任你的产品，对你的产品形成一种公众的说服力。只有自己的产品质量过关，用户满意了，才能拥有市场中的硬实力。

一是按国际质量认证体系要求严格管理。全力贯彻实施内部质量管理体系，找出本地区薏仁米生产、加工和销售过程中存在的问题，按照 ISO 9000系列国际质量认证体系要求全面推进管理工作，建立本地区企业生产质量管理体系。

二是提高企业的质量管理水平。强化产品质量，在薏仁米的生产加工和销售过程中要高标准起航，让消费者知道自己选择的是有质量、有责任的薏仁米品牌，质量的高低和产品的安全是消费者选择品牌的基本立足点。要深入开展全面质量管理、质量改进活动，认真贯彻质量管理和质量保证系列国家标准，积极推进质量认证工作，并借鉴国外企业科学的质量管理新法，推行"零缺陷"和可靠性管理，提高企业的质量管理水平。

三是建立独特的高质量形象。知名品牌主要由"品位高雅""质量可靠""设计入时"等内在因素起主要作用。同时，也要善于包装自己，通过各种有效的手段把自己宣传出去。

四是坚持成本控制和成本管理。优势品牌必须实施成本最低领先战略，最低成本优势是企业品牌保护的一大法宝。要采用先进技术，提高劳动生产率。要强化成本控制，做好企业的资金管理、费用管理、财务管理、劳动管理、设备管理、原材料管理等工作，把成本降到最低水平。

（三）建立完善的薏仁米技术创新体系

创新是企业品牌的灵魂，是企业活力之源。创新的关键，是快速推出适应市场的新产品。随着科技的不断发展，社会大众会对产品产生新的需求和新的渴望，要想提升产品的竞争力，就要结合当下社会的高新科技，不断推出新产品，满足大众对新事物的追求欲望。

一是推进国家制定和出台薏仁米的国家标准。制定薏仁米的国家标准，可有效防止薏仁米产业由资源分配不均而造成的单一化过热发展，可以提升产业竞争力，可以提升整个产业的市场抗风险能力，保证其健康快速发展。对此，要积极研究薏仁米相关国家标准、行业标准、地方标准、企业标准及标准体系。通过建立完善的薏仁米技术创新体系，推进薏仁米各类标准的逐步制订实施。

二是加强薏仁米标准化示范基地建设。要重视薏仁米的标准化生产，重点在一些县乡强化和提倡建设标准化示范基地，同时，要增强种植户和生产者安全生产控制能力，从源头上控制薏仁米的安全生产，高质量推进薏仁米安全生产控制能力。要以相关标准为依据，管理部门应加强对薏仁米产品生产过程中的监管，依据《农产品质量安全法》及配套法规，加强认证产品的证后监管和质量监测，逐步推行无公害农产品强制认证和市场准入制度。

三是加强薏仁米产品创新。产品创新是指将新产品、新工艺、新的服务成功引入市场，以实现商业价值。产品的创新通常包括技术上的创新，但是产品创新不限于技术创新，因为新材料、新工艺、现有技术的组合和新应用都可以实现产品创新。

（四）建立健全薏仁米品牌保护机制

品牌保护就是对持有薏仁米品牌的所有人、合法使用人的品牌实行资格保护措施。品牌保护可防范来自各方面的侵害和侵权行为，它包括品牌的经营保护、品牌的法律保护和品牌的社会保护等内容。要提升薏仁米产品的竞争力，必须建立健全薏仁米品牌保护机制。

一是建立薏仁米产品的商标权益保护机制。树立一个牢固的品牌，商标保护至关重要。主要从以下几个方面着手：要取得商标的专用权，注意商标的类别组合注册，通过科学的组合注册，编织一张严密的保护网，从而确保他人难以搭便车获取利益。对于已经在区域内形成一定知名度的薏仁米品牌，应该完善企业的自我保护机制，企业遵守相关的伦理道德，模范遵守行业的共同公约，诚信经营，自我增强品牌保护的法律意识，掌握品牌保护的边界，学会用法律手段自我保护。管理部门主动牵头，健全部门之间的品牌保护协作机制。

二是建立品牌的经营保护机制。不同的品牌，其所面临的内部和外部环境有差异，自然经营者所采取的保护活动也各不相同。要建立薏仁米品牌的经营机制，主要应从以下几方面着手：以市场为中心，全面满足消费者需求；苦练内功，维持高质量的品牌形象。质量是品牌的灵魂，高质量的品牌往往拥有较高的市场份额。

三是建立品牌保护协作机制。建立薏仁米品牌保护协作机制，应由市场监督管理局负责牵头，司法部门、质监部门、行政部门和社会公众参与，形成有效联动、办事高效的薏仁米品牌保护协作机制。同时，应建立薏仁米品牌保护不力责任追究制度机制，对于监管部门保护不力、不履行职责的行为，列入绩效考核，并依情节轻重追究相应的责任。

（五）制定特殊优惠政策

提升薏仁米产品竞争力，离不开政府的大力支持，没有政府的支持，薏仁米产品竞争力和品牌的培育，将无从谈起。因此，提升薏仁米产品竞争力需要政府在政策上予以大力支持，项目上予以优先考虑，资金上予以倾斜。

一是加大投入力度。在各级地方政府的支持下，要建设薏仁米产业发展专项资金，用于龙头企业培育、绿色有机种植基地建设、薏农培训、加工设备改造、高级人才引进等方面。

二是加大政策支持。支持薏仁米龙头企业发展，主要是在土地政策、投融资政策、技术创新政策等方面给予优惠政策支持，特别是对在薏仁米产业链中表现出显著市场效益、有科技创新、有辐射带动能力的龙头企业，要重点提供各类优惠政策扶持。

三是全力推动薏仁米加工企业进行转型、升级。对加工企业新上技术项目，简化审批程序，优先推荐申报国家、省级相关专项资金；对企业高新技术产业化项目或省级以上新产品开发项目贷款，给予适当的贴息扶持；对企业专利申请给予一定的经费补助。

四是推进企业所得税扶持政策。对各省区重点薏仁米产业园区，如承诺进入工业园区发展的大型企业当年产品产值＋技术性收入达到年总产值70％以上的，要给企业所得税实际税负减免扶持。对项目投资金额大、对工业园区产业发展起决定性作用的投资企业，争取给予征收企业所得税的特色优惠政策。

五是大力招商引资。通过简化办事手续，提高审批效率，提供一站式服务，重点吸引东南亚等国家和中国港澳台地区薏仁米企业到国内（境内）投资办厂。要吸引东南亚老挝、越南、缅甸等国家和地区薏仁米企业来华薏仁米集散地投资办厂，扩大边境贸易和外贸出口，形成薏仁米产业园区外资企业板块。

（六）加大薏仁米品牌的宣传力度

薏仁米品牌塑造与宣传的核心是打造知名的薏仁米品牌，加强品牌保护意识，服务于产业的发展。对此，应向消费者不断进行薏仁米的营销宣传，增强消费者对安全优质薏仁米的认知和了解程度，既可以实现消费者对杂粮知识的积累，又可以实现薏仁米的销售。

一是构建薏仁米产品的宣传体系。要加大宣传力度，多方式、多角度进行强势宣传，构建包括电视、报纸等传统媒体以及网络等新媒体在内的宣传体系，推进薏仁米各地区宣传的全覆盖。要深入薏仁米产品文化挖掘，特别是对薏仁米的历史文化底蕴、种植环境、加工过程和售后服务予以宣传，让消费者知晓何为薏仁米品牌，夯实薏仁米产品在消费者心中的品牌形象。

二是做好薏仁米产品的广告宣传工作。没有哪一类产品不做广告，要想打开市场就需要做足宣传工作。通过张贴海报、投放电视广告、市场问卷等方式宣传自己的产品，让更多的人了解认识薏仁米产品，知道的人多了，市场竞争力也就提升了。

三是建立促销活动和奖励机制。在销售产品的时候，可以适当构想一些促销活动或奖励机制，刺激消费者购买。消费者在不断购买使用中，就会慢慢对产品产生信任和依赖，产品竞争力就有了。

参考文献

曾仁俊：《中国薏仁米品牌现状与问题研究》，载《中国薏仁米产业发展报告（2017）》，社会科学文献出版社，2017。

郭佩、李春艳：《薏仁米产业新产品发展报告》，载《中国薏仁米产业发展报告（2018）》，社会科学文献出版社，2018。

B.5
贵州绿色优质农产品生产和
销售调查报告

李发耀　张　燕*

摘　要： 贵州省是生态大省，绿色优质农产品资源丰富，已形成以薏仁米、生态鸡（乌骨鸡、土鸡，绿壳鸡蛋、土鸡蛋）、食用菌、黑毛猪、关岭牛和时令蔬菜、火龙果等水果为代表的贵州绿色优质农产品资源库，这些资源对于贵州来说就是金山银山。为促进山地特色经济发展，省委、省政府 2017 年密集出台多项与绿色优质农产品生产与销售相关的政策文件（相关文件见附后注释），极大地推动了贵州山地特色农业发展和精准扶贫工作。

关键词： 贵州　绿色农产品　优质农产品

　　贵州的绿色优质农产品资源较多，但存在不少问题，与发达地区优质农产品产业发展相比，表现为：资源禀赋好，开发利用不够；产品品质独特，产业发展培育不够；产业发展快，产业竞争弱；农业园区不少，但优质农产品高效的产业园区不多；农产品品牌增加，但品牌知识产权保护意识弱。从当前的市场情况来看，贵州绿色优质农产品的产业发展急需推进绿色食品、

---

* 李发耀，贵州省社会科学院研究员，贵州省地理标志研究中心执行主任，研究方向为社会可持续发展；张燕，贵州省社会科学院图书信息中心副主任/副研究馆员，研究方向为信息与社会发展。

无公害产品、有机产品、地理标志产品、标准体系、公共品牌、知识产权管理等，政府需要加大力度出台系列支持绿色优质农产品产业发展的政策，需要发挥社会基层组织作用，按照市场资源配置，培育多级市场，创新公共技术，推进公共宣传，加快公共服务，培育和服务创新型企业，激发农村活力，形成充满活力的农村经济。

报告背景：绿色优质农产品从定义与内容分析：广义方面解释，是指生态的、无污染的、安全的、优质的、营养的农产品；狭义方面解释，是指遵循可持续发展原则，按照特定生产方式生产，经专门机构认定，许可使用的食品专门标志，并且按照标准生产的特色农产品。换句话说，绿色优质农产品基本的要求就是"认证＋标准"，如"地理标志产品＝产地认证保护＋标准质量控制"。绿色优质农产品发展历史背景要点：第二次世界大战后，发达国家"农业现代化"的实现，带来农业增产的同时导致多个农用化学物质向农田输入，污染食物及危害人体健康。1962 年，《寂静的春天》一书的发布，敲醒了全世界对环境污染问题的警钟，20 世纪 70 年代起，美国制定的"有机农业"不断影响世界各国。自 1992 年联合国召开的环境与发展大会，提出积极探索农业可持续发展的模式，欧洲和美国等国家纷纷加快了生态农业的研究。在这种国际背景下，我国决定开发无污染、安全、优质的营养食品，并定名为"绿色食品"，贵州生态环境良好，决定推动绿色优质农产品"泉涌天下"。

本报告所指的绿色优质农产品，与贵州省委、省政府关注和出台的绿色优质农产品文件内容一致。

一　贵州优质农产品基本情况

贵州省地域广袤，气候类型丰富，雨热充沛，能源资源富集，生态系统类型多样。从滇东高原到湘西丘陵，全省处于一个大斜坡地带，地势西高东低，最高处是赫章县珠市乡韭菜坪海拔 2900.6 米，最低处是黔东南州黎平县地坪乡水口河出省界处，海拔为 147.8 米。全省地貌可概括分为高原、山地、丘陵和盆地四种基本类型，素有"八山一水一分田"之说，是全国唯一没有平原支撑的省份。气候方面，贵州属亚热带湿润季风气候，四季分明、春暖风和、雨量充沛、雨热同期，各种生态系统丰富多样，历史上讲贵州"一山有四季，十里不同天""天无三日晴，地无三尺平"，正是生态系统多样化的写照。也正是这样一个地理环境，形成植物生长周期长，动植物地方品种多，产品感官特点突出，理化指标优异。

贵州优质农产品从类型可以分为，茶叶类，中药材类、粮油类、果蔬类、畜禽养殖类、特色食品类。按照农产品"三品一标"的范围，地理标志产品是优质农产品的集中表达，本文优质农产品也特指已获保护的地理标志产品，从数量和品质来看，在全国走在前列。

茶叶类：贵州绿茶、开阳富硒茶、余庆苦丁茶、凤冈富锌富硒茶、正安白茶、道真绿茶（道真硒锶茶）、湄潭翠芽、遵义红（茶）、黄果树毛峰、朵贝茶、金沙贡茶、石阡苔茶、梵净山翠峰茶、梵净山茶、六盘水苦荞茶、水城春茶、保基茶叶、普安红茶、普安四球茶、晴隆绿茶、都匀毛尖茶、贵定云雾贡茶、雷山银球茶等。

中药材类：赤水金钗石斛、绥阳金银花、道真玄参、兴义黄草坝石斛、正安白及、道真洛党参、遵义杜仲、关岭桔梗、大方天麻、大方圆珠半夏、赫章半夏、威宁党参、织金续断、织金头花蓼、德江天麻、六枝龙胆草、连环砂仁、安龙金银花、罗甸艾纳香、黎平茯苓、雷山乌杆天麻、剑河钩藤、榕江葛根、施秉太子参、施秉头花蓼等。

粮油类：息烽西山贡米、茅贡米、习水红稗、白果贡米、威宁荞麦、威宁荞酥、玉屏茶油、岩脚面、六盘水苦荞米、盘州红米、兴仁薏仁米、册亨茶油、晴隆糯薏仁、惠水黑糯米、黎平香禾糯，丹寨硒锌米，锡利贡米，从江香禾糯等。

果蔬类：惠水金钱橘、修文猕猴桃、开阳枇杷（开阳富硒枇杷）、红岩葡萄、清镇酥李、贵阳折耳根、花溪辣椒、永乐艳红桃、虾子辣椒、正安野木瓜、遵义朝天椒（蔬菜）、坡贡小黄姜、紫云红芯红薯、上关六月李、安顺山药、白旗韭黄、梭筛桃、关岭火龙果、安顺金刺梨、威宁洋芋、织金竹苏、赫章核桃、大方皱椒、湾子辣椒、大方冬苏、毕节白萝卜、毕节白蒜、沙子空心李、四格乌洋芋、水城猕猴桃、水城小黄姜、落别樱桃、妥乐白果、盘县核桃、保田生姜、顶坛花椒、品甸生姜、罗甸火龙果、罗甸脐橙、龙里豌豆尖、贵定盘江酥李、荔波蜜柚、龙里刺梨、麻江蓝莓、思州柚、从江椪柑等。

畜禽养殖类：乌江鱼、正安娃娃鱼、务川白山羊、绥阳土鸡、赤水竹乡乌骨鸡、黔北黑猪、黔北麻羊、平坝灰鹅、紫云花猪、关岭牛、毕节可乐猪、赫章黑马羊、江口萝卜猪、沿河山羊、思南黄牛、水城黑山羊、六枝月亮河鸭蛋、望谟黑山羊、南盘江黄牛、长顺绿壳鸡蛋、从江香猪、从江小香鸡、三穗鸭、白洗猪、塔石香羊等。

特色食品类：清镇黄粑、桐梓方竹笋、道真灰豆腐果、赤水晒醋、遵义朝天椒（腌制）、镇宁波波糖、黄果树矿泉水、禹谟醋、铜仁红薯粉丝、印江苕粉、铜仁珍珠花生、盘县火腿、盘县刺梨果脯、郎岱酱、牛场辣椒、兴义饵块粑、仓更板栗、贵定益肝草凉茶、龙里刺梨干、独山盐酸菜、凯里红酸汤等。

二 贵州绿色优质农产品生产问题调查

1. 各地高效农业园区应该大力发挥优质农产品基地的作用，加快速度生产优质农产品

目前，全省113个创建点建设现代高效农业示范园区。园区建设目标：生产基地建设目标。每个园区都要建设符合产业要求的高标准生产基地。建设蔬菜、茶叶、水果、中药材、花卉苗木、核桃以及优质粮油等高标准生产基地80万亩以上，建设畜禽和特色渔业标准化规模养殖区16个以上。商品化生产目标。农产品商品化经营体系初步形成，启动园区农产品储藏、加工、物流等配套设施建设，产品实现分级包装和商标注册，开拓稳定的销售市场和销售渠道，商品率达到80%以上。经营主体培育目标。每个园区均有企业入驻，成为产业化经营主体和核心。培育和引入150家以上规模较

大、实力较强，有新产品开发和市场开拓能力的企业入园经营，组建 200 家以上农民合作社，促进"园区 + 企业 + 合作社 + 农户"利益共同体的形成。生产经营效益目标。每个园区均有产品品牌和一定规模的产品销售。培育10 个以上优质农产品品牌，5 个以上园区农产品获得地理标识和原产地认证，50 个以上园区获得无公害农产品产地和产品认证。实现企业销售收入150 亿元以上，销售利润 50 亿元以上。

关键问题。多数园区缺乏核心竞争力的优质农产品；甚至部分园区出现圈地现象，土地用途被更改；一部分园区土地流转手续需完善；园区项目资金投入不透明，项目资金投入分散，存在部分项目资金套用；园区农作物投入品控制不严，耕地可持续质量保障有问题。

2．"一县一业"或者"一县多业"工作的开展，都应该以核心竞争力的优质农产品重点推动

贵州优质农产品内容丰富，优质点突出，主要体现在几个方面：一是独特的地理环境"低纬度、高海拔、寡日照"使得贵州绿色优质农产品内含物质丰富，产品质量特点突出。如贵州茶叶，"三高一低"的质量特点：氨基酸高，浸出物高，茶多酚高，灰分含量低，使得贵州茶叶在全国独树一帜。二是从农产品市场发展的特征来看，贵州优质农产品除了体现一般的优势，在产品功能方面更是突出，富含微量元素，这是贵州得天独厚的另一个优势，如全省各地的富硒茶、富锌茶、富锶茶、富硒米、富锶水等，这些优势也是重点产业发展的重点和亮点。三是贵州全省地方性品种资源丰富，是一个天然的优质农产品基因库，确保许多优质农产品可持续的存在和发展。

关键问题。贵州许多优质农产品的优质在产业发展中没有得到充分体现，对优质的诠释也是停留在各自理解的层面，没有统一的标准，更没有相应的政策。

3．"优质优标"没有真正贯穿优质农产品产业发展

长期以来，大量优质农产品因为标准的缺失或者低质量的标准影响了其产业发展。近年来，贵州已加快优质农产品标准建设，但是全省农产品生产

由于欠账太多，管理方式与生产方式普遍滞后，大多数企业缺乏相关的产品生产标准、生产技术与标准化管理。在优质农产品生产过程中，不少企业往往只是凭借传统经验进行生产和加工，生产分散、粗放经营、分散管理，使得优质农产品没有发挥特殊性和差异化的独特优势。更由于缺乏合理而规范的标准化技术支撑，优质农产品生产大部分没有形成标准，产品质量标准体系不完善，产品标准化体系不健全。从目前已经制订发布的大多数优质农产品的标准内容来看，不少产品标准没有特色指标，也不懂如何通过标准的强制性规定来体现与保护自身的自主核心技术。在优质农产品标准制定中，需要针对产品独特的品质特色用标准的形式来保护自身优势。如果所指定的标准对保护产品特色不明显，没能很好地突出产品某一品质的优势，很容易造成优质农产品混同于普通农产品，一方面将导致降低优质农产品在市场上的竞争力，另一方面也将不利于打击市场上的假冒伪劣产品，影响优质农产品声誉与产业发展。

关键问题。贵州许多地方产品标准化意识缺乏，大多数企业仍然沿用以往传统粗放的生产经营方式，对产品标准化体系的内涵和功效缺乏了解，标准化意识薄弱；一些标准制定不从实际情况出发，缺乏实际操作性；与此同时，部分优质农产品存在重标准制定而轻运用的现象，产品标准化在实施过程中情况不理想。

三　贵州绿色优质农产品销售问题调查

1. 全省优质农产品的安全机制需完善提升

绿色优质农产品的安全机制。一是产地准出机制，生产有记录、信息可查询、流向可追踪、责任可追溯；二是市场准入机制，生产标准执行、产品质量检测、产品质量承诺、产品质量监督，围绕优质农产品的产地环境、生产、加工、储藏、销售（批发市场）等重点环节，研究建立数据库技术的全新网络化可追溯信息服务系统。绿色优质农产品的安全需从源头上保障农产品质量安全。要实行"统一进货、统一配送、统一价格、统一服务"的服务模式，有效地提升了放心优质农产品的配送能力和水平。逐步建立健全市、县、乡三级农产品质量安全监管机构，逐步建立村级服务站点。

关键问题。由于历史账多，财政投入有限。全省建立了不少农产品质量检测机构，但是有资质的检测机构偏少，特别是第三方资质检测机构更少。不能满足全省日益增长的农产品质量安全需要。全省农产品质量安全检测机构虽然完成了省、州、县三级质量安全检测机构建设，但是在人才、经费、培训、资质、宣传等方面严重缺乏保障；全省优质农产品质量可追溯平台或者是无力建设，或者是建设了无法实际运行使用；全省县一级市场监督管理人员和农业部门农业执法人员更是严重存在"人员少、执行力低"的质量安全工作局面。

2. 全省优质农产品的公共品牌建设急需加快步伐

绿色、无公害、有机、地理标志等都是优质农产品品牌化与产业化的必经阶段。优质农产品基本上是产自于某一特定区域的产品，该产品质量相对其他产区的同类产品具有特有的品质，其特有的品质与当地的地理环境及人文因素有很强的关联性，由于该产品特有的品质使其在市场具有较高的辨识度及知名度。所以从这个角度来说，这种地域环境特征所赋予的产品质量与声誉不能由某一个体或某个企业或生产者所独占，它应由该地域范围内符合条件的一些企业或某些集体组织所共用。因此，优质农产品多数属于一种公共资源，它具有公权力的属性。根据公共服务及"三品一标"的自身特性，他们具有一定的共同点，公共品牌多功能的有机融合有利于公共服务领域的拓展及推动产业发展。公共品牌的内容丰富，包括公共政策、公共技术、公共宣传、公共服务，绿色优质农产品的品牌打造也需要公共资源支撑、品牌宣传、标识管理等等。故优质农产品产业发展也是一个标准化、体系化的过程。同时，优质农产品的公共品牌推进本身就是一种公权力的保护，其在管理生产过程中具有维护市场秩序、提供公共就业岗位、加快公共基础设施建设、加强公共环境保护等作用。

关键问题。公共品牌建设是贵州优质农产品产业化发展的最有利形式，可以调度社会整体资源推进产业发展；贵州公共品牌建设的步伐与国内其他地方相比起步较晚，公共品牌价值对产业发展的影响还有待加强；"三品一标"是很好的公共品牌建设加速器。

3. 全省优质农产品"黔货出山"的既要速度，也要质量，更要实际效益，特别是地理标志助推贫困县发展

"黔货出山"是贵州优质农产品产业化发展的基础目标。近年来，贵州农产品出口贸易得到迅猛发展，近几年增长率大约是9.34%，虽然贵州农产品出口增长明显，但因其出口政策和结构的调整、升级，使得出口额在农产品进出口总额中的份额呈下降趋势。另一方面，就农产品贸易额和出口额看，贵州在全国31个省（自治区、直辖市）中均居28位，仅略高于山西、西藏和宁夏。贵州农产品的出口构成中，烟酒产品占绝对主导优势，占所有农产品出口额的六成左右，其中又以烤烟的出口额为最多，其次为其他农产品、园艺产品、粮食产品和畜牧产品。出口（出境）的国家和地区主要有日本、美国、越南、韩国、泰国、印度、菲律宾、印尼及我国的港台地区等。贵州农产品贸易起步晚，过去贵州的特色优质农产品主要是烤烟、酒类、茶叶等在国际市场上有较显著的竞争优势。传统的初级农产品，由于加工、包装工艺落后，质量卫生体系不健全，检验检疫标准与国际标准不一致，监管滞后，常被禁止进口或遭反倾销及"特保"调查等。

关键问题。依靠科技进步，提高农产品生产和加工质量；相关部门要尽快熟悉和掌握世贸规则，检验检疫部门尤其要发挥职能优势，针对壁垒进行技术攻关；加强龙头企业和出口基地建设，以特色产业为核心，按照"分步扶持，分层推进，有序实施"的原则，把推进大型农产品加工企业发展作为今后一段时间内的工作重点。

四 建议（十点建议）

1. 加快速度推动优质农产品可追溯质量管理，建立示范基地、示范企业、示范销售平台

在当前省委、省政府大力提倡绿色优质农产品"风行天下"的背景下，

把好优质农产品质量关。快速推进可追溯质量管理：生产有记录、信息可查询、流向可追踪、责任可追溯。构建县、乡、村三级地理标志质量安全可追溯管理网络。

2. 统筹推动优质农产品"三品一标""认证＋标准"快速发展的工作局面。建立专门通道，加快优质农产品认证数量和标准体系建设

"三品一标"工作涉及部门众多，农委、质监、工商、进出口、药监等，全面统一协调制度，推进无公害产品、绿色产品、有机产品、地理标志产品的认证与保护，建立优质农产品生产基地/企业信息、地块信息、质量信息、产品信息，实现优质农产品美山、美水、美人文、美产品的一体化多彩面貌，建立全天候的质量管理控制机制，向市场即时展示贵州优质农产品的绿色、生态、安全、优质的黔货特点。基于此，加大优质农产品认证应该加大奖励扶持力度，开展建立优质农产品标准体系专项工作。

3. 推动以地理标志优质农产品为核心的公共品牌示范县建设

设立牵头单位，推动优质农产品的公共品牌示范县建设，具体内容主要有：《公共品牌运用标准及实施细则》（地方政府统一发布实施）、《公共品牌激励机制与办法》（地方政府统一发布实施）、《公共标识LOGO 使用及管理细则》（政府职能部门）、《公共品牌 VI 系统应用设计及制作》设计制作（宣传系统、办公系统、包装系统，形式上覆盖纸质媒体、电子媒体、网络、广告设计与发布、新闻发布会设计等，政府职能部门为牵头单位）。

4. 培育和发展更多具有资质的质量检测机构力量，体制内检测机构增加检测人员编制，体制外机构给予一定的条件放宽和培育，最终实现护航优质农产品的产业发展

贵州有质量检测能力的部门较少，检测能力较弱，有资质的检测机构主要有：贵州省产品分析测试院、贵州省产品质量检测院、贵州省农产品质量安全监督检验测试中心、贵阳中医学院药学分析中心、贵州医科大学分析检测中心、贵州师范大学理化测试中心、各市州质量检测院和检测中心等，上

述机构不能满足贵州日益增加的产品质量安全需求。同时由于机构少、任务多，各地还出现优质农产品检测排队时间较长等问题。

5. 建立专门工作通道，高质量推进优质农产品标准体系的立项、征求意见、技术审查、报批发布等标准环节

贵州优质农产品标准体系工作还需要加快速度，标准化是优质农产品保护的技术基础和核心，是有效保障特色产品质量，培育产品品牌，促进特色产业结构升级与转变发展方式的重要手段。以标准化为尺度，根据产品生产的各环节制定相应的要求、指标与标准，对产品生产管理的一系列过程进行有效的控制管理与监督管理，能够有效保证产品的质量特色。从而在保护特色产品质量与品牌的基础上，能有效做到保护和发展相统一，促进贵州优势农产品特色产业的可持续性发展，更好地实现经济效益、社会效益与生态效益。

6. 建立优质农产品统一信息化平台，推进和实施优质农产品全信息化的管理体系

建立优质农产品的全信息化管理体系，包括企业信息、基地种植信息、生产加工信息、产品认证信息、标准化与质量信息、技术创新信息、产品销售信息、市场管理信息、质量安全可追溯信息等一体化信息管理等。

7. 建立贵州优质农产品品牌有知识产权保护体系，加快优质农产品品牌管理的现代市场运作体系

商标、专利、地理标志、反不正当等知识产权，是贵州优质农产品产业化发展可持续的制度保障。建立政府、企业、农产品、品牌、知识产权的市场运作体系，"以知识产权保护品牌"，形成专利技术创新＋商标富农＋地理标志推农＋正当竞争的现代农业品牌发展局面。

8. 加大对优质农产品重点区域农户的培训力度，整合阳光工程、绿色证书培训等各种培训资源开展工作

围绕优质农产品内容，将生产、加工技能培训作为重点来抓，每年至少培训技术人员 1 万人以上，造就一大批种植能手。与此同时，加大对农村基层技术人员培训的力度，采用"请进来和走出去"的方式，一方面邀请省

内外专家来进行指导和培训，一方面组织基层技术人员到先进地区学习，运用先进的理念和技术指导优质农产品生产加工，提高基层技术人员的素质和能力，更加有效地推动全省绿色农业快速发展。

9. 全省创建一批全要素驱动的优质农产品产业发展示范企业

通过示范引导多家涉农企业，按照现代市场品牌运行规律发展。示范企业在政府引导下推动优质农产品的技术要素驱动平台及应用示范展示：《优质农产品定义应用系统设计》《优质农产品品牌 VI 应用设计》《优质农产品包装体系设计》《优质农产品市场推广及广告策略体系设计》《优质农产品宣传招商方案及画册设计》《优质农产品店规范系统设计》《互联网 + 产品质量认证平台》《品牌加盟技术应用方案设计》。

10. 充分发挥第三方市场专业中介组织的专业作用

从优质农产品对象来看，其涵盖了粮油类，果蔬类，畜禽类，传统食品，茶类，中药类等；从产品保护内容来看，包括规范名称、品种认定、范围划定、立地条件、种植/养殖技术、病虫害防治、疾病防治、加工工艺、感官指标、理化指标、产品检测分析、标准制定、标识监督管理；从品牌与产业发展来看，包括公共政策、公共技术、公共服务、公共宣传、示范区建设等。优质农产品的产业化发展急需培育和引导第三方中介组织。相关管理政府职能部门可以采取"培育、发展、引导、鼓励、规范"的思路整合市场专业中介组织，推动绿色优质农产品生产与销售。

附件：贵州绿色优质农产品部分文件目录

1.《贵州省绿色优质农产品促销工作实施方案》（贵州省人民政府办公厅 2017 年 5 月 4 日）

2.《贵州省发展茶产业助推脱贫攻坚三年行动方案（2017～2019 年）》（贵州省人民政府办公厅 2017 年 9 月 17 日）

3.《贵州省发展农民专业合作社助推脱贫攻坚（2017～2019 年）》（贵州省人民政府办公厅 2017 年 9 月 17 日）

4.《贵州省发展农业龙头企业助推脱贫攻坚（2017～2019 年）》（贵州

省人民政府办公厅 2017 年 9 月 17 日)

5.《贵州省发展生态家禽产业助推脱贫攻坚（2017～2019 年)》（贵州省人民政府办公厅 2017 年 9 月 17 日)

6.《贵州省发展"一县一业"助推脱贫攻坚三年行动目标（2017～2019 年)》（贵州省人民政府办公厅 2017 年 9 月 17 日)

B.6
农村产业革命背景下贵州薏仁米
产业现状分析报告

宋智琴　李玲　陈洪　赵鹏*

摘　要： 实现乡村振兴，发展地方特色产业是关键，在全国掀起的大
扶贫的背景下，各级党委和政府迅速做出产业扶贫战略部署，
自上而下进行了一场振兴乡村经济的产业革命，以期达到农
村稳则天下安，农村兴则基础牢，农民富则国家盛的战略目
标。在当前兴起的农村产业革命中，薏仁米作为地方"一县
一业"特色产业必将顺势而为，将充分利用农村产业革命中
的各项优惠政策，势必迎来振兴薏仁米产业发展的关键黄金
时期，必将做大做强地方特色产业薏仁米，以此达到产业兴
旺，巩固脱贫攻坚成效，实现乡村振兴的目的。

关键词： 产业革命　薏仁米　农村

　　贵州省委书记孙志刚同志在全省农村工作会议和各种新闻媒体采访中强
调，振兴农村经济的产业革命关系贵州省 280 万贫困人口和 2000 万农民奔
小康。孙志刚同志的讲话在全省干部中引起强烈共鸣，贵州省委主要领导表
示：各级党委要做好"施工队长"职责，把握好农村产业发展的"八要
素"，在工作中推行"五步工作法"，切实推动产业扶贫确保农村产业结构

---
* 宋智琴，贵州省现代中药材研究所助理研究员；李玲，兴仁市委党校助理讲师；陈洪，兴义
市市场监督管理局，研究实习员；赵鹏，兴义市农业局农艺师。

调整取得重大突破。产业发展的"八要素"和工作推进的"五步工作法"的提出，是在农村产业革命中指导实践的"方法论"，最终目的是让乡村产业振兴推进工作有章可循，工作落到实处。

一 贵州农村产业革命产生的背景及意义[①]

众所周知，当前农业农村不仅面临内部发展不平衡和外部发展不充分的压力，同时还表现为产业发展基础差，设施薄弱、结构单一、科技化水平较低和市场销售难的现状，直接影响农民生产水平及农产品产出效益。纵观历史，中国农村经济的发展与农村改革密不可分，二者互为影响、协同发展。各地方虽然针对农村改革开展了探索并取得一定成效，在一定程度上推动了农村产业化进程，但农业还存在一系列痼疾问题，面临诸多矛盾，在这一特殊历史时期和特殊背景下，省委政府"来一场振兴农村经济的深刻的产业革命"的提出，是符合历史发展规律和新时期农业农村发展要求。因此，开展农村产业革命，是在当前新时代的背景下，充分认识中国特色社会主义主要矛盾的历史性变化，聚焦新目标，做好脱贫攻坚和振兴乡村这一历史性工作。

开展农村产业革命具有重大意义，由中国西部绿色发展战略研究院张再杰、陈玉卿、姚天香同志发表在贵州日报的理论文章《贵州农村产业革命的现实意义》一文中指出，开展农村产业革命是决战脱贫攻坚、决胜同步小康的迫切需要，脱贫攻坚是实现乡村振兴的基础和前提，乡村振兴是巩固脱贫攻坚的现实需要。搞好农村产业革命也是解决当前农业结构性矛盾的根本抓手，农业现阶段的矛盾主要表现为阶段性的供过于求和供给不足并存。贵州省农业产业结构性矛盾表现为规模与质量不对等、成本与效益不均衡及产销对接不充分，需要通过农业产业革命从根本上逐一破解面临的实际困难矛盾，实现农业发展致富。

---

① 张再杰、陈玉卿、姚天香：《贵州农村产业革命的现实意义》，《贵州日报》第10版。

文章还强调，开展农村产业革命也是构建城乡融合发展格局的关键要素。当前城乡发展的不均衡促进了城乡的两极化，而城市化进程的加快，没有从根本上解决农村产业面貌，农村依然以发展传统农业为主，产业弱，三产融合不够，衔接不稳。通过实施农村产业革命，发展产业提升农民收入，产业融合加快城乡融合，切实改变农民思想观念，释放乡村发展活力，促进农民增产增收，促进城乡要素的互补融通，实现城镇与乡村一体发展。另外，农村产业革命是推进农业农村可持续发展的重要内容。农村土地资源有限，如何利用有限土地资源进行可持续发展，需要正确的发展思路和优化的农业功能区，通过适度规模经营，因地制宜选择好发展产业，循序渐进推进农村改革，最终实现经济效益、社会效益、生态效益有效统一。

二　农村产业革命背景下贵州薏仁米产业现状分析

薏仁米为贵州特色杂粮，在主产区黔西南州境内具有上千年的种植历史，在种植面积，加工贸易方面都为全国第一，在杂粮市场上"兴仁薏仁米"能够切实掌握全国薏仁米市场的话语权。在当前农村产业革命的背景下，薏仁米迎来了发展黄金时期，黔西南州产区的各级政府均把发展薏仁米产业作为当地特色优势产业，以市场需求为导向，围绕农业产业结构调整，延长薏仁米产业链，着力将黔西南州（兴仁市）打造成全国薏仁集散地和薏仁产业扶贫基地。

在贵州农村产业革命背景下，为推动地方特色薏仁米产业，省政府出台"贵州薏仁米三年提升行动计划"，文件中以三年为一个阶段提升目标，量化薏仁米发展指标，全面指导薏仁米产业发展。薏仁米主产区兴仁市将薏仁米列入"一县一业"特色产业，组建薏仁米产业发展办公室，抽调专职人员办公，由常务副市长主抓薏仁米产业，整合各级财政资金，推动薏仁米产业发展。全省组建贵州农村产业革命工作专班，成立了十二个产业工作领导小组，薏仁米列入中药材产业革命专班中，作为重点药材支持其发展。

兴仁薏仁米产业发展优势突出，主产区具有适合薏仁米生长的气候、生态环境优势，还具有薏仁高产的资源和品种优势，可以确保种植面积、总产量稳居世界第一。兴仁市在薏仁米加工贸易中，具备产品加工开发潜力，能掌握市场贸易主动权。据统计，2018 年黔西南州薏仁米种植面积达 75 万亩以上（全国种植面积的 80% 以上），总产达 20 万吨以上，平均产量为 300 公斤/亩以上，薏仁米原料市场份额占全国 75% 以上，全国大部分薏仁米经由兴仁市加工，再由兴仁市发往全国销售，在薏仁米的定价方面拥有话语权，已经发展成为全国薏仁米集散地，产业的快速发展还同时带动了六盘水、安顺、毕节和黔东南等地薏仁米产业的发展。

在薏仁米产品研发方面，2018 年兴仁市政府引进台湾乔本生医与贵州本土薏仁企业开展合作，现已开发出价值倍增的薏仁保健食品，薏仁米产品研发由单一的卖原料，开始过渡到更为高端的医药保健领域，产品竞争力提升，产品附加值提高。在传统的薏仁米市场终端产品中，由本土企业开发出的多个精深加工系列产品，不仅销往全国 30 多个省（市、区），而且出口到欧洲、美国、日本、东南亚等地。此外，在品牌建设方面，兴仁市在 2017 年申报"全国粮油示范基地"，2018 年申报了"全国绿色食品原料标准化种植示范区"，2019 年申报了"全国绿色食品先行示范区"，已经建成全国出口食品示范区，省级地理标志产业化示范区，示范区的成功创建，有效推动了质量品牌的发展。兴仁市在 2017 年和 2018 年连续举办两届中国兴仁·国际薏仁米博览大会，相继出版发行《薏仁米产业蓝皮书》2017 年版、2018 年版，同期在北京召开蓝皮书新闻发布会，向全国媒体介绍展示薏仁米产业发展取得的成就，2019 年薏仁米博览会也在积极筹备之中。

2011 年，国家工商行政总局授予"兴仁薏仁"地理标志证明保护商标，2012 年兴仁市被国家粮食行业协会授予"中国薏仁米之乡"称号，2013 年被国家质监总局授予"兴仁薏仁米"国家地理标志保护产品，2015 年"兴仁薏仁"被国家商标总局认定为中国驰名商标。兴仁市已经获得了贵州省农委颁发的"无公害农产品生产地"证书，陆续申报薏仁米绿色产品和有机食品，同时还得到"国家科技富民强县专项行动计划"，"国家农业综合开发产业化经营"、"中国特色优势农产品区"等多个财政资金项目扶持，经过多年的发展，兴仁薏仁米已经成为全国杂粮市场领域认可的区域品牌。

　　在薏仁米产业发展方面，黔西南州通过本土龙头企业带动当地产业整体发展取得了明显成效，经过多年的发展，目前黔西南州的薏仁米加工企业和加工作坊为 400 多家，从业人员 3 万余人，年加工能力约为 40 万吨，全省薏仁米产值达 50 亿元以上。在贵州省农委的大力支持下，建成了 3 个省级高效农业示范园区，包括以贵州薏仁集团为龙头的"兴仁县薏仁现代高效农业示范园区"、以贵州汇珠薏苡集团为龙头的"安龙县薏仁现代生态高效农业示范园区"和以贵州薏米阳光产业开发有限责任公司为龙头的"晴隆县薏苡现代高效农业示范园区"。这些薏仁米省级园区的建成，对发展薏仁米标准化、规模化种植提供了产地平台。

　　在产业链延伸方面，注重引进外来资本与技术。2016 年，贵州汇珠薏仁集团分别与香港正草堂、天士力集团和贵州张氏集团签订了《合作协议》和《贵州汇珠薏仁米产业开发有限公司股权合作协议》；2017 年，兴仁市被中国长寿之乡绿色产业发展联盟专家组认定为"中国长寿之乡"，并与中粮集团、北京中农服农业科技股份有限公司、中国供销集团有限公司和北京二商集团有限公司初步达成战略合作，助推贵州薏仁米产业的发展。

　　黔西南州州政府为突出薏仁产业在扶贫开发中的引领作用，拓宽薏仁米产业扶贫路子，以兴仁市为核心区，在晴隆县、安龙县、义龙新区以及贞丰县、普安县部分区域建立薏仁米生态经济区，安置扶贫搬迁移民约 2.3 万人，带动就业 15 万人，就地实现城镇化约 2.3 万人。

　　兴仁薏仁米作为薏仁米市场中的区域品牌，未来的发展趋势应立足于地方生态和品质资源优势，牢牢把握全国薏仁米主产区，全国薏仁米加工集散地等区域优势，最后将以市场需求为导向，以提高薏仁经济效益为核心，树立独特的产业发展思路，注重区域品牌打造。同时，薏仁米产区政府、企业在打造"兴仁薏仁米"品牌过程中，必须将以市场牵龙头，龙头带基地，基地连农户，开展专业化生产、一体化经营、社会化服务、企业化管理，把产供销紧密结合起来。在运行中形成了一条龙企业经营管理体制和运行机制，集中体现薏仁米的特色化、规模化、标准化、品牌化和立体化发展。现阶段，在脱贫攻坚和农村产业革命的时代背景下，贵州省委、省政府为黔西南州的农村产业发展设立了 1200 亿元产业扶持基金，随着产业扶贫基金的逐步到位，以薏仁米为核心的产业革命在黔西南州境内逐渐兴起，薏仁米必将在这场产业革命中大有作为，大放光彩。

参考文献

张再杰、陈玉卿、姚天香：《贵州农村产业革命的现实意义》，《贵州日报》2018 年 12 月 4 日第 10 版。

朱怡：《贵州薏仁产业的发展与思路》，《农产品市场周刊》2015 年第 39 期。

文化专题篇

Cultural Topics

B.7
薏仁米诗词文献分析报告

罗华　郭沙*

摘　要： 薏苡种植历史悠久，在我国已有几千年的栽培历史。在我国
　　　　农业文明史上，薏苡对人类的生产、生活及意识形态起着重
　　　　要的作用和深刻的影响。从唐至清，中国历史上出现了许多
　　　　关于薏仁米的诗词作品，在这些诗词文化作品中，有着十分
　　　　丰富的薏仁米文化信息。本文将从薏仁米的诗词文献出发，
　　　　分析薏仁米文献报告中所反映出的薏仁米丰富的文化内容与
　　　　文化特征，阐述薏仁米多样的食用文化、药用文化、图腾文
　　　　化和象征文化。

关键词： 薏仁米　诗词文献　文化信息

---

* 罗华，贵州省地理标志研究中心助理研究员，研究方向为公共政策；郭沙，贵州省地理标志
研究中心助理研究员，研究方向为地理标志。

一　不同时期关于薏仁米的诗词记载

薏苡种植历史悠久，是我国最早被驯化的作物之一。据记载，薏苡在我国已有 6000 多年的栽培历史。在古代历史上，薏苡在中国农作物栽培史上曾扮演着重要角色，薏苡可以说是比稷、黍、稻、麦更早的农业文明，它对人类的生产、生活及意识形态等都产生了深刻的影响。从唐代璀璨的诗文化到宋代灿烂的词文化、再到元明清多元丰富的诗词文化作品，我国古代历史上出现了许多有关薏仁米的诗词文化作品。在不同时期，薏苡都被诗词创作人用来寄托不同的情感，既有单纯赞美薏仁米优良独特品质的诗词，也有表达诗人思乡的情感；既有表达诗人壮志难酬、被谗言所累的郁闷，又有表现诗人安于现状、淡泊名利豁达的情怀。在这些诗词文化作品中，蕴含了丰富的文化信息。

（一）唐代时期关于薏仁米的诗词记载

唐代时期是我国诗歌发展的鼎盛时期，其文化十分丰富和多元。这一时期出现了许多杰出的诗人，无论是山水田园诗还是边塞诗，都有许多描绘薏仁米或与薏苡相关的优秀诗歌作品。据不完全统计，唐代时期诗人及创作的诗文如下。

表 1　唐代时期关于薏仁米的诗词记载统计

序号	诗人	诗歌名称	诗句内容
1	杜甫	《寄李十二白二十韵》	稻粱求未足，薏苡谤何频。 五岭炎蒸地，三危放逐臣。
2	王维	《送李员外贤郎》	鱼笺请诗赋，橦布作衣裳。 薏苡扶衰病，归来幸可将。
3	郑还古	《吉州道中》	吉州新置掾，驰驿到条山。 薏苡殊非谤，羊肠未是艰。
4	陈子昂	《题居延古城赠乔十二知之》	桂枝芳欲晚，薏苡谤谁明。 无为空自老，含叹负生平。
5	白居易	《得微之到官后书备知通州之事怅然有感因成四章》	侏儒饱笑东方朔，薏苡谗忧马伏波。 莫遣沉愁结成病，时时一唱濯缨歌。

序号	诗人	诗歌名称	诗句内容
6	元稹	《送崔侍御之岭南二十韵》	冰莹怀贪水,霜清顾痛岩。 珠玑当尽掷,薏苡讵能谗。
7	刘禹锡	《乐天少傅五月长斋广延缁徒谢绝文友坐成暌间因以戏之》	黍用青菰角,葵承玉露烹。 马家供薏苡,刘氏饷芜菁。
8	刘长卿	《初贬南巴至鄱阳,题李嘉祐江亭》	流落还相见,悲欢话所思。 猜嫌伤薏苡,愁暮向江篱。
9	韦庄	《和郑拾遗秋日感事一百韵》	望阙飞华盖,趋朝振玉珂。 米惭无薏苡,面喜有恍榔。
10	权德舆	《送安南裴都护》	暂叹同心阻,行看异绩闻。 归时无所欲,薏苡或烦君。
11	王质	《山水友别辞薏苡饭》	勾漏升空飞,伏波抱愁死。一饱万事已, 古人皆流水。饭它饭,总弗换,树阴相随 鸟声变,草虫木虻自撩乱。
12	胡曾	《咏史诗·铜柱》	一柱高标险塞垣,南蛮不敢犯中原。 功成自合分茅土,何事翻衔薏苡冤。
13	李瀚	《蒙求》	萧史凤台,宋宗鸡窗。王阳囊衣,马援薏 苡。刘整交质,五伦十起。
14	李群玉	《湘阴县送迁客北归》	不须留薏苡,重遣世人疑。 瘴染面如檗,愁熏头似丝。
15	皮日休	《病中美景颇阻追游因寄鲁望》	瘿床闲卧昼迢迢,唯把真如慰寂寥。 南国不须收薏苡,百年终竟是芭蕉。
16	陆龟蒙	《和袭美寒日书斋即事三首,每篇各用一韵》	不必探幽上郁冈,公斋吟啸亦何妨。 唯求薏苡供僧食,别著氍毹待客床。

（二）宋代时期关于薏仁米的诗词记载

据不完全统计,宋代时期有关薏仁米的诗词有94首,以薏仁米为话题或涉及薏仁米的诗词写得最多的诗人是苏轼、刘克庄、陆游三人,三人涉及薏仁米的诗词均为5首;其次黄庭坚、乐雷发、周紫芝三人,涉及薏仁米的诗词均为3首;还有梅尧臣、赵蕃、李曾伯、洪咨夔等人也写了一些涉及薏仁米的诗词。

表2 宋代时期关于薏仁米的诗词记载统计

序号	诗人	诗歌名称	诗句内容
1	苏轼	《周教授索枸杞因以诗赠录呈广倅萧大夫》	赠君慎勿比薏苡,采之终日不盈掬。 外泽中干非尔俦,敛藏更借秋阳曝。
2	苏轼	《轼始于文登海上得白石数升如芡实可作枕闻梅》	只疑薏苡来交阯,未信玭珠泗滨。 愿子聚为江夏枕,不劳麾扇自宁亲。
3	苏轼	《程德孺惠海中柏石兼辱佳篇辄复和谢》	岚薰瘴染却敷腴,笑饮贪泉独继吴。 未欲连车收薏苡,肯教沉网取珊瑚。
4	苏轼	《元修菜》	张骞移苜蓿,适用如葵菘。 马援载薏苡,罗生等蒿蓬。
5	苏轼	《薏苡》	伏波饭薏苡,御瘴传神良。能除五溪毒, 不救谗言伤。谗言风雨过,瘴疠久亦亡。
6	刘克庄	《送徐守寺正二首》	虽有荔枝懒包贡,亦无薏苡可囊归。 诸公一询衰朽,为说羊裘坐钓矶。
7	刘克庄	《挽姚漕贵叔》	薏苡何伤我,甘棠尚在民。 悲哉元日招,当宁记名臣。
8	刘克庄	《留山间种艺十绝》	谗言自昔架空虚,薏苡非珠偶似珠。 半夜庭中金屑满,老夫明日费分疏。
9	刘克庄	《挽林韶州》	瘴自茅花起,丧同薏苡归。 不知汤介子,朝论是耶非。
10	刘克庄	《惠州弟哀诗二首》	向来岂有葡萄博,末后元无薏苡归。 七十残骸双秃鬓,可堪原上泪频挥。
11	陆游	《薏苡》	初游唐安饭薏米,炊成不减雕胡美。 大如芡实白如玉,滑欲流匙香满屋。
12	陆游	《冬夜与溥庵主说川食戏作》	唐安薏米白如玉,汉嘉栮脯美胜肉。 大巢初生蚕正浴,小巢渐老麦秋熟。
13	陆游	《徂岁》	徂岁风烟惨,幽居市井遥。 甑香炊薏米,泉洁煮芎苗。
14	陆游	《夜雨》	藩篱处处蔓牵牛,薏苡丛深稗穗抽。 只道生生常茂遂,一宵风雨又成秋。
15	陆游	《畏虎》	彼谗实有心,平地生沟溪。 哀哉马新息,薏苡成珠犀。
16	黄庭坚	《题邢惇夫扇》	黄叶委庭观九州,小虫催女献功裘。 金钱满地无人费,百斛明珠薏苡秋。
17	黄庭坚	《次韵答邵之才》	文章真向古人疏,聊有孤怀与世殊。 陋质不堪华衮赠,可能薏苡似明珠。

序号	诗人	诗歌名称	诗句内容
18	黄庭坚	《平原宴坐二首》	黄落委庭观九州，虫声日夜戒衣裘。 金钱满地无人费，一斛明珠薏苡秋。
19	乐雷发	《昭陵渡马伏波庙》	功名要结后人知，马革何妨死裹尸。 汉帝可能疑薏苡，湘民却解荐江蓠。
20	乐雷发	《送友人之辰州觐省》	春风采药桃花国，落日寻碑薏苡祠。 觅得丹砂能寄否？溪亭送客鬓毛衰。
21	乐雷发	《寄雪蓬姚使君》	梅花且补离骚阙，薏苡应为史笔知。 剪竹疑峰新制笛，待冲霜月访桓伊。
22	周紫芝	《题彦恢家仇池四石刻》	伏波南来自交阯，可笑汗牛推薏苡。 人言包裹足珠犀，谁识闲身谢簪履。
23	周紫芝	《武溪深》	谁知君侧有谗徒，刚道将军似贾胡。 人生富贵一衰歇，会令薏苡成明珠。
24	周紫芝	《章彦溥决狱五羊归登郁孤台得东坡石刻见遗报以小诗》	一见苍碑眼自开，便疑身在郁孤台。 可怜决狱章廷尉，不带将军薏苡来。
25	梅尧臣	《魏文以予病渴赠薏苡二丛植庭下走笔戏谢》	愧无相如才，偶病相如渴。 溟水有丈人，薏苡分丛茂。
26	梅尧臣	《和石昌言学士官舍十题·薏苡》	叶如华黍实如珠，移种官庭特葱蓓。 但蠲病渴付相如，勿恤谤言归马援。
27	赵蕃	《道傍多薏苡菊花有感》	菊花粲粲怀元亭，薏苡累累念岵波。 莫叹谗人未投畀，只须浊酒到无何。
28	赵蕃	《初二日蚤发亲捷》	颇忆茱萸饮，还思薏苡赍。 异乡逢物色，老病益清羸。
29	李曾伯	《挽观登使郑尚书》	不易猗兰操，何伤薏苡差。 盖棺公论定，知罪付春秋。
30	李曾伯	《次韵和王巩六首》	平生我亦轻余子，晚岁人谁念此翁。 巧语屡曾遭薏苡，庾词聊复托芎藭。
31	洪咨夔	《次韵张提刑送行六绝》	了无薏苡可囊珠，解事家人气甚都。 日试西川煎茗法，半投白垩半鸡苏。
32	洪咨夔	《念奴娇》	雪藕逢丝，擘莲见薏，枕簟凉如雨。 一双宿鹭，伴人永夜翘仁。
33	李弥逊	《和学士秋怀一十五首》	灵均投老寄潇湘，身后声名日月光。 被谤早知缘薏苡，引年谁复念菖阳。
34	李弥逊	《苦早》	单练直似御重袍，碧碗冰浆饮尚豪。 满载骊珠思薏苡，堆盘马乳说蒲萄。

序号	诗人	诗歌名称	诗句内容
35	孙觌	《景思提举少卿出示药寮佳篇某继元韵上呈》	连筒自灌黄精圃,结辙休推薏苡车。万壑飞泉春午枕,一蓑带雨荷春锄。
36	孙觌	《到象州寓行衙太守陈容德携酒见过二首 其二》	未省谗言遭薏苡,直将空腹傲槟榔。酒醒梦觉知何处,树影参差月满廊。
37	李正民	《次韵邦求宗博》	番禺薏苡旧传名,公酌贪泉志愈清。绛帐有经谈训诂,淮壖无地可归耕。
38	李正民	《简邦求宗博》	荆州清德畏人知,况值中原战鼓鼙。公自南来无薏苡,我从东渡乏朱提。
39	胡寅	《周尉丹砂次其韵》	不信三峰妄,曾闻九转夸。刀圭何太少,薏苡旧盈车。
40	胡寅	《阻雪慈云有怀叔夏》	薏苡连车载,珊瑚列树敲。鲛绡从剪制,火布任焚炮。
41	朱熹	《次秀野杂诗韵又五绝卒章戏简及之主簿》	暮年药裹关身切,此外翛然百不贪。薏苡载来缘下气,槟榔收得为祛痰。
42	辛弃疾	《送湖南部曲》	青衫匹马万人呼,幕府当年急急符。愧我明珠成薏苡,负君赤手缚於菟。
43	舒岳祥	《观万堂前蕉苇为风雨所败对之有感》	绿蕉青苇列旗枪,一夜西风作战场。薏苡低垂菰米老,花鹅绣鸭阵横塘。
44	沈辽	《德相惠新茶复次前韵奉谢》	清泠生肺肝,爽快胜抓镊。孰不恃薏苡,伏波烦谤喋。
45	林希逸	《杨通老移居图》	薏苡或招谗,胡椒能惹祸。君子哉若人,万物备于我。
46	李彭	《种仙茅》	避谤何须求薏苡,去家不减食蘼芜。侯门稚子成群后,躃铄仍看马伏波。
47	张镃	《谢岜庵饷澄粉圆子》	须臾汤沸投香颗,一颗光浮腻仍夥。绝胜车载薏苡归,误与文犀遭潜祸。
48	李邦宪	《伏波将军庙》	薏苡满车翻作福,马人上日竟成行。三泷庙食专千古,回首云台草树荒。
49	洪适	《盘洲杂韵上玉灯》	叶如薏苡长,花比金灯白。一簇蕊宫仙,银灯臧与获。
50	白玉蟾	《西湖大醉走笔百韵》	浮海慨槎仙,临风唤月姊。或疑有褒廖,岂谓惟薏苡。
51	许及之	《绿苔》	土衣圆绿孕,展齿孔方留。莫扫钱留地,应嫌薏苡秋。

序号	诗人	诗歌名称	诗句内容
52	俞德邻	《闲居遣怀六言四首》	巧语屡遭薏苡,丽辞空赋梅花。 岁晚莵裘可筑,不妨痼疾烟霞。
53	姚勉	《送郑编修罢任》	杭州白傅亦自无,若有薏苡犹疑珠。 中湖筑堤到今赐,当时憪儿群谤苏。
54	薛绍彭	《马伏波事》	志大心自劳。福厚祸有根。 提兵泊浪间,薏苡谗谤喧。
55	释善珍	《送赵吏部》	薏苡不类珠,疑似多谤伤。 恭惟大雅姿,南物不入囊。
56	苏辙	《王度支陶挽词二首》	薏苡成遗恨,松楸卜远年。 凄凉故吏尽,谁泣橐封前。
57	司马光	《梅尧臣和昌言官舍十题·薏苡》	佳实产南州,流传却山瘴。 如何马伏波,坐取丘山谤。
58	李新	《居中馈薏苡青头鸡小诗代简》	弹杀能言笑解颐,载归招谤问谁知。 难随白鹤同时放,且伴黄粱一处炊。
59	冯山	《戏谢赵良弼寄薏苡山药》	薪珠春出真珠颗,山药锹开白玉团。 本草经中俱上品,故人书寄善加餐。 轻投已获琅玕报,每饮兼资菽水欢。 欲把长篇酬厚意,吟肠无味苦搜难。
60	徐钧	《马援》	还书万里诫诸郎,毁誉翻成候季良。 说道谨言元不谨,谤招薏苡亦堪伤。
61	马定远	《秋日书事》	井边薏苡吐秋珠,舍下瓜区杂芋区。 世道未夷聊小隐,不须辛苦著潜夫。
62	晁补之	《次韵阎仲甫郎中病起二首一》	伏波七十老鍪弧,薏苡何曾适病躯。 高卧输公无一事,评诗校画是功夫。
63	贾黄中	《还珠洞》	赫赫威声震百蛮,昔携筐笥涸谷山。 无人为起文渊问,端的珠还薏苡还。
64	张耒	《昼卧口占三首》	学道穷年要有得,强颜于世欲何求。 病栽薏苡无劳谤,湿要鞠芎不待搜。
65	许康民	《白马井》	矍铄平生善用兵,论他薏苡得贪名。 不因渴骥遗踪在,谁识将军到底清。
66	吴中复	《和承谏议》	瘴雾日消岚气静,飓风朝息海波闲。 安期尝饵菖蒲在,马援应无薏苡还。
67	余靖	《谢邕什王寺丞惠韩柳碑文》	南方异产足珠珍,薏苡兴谗不忍闻。 一见知君清白节,箧中惟贮色丝文。

续表

序号	诗人	诗歌名称	诗句内容
68	黄伯枢	《读马援传》	后车薏苡落逡人，珠贝文犀竟失真。 马革裹尸犹不恨，何须胜瘴与轻身。
69	金君卿	《真珠亭》	新寺回廊入翠微，亭前珠树斗芳菲。 寄言游者休拔采，还似人怀薏苡归。
70	杨冠卿	《次韵王鸥盟秋日郊居即事》	不贪薏苡与明珠，曳屦狂歌信杖扶。 谁道先生贫彻骨，先生清处若冰壶。
71	杨万里	《萧照邻参政大资挽诗二首》	东府辞金印，南园伴赤松。 门阑无薏苡，泉石自从容。
72	胡仲弓	《颐斋联日有事于琛亭赋诗聊为解嘲》	蚌还江月湿，龙起浪云腥。 薏苡亦何有，奚囊澈底清。
73	方信孺	《还珠洞》	金华仙伯真知己，薏苡将军足断魂。 安得北山公可作，情渠移取向家园。
74	晁说之	《秋适》	今日秋光远，吾意亦已闲。 致此清羸身，茹荚薏苡间。
75	董嗣杲	《漫兴二首》	浮名浮利有传讹，薏苡囊疑马伏波。 镜里鬓毛谙世故，笔头诗句答樵歌。
76	杨亿	《秘阁王校理知柳州》	薏苡偏防疾，蒲卢善化人。 蓬山直庐在，几砚日生尘。
77	杜耒	《送吴太博赴莆中》	定知前辈如公少，好与今人作样看。 归日不须囊薏苡，以书堪录荔堪乾。
78	赵处澹	《厌雨》	薏苡石边收钓笠，芙蓉篱外响芦笳。 最怜冉冉秋将半，未得先乘问月槎。
79	王禹偁	《还韦度支韶程集》	雪霜思苦虽侵鬓，金紫恩深已佩腰。 旧草满囊胜薏苡，几联乘醉写芭蕉。
80	吕源	《和张洵蒙亭诗韵》	满车薏苡胜琳琅，流传千载事微芒。 男儿生即志四方，将军异代犹封王。
81	戴栩	《杨子京益壮楼》	累累薏苡化明珠，逸夫妻菲何代无。 说死嗜生非烈士，欲行辄止真贾胡。
82	牟𪩘	《曩在长沙有遗以石山今旧物云散此石以坚顽独存渔庄为赋九芙蓉之句遂以归之目为壶中九华致其怅望》	当年持饷自襄东，共载尤怜翠色浓。莫向壶头疑薏苡，要从华顶看芙蓉。
83	黄晞	《诗一首》	一朝薏苡足人疑，万里珠玑同梦睹。 树墓休提孤剑录，星垣忽见清弦古。

序号	诗人	诗歌名称	诗句内容
84	方回	《赠綦大将军》	章亥六合半已到，象胥九译靡不知。凉州蒲萄无复染，交阯薏苡夫何疑。
85	曾惇	《题谢景思少卿药寮二首》	愚溪植仙毗，服食每自信。伏波收薏苡，初不避谗柄。
86	杨时	《赠别蔡武子被诬得释赴泉州录参》	君不见马伏波，后车薏苡珠玑多。又不见章台秦璧非有疵，相如谬使秦人疑。
87	黄公度	《送郑察推叔友罢官之潮阳二首》	春草故人去，落花离绪多。芙蓉少颜色，薏苡尽风波。
88	苏颂	《次韵蔡资政答朱寺丞惠千叶桃花菊》	分得秾华质，依然苦薏香。繁红如上苑，密蕊胜南阳。
89	宋庠	《送英州理掾朱舅》	薏于期蠲疾，梅花幸寄声。片言无异俗，阴德在乡闾。
90	吴文英	《声声慢·赠藕花洲尼》	端的旧莲深薏，料采菱、新曲羞夸。秋潋滟，对年年、人胜似花。
91	晏殊	《次韵和司空相公闰秋重九中书对菊》	昧谷重延律，仙州剩借霜。冒寒知薏苦，逾分得荃香。
92	朱翌	《华干携茶入园晚坐柔桑下》	的中薏嫩莲新采，笋上竿成竹已斜。读得齐民书熟烂，把锄今作老生涯。
93	王十朋	《食薏苡粥》	夔州再见夏，炎瘴侵我肌。两股忽浮肿，百药竟未治。或言薏苡良，可以作粥糜。恐坐伏波谤，腹中有珠玑。
94	史浩	《送王时亨舍人帅蜀二十韵》	清献镇南峤，徐风弭贪暴。琴鹤适自随，薏苡雅非好。

在这些诗词当中，陆游的"初游唐安饭薏米，炊成不减雕胡美。大如芡实白如玉，滑欲流匙香满屋""唐安薏米白如玉，汉嘉榍脯美胜肉"，梅尧臣的"叶如华黍实如珠，移种官庭特葱蓓"等诗句从薏仁米的食用价值出发，着重描写了薏仁米自身形态优美，烹制成为饭食后的美味。有王十朋的"夔州再见夏，炎瘴侵我肌。两股忽浮肿，百药竟未治"，朱熹的"暮年

药裹关身切，此外翛然百不贪。薏苡载来缘下气，槟榔收得为祛痰"等诗句从薏仁米祛湿、抵御瘴气的药用价值来描写。同时，也有辛弃疾"愧我明珠成薏苡，负君赤手缚于菟"，戴栩的"累累薏苡化明珠，谗夫姜菲何代无"等诗句表达了诗人对马援将军遭遇鸣不平，也表达了官场浮沉、怀才不遇的苦闷。

（三）元代时期关于薏仁米的诗词记载

元代时期，社会物质开始丰富起来，人们饮食结构得到进一步的丰富。作为一种主要的粮食作物，薏仁米在人们日常生活中具有重要的地位。据不完全统计，元代关于薏仁米的诗词有 15 首，统计如下。

表3　元代时期关于薏仁米的诗词记载统计

序号	诗人	诗歌名称	诗句内容
1	傅若金	《安南使馈香分送诸公》	入朝喜见朱鸢定，充贡还随白雉来。 久忆诸公分拟送，却愁薏苡误相猜。
2	傅若金	《崇仁峡》	张骞浪喜蒲萄入，马援终嫌薏苡还。 天子只多遣使，将军何日遂平蛮。
3	曹伯启	《题伏波将军庙》	佐汉功臣矍铄翁，择君不受子阳封。 椒房偶累云台像，薏苡还伤铜柱功。
4	曹伯启	《舟至常德出陆由辰抵沅书事三首　其二》	兰澧分岐望芷沅，渡头杨柳欲飞绵。 囊无薏苡防私论，茶有茱萸敌瘴烟。
5	曹文晦	《采莲曲三首》	郎如荷上露，荡摇不成颗。 妾如莲中薏，苦心思结果。
6	于慎行	《寄吴少溪宫录七十　其六十八　送徐南龙令君北上》	岂有明珠藏薏苡，惟馀长剑吐芙蓉。 浮云西北休愁思，霄汉还应雨露浓。
7	范梈	《寄上甘肃吴右丞》	枸杞莫将如薏苡，醍醐足饮胜蒲萄。 遥瞻圭衮还朝日，正属江湖心绪劳。
8	陈樵	《山庄》	涧中薏苡绿如蓝，枸杞黄精满屋山。 扫叶僧将猿共爨，卖花人与蝶俱还。
9	周伯琦	《赋得伏神洞送舒噜存道元帅赴云南》	草煖蒸袴服，崖嵌偃使旌。 垂囊辞薏苡，闻笛想英茎。

序号	诗人	诗歌名称	诗句内容
10	雅琥	《寄南台御史达兼善二首 其一》	昔年奎壁聚星图,文采虚称二妙俱。袛有兼葭依玉树,初无薏苡似明珠。
11	白朴	《木兰花慢题阙》	醉后清风到枕,醒来明月当轩。伏波勋业照青编,薏苡又何冤。
12	詹仲举	《沁园春》	儿汝来前,吾与汝言,汝知否乎。自吾家种植,诗书之外,略无一毫,薏苡明珠。
13	黄溍	《山南先生挽诗》	仰惊乔岳失嶙峋,千载风流可复闻。鼎有丹砂轻县令,囊无薏苡诧将军。
14	胡奎	《送徐千户之甘州》	春寒初试越罗袍,不惜千金买宝刀。马援囊中无薏苡,张骞槎上有葡萄。
15	陈基	《再题葛仙翁移家图》	仙家虽云足官府,奈此人间小黠并大痴。君不见陶潜弃官归故里,又不见马援谤兴由薏苡。

这一时期的诗词,以表达情感为主,诗人们对于薏苡有了不同的理解,赋予薏苡隐居生活、与世无争的处世态度,表达诗词创作人安于现状、享受当下的情怀。

(四)明清时期关于薏仁米的诗词记载

随着人类社会的发展和生产力的不断进步,明清时期薏仁米的加工技术得到进一步的发展。除了种植传统的植物薏苡,以薏苡为食为粥外,薏仁米酒、面、饼等产品不断丰富,而相关描绘薏仁米的诗词文化作品,其题材也愈加丰富。以薏仁米酒为主题的诗词,如钟芳"苡珠新酿郁金香,入口能禆岁算长。拟洁云垒荐清庙,化为甘雨寿多方",袁宏道"薏仁酒尽唯空盏,螺甲薰残只死灰。为忆朱门深宅里,几人歌笑几楼台",邵宝"辟湿初闻薏苡仁,涯翁诗里见来真。东风吹送台端觇,活火山泉共作春"等中写了薏苡酒的醇厚和甘甜,凝结了人类伟大的智慧。据不完全统计,明清时期关于薏仁米的诗词有55首,其统计如下。

表4　明清时期关于薏仁米的诗词记载统计

序号	时期	诗人	诗歌名称	诗句内容
1		屈大均	《薏苡谣》	食米得薏,薏一米二。 从郎二米,侬只一薏。
2		屈大均	《古意》	灼灼水芙蓉,中含青薏苦。 花叶苦中生,莲心君莫取。
3		屈大均	《古意》	心甘和薏苦,一种在莲房。 试把芙蓉擘,方知侬断肠。
4		屈大均	《菊》	苦薏与甘菊,芳馨自为伍。 同是岁寒花,其中有甘苦。
5		屈大均	《莲子》	菡萏含犹浅,青青带露寒。 的中元有薏,莫但作莲看。
6		屈大均	《媚歌》	郎是斡珠儿,侬是薏珠子。 自怜同一珠,甘苦长相似。
7		屈大均	《采菊不得》	欲泛忘忧物,秋英采掇难。 道旁多苦薏,亦作菊花看。
8		屈大均	《怨歌》	荧荧女茎枝,岁寒难自好。 昔为甘鞠花,今作苦薏草。
9	明代时期	屈大均	《青楼曲》	贱妾莲蓬似,中含苦薏多。 擘开君不食,辜负一么荷。
10		林弼	《伏波庙》	麒麟安用丹书像,薏苡难诬清白心。 愁听乌蛮江上笛,夕阳一曲武溪深。
11		林弼	《倚李伯康使君韵》	铁瓮城南飞羽檄,钱塘江上趣琴装。 梅花有句留山驿,薏苡无珠出海乡。
12		林弼	《发安南呈牛典簿王编修》	蒹葭倚玉惭三益,薏苡明珠有四知。 宣室应烦前席问,愿因民俗一陈诗。
13		林弼	《伏波台》	万里戈船徐薏苡,千年铜柱委莓苔。 多情惟有营前柳,岁岁春风入树来。
14		林弼	《洪武十年再奉使安南还道经丰城留馆驿父老乞留题急笔赋此》	行装祇有梅花担,载道宁无薏苡车。 挥翰玉堂知有待,五云深处听宣麻。
15		林弼	《县尹相公平寇策勋赋诗为颂》	落日喧箫鼓,西风卷旆旌。 归舟无薏苡,吟担有黄精。
16		钟芳	《薏苡酒二首其一》	苡珠新酿郁金香,入口能裨岁算长。 拟洁云罍荐清庙,化为甘雨寿多方。
17		钟芳	《薏苡酒二首其二》	苗疑芦苇实疑珠,浥露涓涓秀有余。 不为苍生惠嘉种,当年争有载盈车。

序号	时期	诗人	诗歌名称	诗句内容
18		刘基	《梁甫吟》	赤符天子明见万里外,乃以薏苡为文犀。停婚仆碑何震怒,青天白日生虹蜺。
19		刘基	《杂诗(五首)》	闲居无尤物,玩之聊可娱。衡门不必局,此非众所须。但恐成薏苡,千载令人吁。
20		刘基	《次韵高则诚雨中(三首)》	露冷芙蓉捐玉佩,天寒薏苡结明珠。东邻艇子如堪借,去钓松江巨口鱼。
21		刘基	《咏史(二十一首)》	陈汤困刀笔,壮夫皆切齿。如何中兴主,终竟惑薏苡。
22		李东阳	《送董子仁给事使琉球》	麒麟有服真殊宠,薏苡无车莫浪猜。归忆皂囊封事在,殿前风采尚崔嵬。
23		李东阳	《送左行人使琉球》	南船去日占风信,北阙归时望斗杓。但使行囊无薏苡,岭头铜柱不须标。
24		王祎	《久不得家信》	梧桐惊夜雨,薏苡怯秋天。浩荡沧洲兴,终期理钓船。
25	明代时期	柯潜	《送行人司正邵震使安南》	碧天尽处通容管,瘴雨晴时过富良。珍重平生清苦节,莫将薏苡载归囊。
26		胡应麟	《寄李惟寅兼怀王朱两生四首 其四》	意气联三俊,声华轧四豪。章徒腾薏苡,贡已入蒲萄。
27		李时行	《感咏二十首 其十二》	不疑信洁己,盗金谤盈帙。马援南征返,薏苡冤莫雪。
28		袁宏道	《雪夜感怀》	薏仁酒尽唯空盏,螺甲薰残只死灰。为忆朱门深宅里,几人歌笑几楼台。
29		袁宏道	《德胜桥水轩集诸公诗》	帘波斜带水条烟,北窗雨后梦清圆。兑将数斗薏仁酒,赁取山光不用钱。
30		邵宝	《谢张提学惠薏苡仁》	辟湿初闻薏苡仁,涯翁诗里见来真。东风吹送台端贶,活火山泉共作春。
31		林光	《闻梁侍讲叔厚先生暨王文哲黄门使交南将过富春赋此二律以侯兼致赠别之意 其一》	口衔天语经铜柱,服赐麒麟过广州。南物南人应见惯,肯将薏苡累兹游。
32		岳正	《闻刘东周黄门归自海外乞私印石》	归橐避嫌无薏苡,遐荒谐俗有图书。沧洲文石堪镌印,乞取龙骧压载余。

序号	时期	诗人	诗歌名称	诗句内容
33	明代时期	邵宝	《薏苡粥次涯翁韵苔张提学》	旧是南方物,新从北塞传。 两封何郑重,万颗自匀圆。 入剂堪充使,加餐漫拟仙。 无心成故事,涯老赋诗年。
34		余继登	《元日饮用锟宅遇雪兼赴刘工部之约》	故人交如兰,故人酒为薏。 交深酒更佳,何妨与君醉。
35		李梦阳	《薏苡行赠王氏》	南征马援还东都,人言满载皆明珠。 发封视之乃薏苡,群臣失色天子吁。
36		程本立	《过新兴州》	薏苡空墙晚,芙蓉野水秋。 马头山色好,路入大棋州。
37		林淳	《留别平南四景乌江濯清》	千古英雄识汉才,天书西下百蛮开。 江湖满地波声恶,薏苢归途莫浪猜。
38		王缜	《出坡叠驿》	唱散烟风发浩歌,一囊收尽万山河。 绝无薏苡污行色,惟有清风明月多。
39		贝琼	《送杨九思赴广西都尉经历》	象迹满山云气白,鸡声千户日车红。 明珠薏苡无人辨,行李归来莫厌穷。
40		杜庠	《夏正夫邀饮蛇酒》	藤峡香醪远寄来,一樽公馆晚凉开。 功同薏苡能消瘴,色胜葡萄乍泼醅。
41		张捄	《九日柳州作》	白发无颜将薏苡,青山有泪听琵琶。 一杯回首孤城暮,水阔云深去国赊。
42		王彝	《送安南使还国应制》	薏苡生仁供旅食,桄榔垂叶荫诗筒。 部迎公见新王骑,驿送犹思上国鸿。
43		苏伯衡	《送王希赐编修使交阯》	蕉实垂垂重,椰浆盎盎浮。 括囊惩薏苡,涩口却扶蒌。
44		张羽	《过瓜州》	落日瓜州渡,余寒透薄衣。 客囊空薏苡,春色自蔷薇。
45		唐时升	《对酒怀里中诸同好四首》	易水清且泻,薏苡动盈车。 北人善酿法,吴越不能如。
46		吴宽	《谢顾良弼送甘州枸杞》	畦间此种看来无,绿叶尖长也自殊。 似取珊瑚沉铁网,空将薏苡作明珠。
47		顾养谦	《辽阳行寄王子幻》	貔貅转战阵云黄,麋鹿成群猎火热。 厨中况多薏苡尊,浮来色映莲花铁。
48		吴俨	《送王世赏云南提学》	归向沧洲近十春,始持宪节出风尘。 干将可合埋藏久,薏苡何妨谤语频。

续表

序号	时期	诗人	诗歌名称	诗句内容
49	明代时期	李崇仁	《古意》	曾参终杀人,薏苡为明珠。 但识谗者巧,孰云听者愚。
50		吴伯宗	《八疑诗应制》	马援无心怀薏苡,广平有意赋梅花。 烧残蜡炬逢天晓,误向窗前浣碧纱。
51		何其伟	《送番波罗一株谢正术纳斋诗以代束》	共讶殊方产异葩,谁移仙种自天涯。 不随薏苡归南土,也傍张骞奉使槎。
52	清代时期	缪荃孙	《出钱塘门至孤山四首》	海南薏苡即明珠,不管旁人毁与誉。 我向草庐寻旧迹,清风终古属尚书。
53		金朝觐	《伏波将军庙》	戚畹能将阃外安,轻装薏苡载归鞍。 即今遗庙存封守,竟作云台画里看。
54		郑燮	《道情》	南来薏苡徒兴谤,七尺珊瑚只自残。 孔明枉做那英雄汉,早知道茅庐高卧,省多少六出祁山。
55		朱彝尊	《酬洪升》	梧桐夜雨磁凄绝,薏苡明珠谤偶然。 白发相逢岂容易,津头且揽下河船。

（五）小结

在唐代到清代1000多年历史中,以薏苡为题或涉及薏苡(或薏仁米)的诗词共有180首。其中以宋代时期出现的较为集中,有94首;明代时期次之,有51首;唐代时期位列第三,有16首;后为元代时期,有15首;最后为清代时期,仅有4首。

表5　各个时期诗词数量统计

序号	时期	数量/(首)
1	唐代	16
2	宋代	94
3	元代	15
4	明代	51
5	清代	4
共计		180

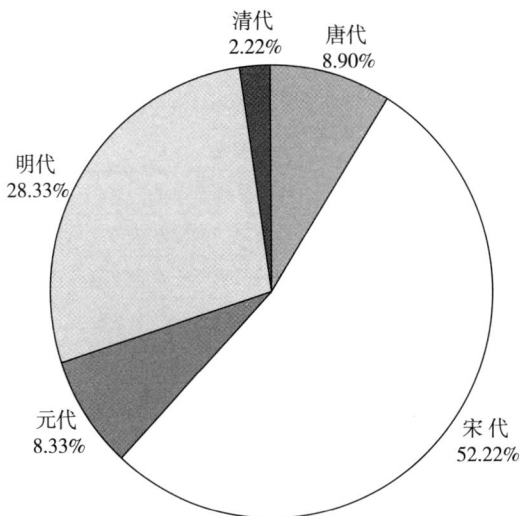

图1　各个时期诗词数量统计

二　薏仁米诗词文献分析报告

（一）从薏仁米（薏苡）的诗词题名分析

在悠久的历史长河里，从唐至清，诗词题名中出现"薏苡"二字的诗词有17首。其中，单独以"薏苡"为标题的诗词有2首，分别为陆游和苏轼所写，其他诗词题目涉及"薏苡"的有15首，诗人及诗词题目如下。

表6　以薏苡为题或题目涉及薏苡的诗词统计

诗词题目类型	诗人	时期	诗词题目
以薏苡为题的诗词	苏轼	宋朝	《薏苡》
	陆游	宋朝	《薏苡》

诗词题目类型	诗人	时期	诗词题目
题目涉及薏苡诗词	王质	唐朝	《山水友别辞薏苡饭》
	王十朋	宋朝	《食薏苡粥》
	吕本中	宋朝	《题赵丞瑞薏苡图》
	梅尧臣	宋朝	《魏文以予病渴赠薏苡二丛植庭下走笔戏谢》
	梅尧臣	宋朝	《和石昌言学士官舍十题·薏苡》
	司马光	宋朝	《和昌言官舍十题·薏苡》
	李新	宋朝	《居中馈薏苡青头鸡小诗代简》
	冯山	宋朝	《戏谢赵良弼寄薏苡山药》
	赵蕃	宋朝	《道傍多薏苡菊花有感》
	屈大均	明朝	《薏苡谣》
	钟芳	明朝	《薏苡酒二首其一》
	钟芳	明朝	《薏苡酒二首其二》
	邵宝	明朝	《谢张提学惠薏苡仁》
	邵宝	明朝	《薏苡粥次涯翁韵荅张提学》
	李梦阳	明朝	《薏苡行赠王氏》
小　计			17

（二）从不同时期薏仁米诗词文化作品的时间性来分析

从以上统计可知，薏苡二字在诗词中集中且频繁出现的时期主要是宋、明两个时期。宋明时期是我国诗词文化的繁盛时期，其间，出现了诸多伟大的诗人及词作者，他们创作出了许许多多脍炙人口的文化作品，至今仍然存在于许多书籍文献当中。宋代主要是苏轼和刘克庄、陆游、黄庭坚、乐雷发等人创作的有关薏仁米的诗词较多。在当时，由于社会物质与生产力水平的不断发展，人们的饮食结构不断丰富，不但把薏仁米作为充饥饱腹的食物，还开始尝试将薏仁米做成粥或者用来和其他食材一起炖煮，从而更好地发挥薏仁米祛湿、去水肿、抵御瘴气的功效。因此，在诗歌创作中，诗人不但阐述了薏仁米的食用功能，更多的是不断添加了薏仁米的药用功效与保健功能。在明清时期，随着社会进步和人们生产技术的逐步提高，饮食结构也随之变化，薏仁米被用来酿酒的使用越来越多，酿制出来的薏苡酒具有浓郁的香味，喝下有益寿功效，受到当时很多人青睐。

（三）从诗词内容表达的情感来分析

据上述诗词统计，不同时期薏苡都被诗词创作人用来寄托不同的情感，既有单纯赞美薏仁米优良独特品质的诗词，也有表达诗人思乡的情感；既有表达诗人壮志难酬、被谗言所累的郁闷，又有表现诗人安于现状，淡泊名利豁达的情怀。其中，笔者选取了五位诗人对他们表达的情感进行简要分析。

陆游在《薏苡》中，描写了自己初游唐安时遇到的薏米做成的饭，做成后和雕胡饭一样美味，大颗的如芡实一样洁白如玉，入口滑爽，香气四溢，把薏仁米纳入幽居的日常生活中，表达诗人对薏仁米的喜爱和珍惜；辛弃疾在《送湖南部曲》中，描述自己遭受谗谤的苦闷，以及对武勇有为的部属的关怀热爱，鼓励他为国效忠，祝愿他前程远大，寄寓了壮志未酬的一腔忠愤；白朴在《木兰花慢·题阙》中，描绘了诗人幽居山野，生活得随心所欲，远离了尘世的喧嚣，引用马援因薏苡遭受不白之冤来表露自己被谗言所影响，导致自己壮志难酬，烦闷难以排解，又表达了安于现状、留恋世外桃源矛盾的感情；刘基在《梁甫吟》中，借用东汉时期马援因薏苡遭人陷害、唐朝时期魏征受人诬陷、战国时期齐桓公宠信奸人导致齐国大乱、秦穆公因听信逢孙而拒听百里奚的意见等典故，借古讽今，抨击了元末忠臣被弃、小人得志的政治现象，抒发心中不平之气；缪荃孙在《出钱塘门至孤山四首》中，引用"薏苡明珠"的典故，表达诗人不会在意别人赞美或污蔑自己的名誉，他还是一如既往地保持两袖清风、淡泊名利的高风亮节。

三 不同时期诗词记载所反映的相关薏仁米文化信息

薏苡起源于我国本土，在我国已有 6000 多年的栽培历史。在悠久的农业文明中，薏苡在中国农作物栽培史上扮演着重要角色，对先民的生产、生活及意识形态等都产生了深刻的影响。在不同历史时期的诗词记载中，关于薏仁米的文化信息丰富多样，薏仁米的文化内容与文化特征不断丰富，既有薏仁米的食用文化、药用文化，也有薏仁米的图腾文化、符号文化与象征文化。

（一）薏仁米文化信息之食用文化

随着社会物质生产水平的不断提高与人们饮食结构的不断调整，薏仁米的食用价值被越来越多的人所认可，有关薏仁米的食用文化也不断丰富。在上述诗词中，一些诗词内容深刻反映了薏仁米丰富多样的食用文化。"叶如华黍实如珠"、"大如芡实白如玉，滑欲流匙香满屋"、"唐安薏米白如玉，汉嘉栮脯美胜肉"、"或言薏苡良，可以作粥糜"，这些诗句既有描述薏仁米外形的，也有描述薏仁米食用滋味的，描述了薏仁米多样的食用方式。

表7　不同历史时期关于薏仁米食用文化的记载

序号	诗人	时期	诗词题目
1	王质	唐朝	《山水友别辞薏苡饭》
2	陆游	宋朝	《薏苡》
3	王十朋	宋朝	《食薏苡粥》
4	梅尧臣	宋朝	《和石昌言学士官舍十题·薏苡》
5	赵蕃	宋朝	《道傍多薏苡菊花有感》
6	邵宝	明朝	《薏苡粥次涯翁韵苫张提学》
7	王彝	明朝	《送安南使还国应制》

（二）薏仁米文化信息之药用文化

薏仁米作为一种"药食同源"概念在中国传统医学和饮食文化中的应用，深刻地体现了中国深厚的传统文化与丰富的药用文化。作为一味具有千年历史传承的中药材，薏苡仁在长期的实践应用中对多种疾病与症状具有重要疗效，在我国古代历史上与人们的日常生活中具有重要的地位与作用。据古代医学典籍记载，《神农本草经》（东汉）中薏苡仁被列为上经（上品）草部。《名医别录》（魏晋）中，薏苡仁被列为上品卷第一。"无毒。主除筋骨邪气不仁，利肠胃，消水肿，令人能食。"据《证类本草》（宋·唐慎微）载，"薏苡主不饥，温气，轻身。煮汁饮之，主消渴"。根据现有资料，我们不难看出，从唐代时期开始，薏仁米就不断进入药用领域，描写薏苡药用价值的诗词相关内容统计如下。

表8　不同时期关于薏仁米的药用价值记载

序号	诗人	时期	诗词题目
1	朱熹	宋朝	《次秀野杂诗韵又五绝卒章戏简及之主簿》
2	司马光	宋朝	《和昌言官舍十题·薏苡》
3	苏轼	宋朝	《薏苡》
4	晁说之	宋朝	《秋适》
5	王十朋	宋朝	《食薏苡粥》
6	邵宝	明朝	《谢张提学惠薏苡仁》
7	杜庠	明朝	《夏正夫邀饮蛇酒》

在描写薏仁米的药用价值时，诗人们一方面描写了入夏后，炎症和湿气十分严重，身体就变得浮肿，将薏仁米熬粥服用后就变得身轻气畅；另一方面写了在湿热蒸郁、瘴气横行的地方，食用薏仁米，不仅能轻身省欲，而且能战胜瘴疟之气的功效。

（三）薏仁米文化信息之图腾文化

在人类历史进程中，由于人类自身生产力水平与征服自然能力的低下，人类对于自然中某种动、植物及其自然现象会产生崇拜。而图腾，作为一定的"标记"，深刻反映了某一群体或民族对某种自然物的崇拜与敬畏。

根据《史记·夏本纪》第二卷记载："禹母修己见流星贯昴，又吞神珠薏苡，胸坼而生禹。"王充《论衡·奇怪篇》也说，"禹母吞薏苡而生禹。"在人类历史进程的发展和演变中，经过百姓的夸张、虚构与想象成分的创作，再与某些历史依据相结合，逐渐形成了流传于民间的大部分民间传说。此些传说虽不可信，但至少可以说明在当时食用薏苡已非常普遍，人们也将薏苡视为夏族重要的图腾象征。

（四）薏仁米文化信息之象征文化

薏仁米作为我国本土出产的优质食品，已经逐渐从食用、药用这两个领域中分离出来，在漫长的历史长河中已经演变成为一种新的文化象征。据《后汉书·马援传》第二十四卷记载："援在交阯，常饵薏苡实，用能轻身省欲，以胜瘴气。南方薏苡实大，援欲以为种。军还，载之一车。时人以为南土珍怪，权贵皆望之。及卒后，有上书谮之者，以为前所载还，皆明珠、文犀，帝益怒。"这就是"薏苡之谤""薏苡明珠"的来源。据考证，交阯在今越南北部，当地的薏苡籽实较北方为大，马援认为薏苡有轻身保健和治疗瘴气的作用，因此以车载带回中原做药种，没有想到却因此蒙受不明之冤。后人以"薏苡明珠"形容被人证陷，蒙受冤屈之意。

此后，无论是在很多文人的诗词创作中，还是文学作品中，"薏苡明珠"都被视为蒙受不明之冤的一种象征文化。《旧唐书·王珪杜正伦等传论》："正伦以能文被举，以直道见委，参典机密，出入两宫，斯谓得时。然被承干金带之讥，孰与夫薏苡之谤，士大夫慎之。"辛弃疾《送湖南部曲》提及："青衫匹马万人呼，幕府当年急急符。愧我明珠成薏苡，负君赤手缚于菟。"朱尊彝亦有诗《酬洪升》曰："梧桐夜雨词凄绝，薏苡明珠谤偶然。"这些诗词既塑造了马援将军道德清白、富有正义感的人物形象，又表达了诗人对马援遭遇的愤慨，抒发了宦海浮沉、忧谗畏讥的情怀。

参考文献

臧清、叶爱民、舒炜整理《苏轼集》（中），国际文化出版公司。
（宋）苏轼：《苏轼诗集合注》（上），上海古籍出版社，2001。

黄仁生、罗建伦校点《唐宋人寓湘诗文集》，岳麓书社，2013。

（宋）陆游著、孔祥贤注释《陆游饮食诗选注》，中国商业出版社，1989。

（宋）陆游《陆游集》第1册，中华书局，1976。

（宋）陆游《陆游集》第4册，中华书局，1976。

（宋）刘克庄撰《后村先生大全集》，四川大学出版社，2008。

北京大学古文献研究所编《全宋诗》，北京大学出版社，1991。

黄宝华选注《中国古典文学名家选集》，《黄庭坚选集》，上海古籍出版社，2016。

（宋）黄庭坚：《黄庭坚全集辑校编年》，江西人民出版社，2011。

熊治祁主编《湖南纪胜诗选》，湖南师范大学出版社，2012。

乐雷发撰，萧文注《雪矶丛稿》，岳麓书社，1986。

（清）邓显鹤编纂《湖湘文库　沅湘耆旧集》，岳麓书社，2007。

郭齐、尹波点校《朱熹集》，四川教育出版社，1996。

（宋）洪适、（宋）洪遵、（宋）洪迈撰《鄱阳三洪集》，江西人民出版社，2011。

（清）陈邦彦选编《康熙御定　历代题画诗》下，北京古籍出版社。

北京大学古文献研究所编、陆彬良责任编辑《全宋诗》第4册，北京大学出版社，1991。

（南朝宋）范晔：《后汉书》，山东画报出版社，2013。

范之麟、吴庚舜主编《全唐诗典故辞典》上，湖北辞书出版社，1989。

缪钺等撰《宋诗鉴赏辞典》，上海辞书出版社，1987。

吕晴飞、李观鼎主编《中国历代名诗今译》，中国妇女出版社，1991。

（宋）苏颂：《苏魏公文集》上，《附魏公谭训》，中华书局，1988。

齐豫生：《中华文学名著百部》第14部，新疆青少年出版社，2000。

钱钟书：《宋诗纪事补正》第4册，辽宁人民出版社、辽海出版社，2003。

钱时霖、姚国坤、高菊儿编《历代茶诗集成 宋金卷》上，上海文化出版社，2016。

《唐诗鉴赏辞典补编》，成都四川文艺出版社，1990。

（南朝宋）范晔：《后汉书》，兰州大学出版社，2004。

彭黎明、彭勃主编《全乐府》，上海交通大学出版社，2011年5月。

何锐选注《唐诗三百首·宋词三百首·元曲三百首：合订注释本》，巴蜀书社，2008。

杨镰主编《全元诗》第55册，中华书局，2013。

屈大均著、陈永正主编《屈大均诗词编年笺校》上，中山大学出版社，2000。

（明）钟芳：《钟筠溪集》上，海南出版社，2006。

《中华历史大辞典》编委会，《中华历史大辞典》第1卷，延边人民出版社，2001。

济南大学中文系中国古代文学教研室编著《中国历代诗歌名篇赏析》，湖南人民出版社，1983。

（明）袁宏道：《袁宏道集笺校》下，上海古籍出版社，1981。

陈道贵选注《元明清诗选》，珠海出版社，2004。

（清）朱梓著、冷昌言编、徐元校注《宋元明诗三百首》，浙江人民出版社，1983。

（明）刘基著、林家骊点校《刘基集》，浙江古籍出版社，1999。

周卫东：《中国酒文化大典》（全3卷）上，东方出版社，2010。

（明）胡奎：《浙江文丛》，《胡奎诗集》，浙江古籍出版社，2012。

杨镰主编《全元诗》第62册，中华书局，2013。

周啸天：《宋元明清诗词曲鉴赏》，四川人民出版社，2003。

王成科、葛英楠辑注《历代辽阳诗歌选》，辽宁民族出版社，2009。

陈友琴选注《千首清人绝句》，浙江古籍出版社，1988。

B.8
薏仁米药食文化与养生文化发展报告

彭渊迪*

摘 要: 薏仁米,薏苡种仁,一年生禾本科薏苡属植物。中国传统的
食药品资源之一,做食可以裹腹,滋味平和清香,又同时获
其药理功效;做药平价易得,药效显著而平和,是中国本草
这个大家庭中为数不多的同时兼具粮食属性与中药属性的被
大众广泛认知和使用的本草之一。从药食同源历史中一路走
来的薏仁米天生携带并隐藏着许多待开发的价值。随着新技
术、新理念、新用途、新需求等背景条件的不断更新与发展,
薏仁米作为食药以及其他方面的价值被一点一点深挖出来,
以多姿多彩的价值让这古老的本草焕发出耀眼的活力。

关键词: 薏仁米 药食文化 养生文化

一 薏仁米药文化的发展

薏仁米,薏苡种仁,又被称作薏仁、苡仁、苡米、薏仁米、薏苡米、药
玉米等。有着禾本科植物之王的美誉。薏仁米原产于我国,是我国最早驯化
的粮食作物之一,薏仁米在我国有着极其深远的食用和种植历史。从纵线上
看,7000多年前新石器时代的河姆渡遗址出土了大量的薏仁米种子,已经
直接反映出薏仁米的食用和种植历史,而更早的食用时间有可能较之更甚。

---

* 彭渊迪,贵州省地理标志研究中心助理研究员,研究方向为中药材地理标志与医药文化。

从横线上看，薏仁米不是单一的，而是同时作为粮食和药物两个类别分别被记录和传承下来。而有意思的是，这些所记载的食用薏仁米的历史文献故事，都不约而同地反映出薏仁米的药理性质。

如《吴越春秋·越王无余外传·第六》"越之前君无余者，夏禹之末封也。禹父鲧者，帝颛顼之后。鲧娶于有莘氏之女，名曰女嬉，年壮未孳，嬉于砥山得薏苡而吞之，意若为人所感，因而妊孕，剖腹而产高密。家于西羌，地曰石纽，石纽在蜀西川也。"《蛮书·卷二·山川江源·第二》"大雪山在永昌西北，从腾充过宝山城，又过金宝城以北大赕，周迴百余里，悉皆野蛮，无君长也。地有瘴毒，河赕人至彼中瘴者，十有八九死。阁罗凤尝使领军将于大赕中筑城，管制野蛮。不逾周岁，死者过半，遂罢弃，不复往来。其山上肥沃，种瓜瓠长丈余，冬瓜亦然，皆三尺围。又多薏苡，无农桑，收此充粮。三面皆占大雪山，其高处造天。往往有吐蕃至赕货易，云此山有路，去赞普牙帐不远。"《史记·夏本纪·卷二》"正义帝王纪云：'父鲧妻脩己，见流星贯昴，梦接意感，又吞神珠薏苡，胸坼而生禹。名文命，字密，身九尺二寸长，本西夷人也。'"《后汉书·马援列传·第十四》"初，援在交阯，常饵薏苡实，用能轻身省欲，以胜瘴气。南方薏苡实大，援欲以为种，军还，载之一车。时人以为南土珍怪，权贵皆望之。援时方有宠，故莫以闻。及卒后，有上书谮之者，以为前所载还，皆明珠文犀。马武与於陵侯侯昱等皆以章言其状，帝益怒。援妻孥惶惧，不敢以丧还旧茔，裁买城西数亩地槁葬而已。宾客故人莫敢吊会。严与援妻子草索相连，诣阙请罪。帝乃出松书以示之，方知所坐，上书诉冤，前后六上，辞甚哀切，然后得葬。"《全唐诗·卷六百二十六》"不必探幽上郁冈，公斋吟啸亦何妨。唯求薏苡供僧食。"《上古秘史·第四十八回·男女同川而浴帝尧君臣中蛊》帝尧道："道：'这种瘴气，真害人极了，有什么方法可以划除它？'羲叔道：'一种是薏苡仁，久服之后，可以轻身辟瘴。还有一种是槟榔子，亦可以胜瘴。其余如雄黄、苍术之类，时常拿来烧了熏，亦可以除瘴。'"《东渡记·第二十回·陶情逞能夸造酒 风魔设法警陶情》"陶情乃说道：'蜜淋淋，打辣酥，烧坛时细并麻姑。蒲桃酿，薏苡香，金华苏寿各村乡。惠泉白，状元红，茅柴中圣不相同。珍珠露，琥珀浆，玉兰金橘果然香。'"《志存记录·北梦录》"又昔酒为今所无者又有薏酒。五杂组，京师有薏酒，用薏苡实酿之淡而有风致，然不足快酒人之吸也。易州酒胜之，而淡愈甚。又凤洲笔记：蓟州薏苡仁酒，周氏第一，成氏次之，三屯莹所造更胜。清冽秀美，有出色香味之表者。"《养生随笔》"煮粥用新米，香甘快胃，乐天诗云：'粥美尝新米'，香稻弥佳。按《本草》煮粥之方甚多，大抵以米和莲肉为第一，其次芡实薏苡仁俱佳。"《剑南诗钞》"薏苡蜀人谓其实为薏米，唐安所出尤奇，初游唐安饭薏米，炊成不减雕胡美。大如芡实白如玉，滑欲流匙香满屋。腹腴项脔不入盘，况复餐酪夸甘酸。东归思之未易得，每以问人人不识。呜呼奇材从古弃草菅，君试求之篱落间。唐安薏米白如玉，汉嘉栮脯美胜肉。大巢初生蚕正浴，小巢渐老麦米熟。龙鹤作羹香出釜，木鱼瀹菹子盈腹。未论索饼与馒饭，掫爱红糟并炰粥。东来坐阅七寒暑，未尝举箸忘吾蜀。何时一饱与子同，更煎土茗浮甘菊。"《优古堂诗话》"薏苡芎䓖、张右史末《昼卧口占》云：'病栽薏苡无劳谤，湿要芎䓖不待瘦。'东坡亦云：'巧语屡曾伤薏苡，瘦词那复托芎䓖。'"《淳熙三山志·卷第四十一·土俗类三》"薏苡，春生苗，茎高三四尺，叶如黍，开红、白花，作穗，五、六月结实，形如珠子而稍长。故名薏珠。（底本作'薏苡'，据库本、崇抄改）"《宋高僧传·卷第二十四》"唐荆州天崇寺智灯传释智灯，不知何许人也，矜庄己行严厉时中。宋护戒科恒持金刚般若，勤不知倦，贞元中遇疾而死，弟子启手犹热，不即入木。经七日还苏云，初见冥中若王者，以念经故合掌降阶，因问讯曰，更容上人十年在世，勉出生死。因问人间众僧中后食薏苡仁为药食，还是已否。曰此大违本教，灯报云，律中有正非正开遮之条如何。王曰，此乃后人加之非佛意也，远近闻之，渚宫僧至有中后无有饮水者。系曰，小乘尚开食五净物，薏苡非五谷正食也，疑其冥官因机垂诫嫌，于时比丘太慢戒法，故此严警开制，实诸佛常法也，非后人之加酿焉。"《七修类稿·卷四十六·事物类》"优钵罗花，尝闻佛家有优钵罗花，《本草》、《尔雅》诸所不载，意为幻言也。及见胡致堂云：奉佛者，每假树木花草为佛之名，愚惑世道，故以仙人柏为罗汉松，三春柳为观音柳，独脚莲名观音莲，薏苡子为菩提子，大林檎为颦婆果，金莲花为优钵罗花。"《笠翁对韵·下篇》"荚对茨、荻对蒿、山麓对江螯、莺簧对蝶板、麦浪对桃涛、骐骥足、凤凰毛、足誉对嘉褒、文人窥蠹简、学士书兔毫、马援南征载薏苡、张骞西使进葡萄、辩口悬河、万语千言常亹亹、词源倒峡、连篇累牍自滔滔。"《女仙外史·第八十三回·建文帝敕议君臣典礼 唐月君颁行》"次日，程亨、郑洽随同众文武朝见帝师于正殿，月君询帝起居，程亨前奏：'圣躬甚安，只是两足受了湿气，步履艰难。近来服薏苡粥，颇有效验。'"《宋人轶事汇编卷十七》"辛稼轩初自北方还朝，官建康，忽得疝之疾。有道人教以取叶珠，即薏苡仁也。用东方壁土炒黄色，研成膏，以酒调下二钱即消。沙随先生晚年亦同此疾，辛授此方，服之亦消。游宦纪闻。"

这些典籍史料所记载的故事都有力地证明了薏仁米在很早之前就被人驯化种植并食用。不仅如此，故事所交代的除了食用和种植薏仁米这一事实以外，还很清晰地透露出古人对薏仁米药理及药性的认识，并能根据需要合理食用薏仁米，可以说在古代薏仁米药食两用的认知和文化就已经形成。

而薏仁米作为本草药物直接被载入各种医药古书典籍的情况比比皆是，见表1。

表1　薏苡被载入医药古书典籍汇总

序号	典籍书名	记载内容
1	《神农本草经》 汉·佚名	薏苡仁主筋急，拘挛不可屈伸，风湿痹，下气。久服轻身益气。其根下三虫，一名解蠡。生平泽及田野。 味甘微寒。 主筋急，拘挛不可屈伸，风湿痹，下气。久服轻身益气。其根下三虫，一名解蠡。生平泽及田野。 名医曰：一名屋菼，一名起实，一名赣，生真定，八月采实，采根无时。 案说文云：薏，薏苢，一曰英，赣，一曰薏苢；广雅云：赣，起实，目也，吴越春秋，鲧娶于有莘氏之女，名曰女嬉，年壮未孳，嬉于砥山，得薏苡而吞之，意若为人所感，因而妊孕，后汉书马援传，援在交阯，常饵薏苡实，用能轻身省欲以胜瘴，薏，俗作薏，非。

序号	典籍书名	记载内容
2	《本草纲目》 明·李时珍	薏苡仁 释名 解蠡、芑实、䔩米、回回米、薏珠子。 气味(仁、根)甘、微寒、无毒 主治 1、风湿身疼,日暮加剧。用麻黄三两,杏仁二十枚,甘草、薏苡仁各一两,加水四升,煮成二升,分两次服。 2、水肿喘急。用郁李仁二两,研细,以水滤取汁,煮薏苡仁饭,一天吃两次。 3、沙石热淋。用薏苡仁(子、叶、根皆可)水煎热饮(夏月次饮),以通为度。 4、消渴。用薏苡仁煮粥吃。 5、肺痿咳嗽,有脓血。用薏苡仁十两,捣破,加水三升煎成一升,以酒少许送服。 6、痈疽不溃。吞服薏苡仁一枚。 7、虫牙痛。用薏苡仁、桔梗研末点服。 8、疝疾。用薏苡(以东壁黄土炒过),加水煮成膏服下。 9、黄疸。用薏苡根煎汤频服。 10、杀蛔虫。用薏苡根一斤,磨细,加水七升煮成三升服下,能将虫杀死打出。 11、月经不通。有薏苡根一两,水煎服。 12、牙齿风痛。用薏苡根四两,水煮含漱
3	《本草从新》 清·吴仪洛	薏苡仁 通行水、补脾肺,甘益胃,乃阳明药。属土,甘淡且微寒。土胜水且淡渗湿,泻水而益土,故健脾。治疝气与水肿湿痹。益土而生金。所以补肺清热。 扶土而抑木。可治筋急拘挛。
4	《雷公炮制药性解》 明·李士材	[卷三\草部中]薏苡仁 味甘,微寒无毒,入肺脾肝胃大肠五经。利肠胃,消水肿,祛风湿,疗香港脚,治肺痿,健脾胃。按:薏苡仁总湿热,故入上下五经。盖受热使人筋挛,受湿使人筋缓者,可用。若受寒使人筋急者,忌之,势力和缓,须多用见效。雷公云:凡使勿用米,楋大无味,其米时人呼梗是也,若薏苡仁颗小色青味甘,咬着黏人齿,用一两,以糯米一两同熬,令糯米熟,去米取使,若更以盐汤煎之,则是一般修事。
5	《万病回春》 明·龚廷贤	[卷之一]药性歌 薏苡味甘,专除湿痹,筋节拘挛,肺痈肺痿。(去壳净)

序号	典籍书名	记载内容
6	《本草衍义》 宋·寇宗奭	[卷七]薏苡仁 此李商隐《太仓铭》中所谓"薏苡似珠，不可不虞"者也，取仁用。《本经》云："微寒，主筋急拘挛"。拘挛有两等，《素问》注中"大筋受热，则缩而短，缩短故挛急不伸"。此是因热而拘挛也，故可用薏苡仁。若《素问》言因寒则筋急者，不可更用此也。凡用之，须倍于他药。此物力势和缓，须倍加用，即见效。盖受寒即能止人筋急。受热，故使人筋挛。若但热而不曾受，又亦能使人筋缓。受湿则又引长无力。
7	《备急千金药方》 唐·孙思邈	谷米第四二十/六条 薏苡仁　味甘温，无毒，主筋拘挛、不可屈伸、久风湿痹、下气，久服轻身、益力其生根、下三虫，名医云薏苡仁除筋骨中邪气不仁，利肠胃消水肿令人能食一名。
8	《御定佩文斋广群芳谱》 清·汪灏	薏苡 原薏苡　一名解蠡、一名芑实、一名米、一名薏珠子、一名西番蜀秫、一名回回米、一名草珠尔、本草纲目云其:页似蠡实而解散，又似芑黍之苗，故有鲜蠡芑实之名，音感米乃，其坚硬者有彊之意，一作珠一作米，苗名屋菼回回米，以下三名见救荒本草。处处有之交阯者子，最大出真定者佳今多用梁汉者气劣于真定。春生苗茎高三四尺，叶如黍，叶开红白花，作穗，五六月结实，青白色形如珠子而稍长，故呼薏珠子。取用以颗小、色青、味甘、黏牙者，良形尖而壳薄、米白如糯米，此真薏苡也。可粥可面，可同米酿，酒性微寒无毒，养心肺上品之药。健脾益胃、补肺清热、去风渗湿、消水肿治筋急拘挛，去干湿脚气，大验久服轻身辟邪，令人能食。根甘微寒，无毒，煮糜食甚香去蚘虫大效，心腹烦满及胸肋痛锉，三升煮浓汁，服汁能堕胎气。叶作饮，气香，益中暑月煎饮暖胃，益气血初生小儿煎汤浴之无毒。
9	《药征》 东洞吉益	[卷下]薏苡仁 主治乳肿也。考证薏苡附子散，证不具也。以上一方，薏苡仁十五两。薏苡附子败酱散证曰:腹皮急、按之濡、如肿状。以上一方，薏苡仁十分。麻黄杏仁薏苡甘草汤，证不具也。以上一方，薏苡仁半两。互考薏苡附子散，证不具也，而薏苡附子败酱散，言如肿状，则主治浮肿明矣；麻黄杏仁薏苡甘草汤，亦就麻黄杏仁甘草石膏汤，而去石膏加薏苡，则用之于咳喘浮肿可也。品考薏苡仁和、汉无别，田野水边，处处多有焉，本交阯之种，马援载还也，本邦有二，其壳浓，无芽，以为念经数珠，不中用药也。有芽尖而壳薄，即意苡也，俗传其种弘法师之所将来也，因号弘法麦。

序号	典籍书名	记载内容
10	《药性赋》金元	薏苡理脚气而除风湿
11	《十剂表》清·包诚	薏苡仁甘微寒入肺脾利湿泄水益脾
12	《千金食治》唐·孙思邈	薏苡仁：味甘、温、无毒。主筋拘挛，不可屈伸，久风湿痹下气。久服轻身益力。其生根，下三虫。《名医》云："薏苡人除筋骨中邪气不仁，利肠胃，消水肿，令人能食。"一名感米，蜀人多种食之。
13	《药鉴》明·杜文燮	气微寒，味甘平，无毒。主筋急拘挛，风湿痹，除筋骨邪气不仁。肺痈脓血，干湿肺气。 丹溪曰，寒则筋急，热则筋缩，急因于坚强，缩因于短促，是热与寒未尝不挟湿而成，然外湿非内湿有以启之，亦不能成。至湿之病，或因酒面为多，而鱼肉继成之。若烧炙香辛坚硬之物，皆致湿之因也。孕妇所禁。

  这些医药古书典籍都是古人传承给我们的博大精深的智慧，这些伟大的经典古籍都对薏仁米的药理药性、功效及服用方法等进行了在当时来说较为翔尽的记载和描述，为我们现在对薏仁米的认知及开发利用奠定了坚实的基础，这也解释了如今薏仁米食药文化与薏仁米产业蓬勃发展的必然性。在拥有这么多薏仁米知识的文化背景下，对薏仁米的规定和研究成为势在必行。从《药典》到各类中药大全、志书、门类书，在遵循现在医药环境的要求下结合薏仁米的研究结果及数据针对薏仁米的品种、性状、各项功能指标及功效等分别进行了详细的规定及描述。

  综上，我们能很清晰看出，薏仁米凭借自身较强的利水渗湿、健脾止泻、除痹、排脓、解毒散结之功效，外加自带粮食属性这一特性，基本被大众广泛认知并食用。现代医学和科技对薏仁米深层次的研究更是挖掘出薏仁米抗氧化、抗炎症、对皮肤具有极好的保湿和滋润功效等方面的作用，这直接导致了薏仁米产业本质上的一个爆发，由薏仁米精深加工的薏仁精油、薏仁胶囊、薏仁护肤品、薏仁身体乳等成为受消费者追捧的新单品。而薏仁米作为一味中药，与其他中药搭配所组成的不计其数方剂，则更体现了薏仁米作为一味中药的纯粹性。从侧面反映出薏仁米药文化的深厚基础。

表2　薏苡仁在《药典》中的相关记载

序号	典籍书名	记载内容
1	《中国药典》2015 年(一部)	薏苡仁:薏苡(属禾本科植物)的成熟干燥种仁。果实在秋季成熟时采植株,晒干后打下果实,再次晒干,去除杂质、黄褐色种皮与外壳,收集晾干后种仁。 【性状】本品呈长椭圆形或者宽卵形,长 4 ~ 8 毫米,宽 3 ~ 6 毫米。表皮呈现乳白色且光滑,偶见残存种皮呈现黄褐色;两端分别为钝圆与微凹而较宽,有 1 点状种脐呈淡棕色;圆凸背面,腹部有 1 深且较宽纵沟。品质坚实,断面呈白色状,味微甜。粉性。 【鉴别】(1)本品为白色淡类粉末。以淀粉粒为主,单粒类多面形或者圆形,直径为 2 ~ 20μm,星状脐点;复粒较为稀少,一般为 2 ~ 3 粒构成。^ 提取 1g 本品粉末,添加 30ml 石油醚,经过 30min 超声处理,过滤并提取滤液,作为溶液供试品。且通过提取薏苡仁油对照提取物并添加石油醚形成溶液(1ml 含 2mg),当作溶液对照提取物。依据薄层色谱法试验,吸取各 2ul 上述 2 种溶液,并点于硅胶 G 板,将 60 ~ 90℃的石油醚、乙醚,83:17:1 的冰醋酸作为展开剂展开后取出并晾干,为其喷香草醛硫酸溶液(5%)加热到斑点清晰显色。在供试品色谱上,与对照色谱对应位置显示的斑点颜色相同。 (3)取甘油三油酸脂对照品与薏苡仁油对照提取物并制成溶液(1ml 含 0.14mg、1mg)作为对照品溶液和对照提取物。依据项下的色谱条件进行试验,依次吸取项下对照品溶液和供试品溶液与各 10μl 上述对照品溶液与对照提取物后注入液相色谱仪。色谱峰应在供试品色谱图和对照品色谱峰的保留时间一致;且有 7 个和对照提取物色谱峰持续时间相同的主色谱峰。 【检查】杂质小于等于 2% 。水分小于等于 15.0% 。 总灰分不得过 3.0%(通则 2302)。黄曲霉毒素测定方法依据通则 2351。1000g 本品含小于等于 5μgB1 黄曲霉毒素,黄曲霉毒素 G1、G2、B2 与 B1 的总含量小于等于 10μg。 【浸出物】依据热浸法(属醇溶性浸出物测定法项下)测定,将无水乙醇作为溶剂(大于等于 5.5%)。
2	《中药大全》1988 年	【别名】薏仁米、草珠子、薏米。 【来源】禾本科草本类植物的干燥成熟种仁,以栽培为主,野生较少。 【主要成分】含薏苡素、脂肪油、氨基酸、甾醇、薏苡仁酯、维生素 B_1。 【药理作用】能渗湿利水,有助于治肌肉风湿与清热排脓。 【炮制】炒用、生用。 【性味】甘淡味 【归经】入脾胃肺经 【功能】清热利湿,补肺健脾。 【主治】脚气水肿、泄泻、食少、拘挛湿痹、肠痈、肺痈。 【临床应用】辅助药,可消炎利尿,止痛祛湿、止泻健脾。

序号	典籍书名	记载内容
3	《中药志》1979年	本品为常用中药。商品为禾本科植物薏苡的种仁。 【历史】薏苡仁始载于《神农本草经》上品。历代本草均有收载。陶弘景说："近道处处有,人家种之"。李时珍说："薏苡人多种之,二、三月宿根自生,叶如初生芭芽,五、六月抽茎开花结实,有二种,一种粘牙者尖而壳薄,即薏苡也,其米色白如糯米,可作粥饭及磨面食,亦可同米酿酒……"其说述即本品而言。 【原植物】薏苡别名:川谷,六谷子,菩提珠,草珠子,苡米,薏仁米,沟子米。一年上或多年生草本,高1~1.5米。收获季节,南方为8~9月,北方为9~10月,当果实呈褐色大部分成熟后(80%粒子成熟变色时),选择晴天割取全株,晒干,并在场院放置3~4天后,用脱壳机或碾子除去外壳及种皮,去净杂质,收集种仁既得。 【化学成分】种仁的丙酮提取物中含薏苡仁酯(Coixenolide)约0.25%。
4	《化妆品植物原料大全》2010年	【概况】薏苡仁(Coix lacryma-jobi)为禾本科植物薏苡的种仁,主产于我国华东和华中各省。同科植物川谷(C. lacryma-jobi ma-yuen)为薏苡的变种植物,可代替薏苡仁入药。化妆品采用它们干燥的种仁的提取物。 【有效成分】薏苡仁所含成分丰富,脂肪酸及脂类成分含有薏苡仁酯、薏苡内酯、肉豆蔻酸及软脂酸酯、十八碳二烯酸、硬脂酸酯、棕榈酸酯、十八碳一烯酸等;阿魏酰菜子甾醇、α-谷甾醇、β-谷甾醇、芸苔甾醇、甾醇类化合物有阿魏酰豆甾醇、豆甾醇等;生物碱类化合物为四氢哈儿明碱的衍生物;多糖类化合物有若干结构的薏苡多糖。 【提取加工方法】薏苡仁可采用水、酒精等为溶剂按常规方法提取,以酒精提取物为多。若以50%酒精回流提取,得率为2.0%。 【药理作用】薏苡5%的水提取物对大肠杆菌、金黄葡萄球菌、绿脓杆菌和黑色莆状菌有良好的抑制作用。薏苡仁50%酒精提取物有保湿作用,用电导法测定,7d后角质层含水量增加了近3倍。 【安全性】中国卫生部和CTFA将薏苡仁提取物作为化妆品原料,未见它们外用不安全的报道。 【在化妆品中的应用】在表皮细胞培养中,薏苡仁提取物对脑酰胺的生成有很好的促进,表明它可明显改变皮脂的组成,从而减少皮肤的油蜡性,改善皮肤的柔润程度;提取物尚可用作活肤调理剂、抗氧剂、抗炎剂、生发剂、皮肤红血丝防治剂和保湿剂。

表3 薏苡重要配方辑录

序号	典籍书名	方剂配伍	治疗病症	方剂名
1	《傅青主女科》明·傅山	人参(五钱)、白茯苓(三钱)、白术(一两,土炒)、巴戟(五钱,盐水浸)、薏苡仁(三钱,炒)。	经前泄水。	参苓白戟薏苡汤
2	《金匮要略》东汉·张仲景	麻黄(去节)半两(汤泡)、甘草一两(炙)薏苡仁半两、杏仁十个(去皮尖,炒)。	病者一身尽疼,发热,日晡所剧者,名风湿。此病伤于汗出当风,或久伤取冷所致也。	麻黄杏仁薏苡甘草汤方
3		苇茎二升、薏苡仁半升、桃仁五十枚、瓜瓣半升。	治咳有微热,烦满,胸中甲错,是为肺痈。	苇仁汤
4		薏苡仁十五两、大附子十枚(炮)。	胸痹缓急者,薏苡附子散主之。	薏苡附子散方
5	《景岳全书》明·张景岳	黄芪,炙、人参、熟地黄、白茯苓、薏苡仁、山茱萸、各一两。枣仁、羌活、去芦、当归、羚羊角屑、枸杞子、桂心、各七钱半。防风、远志、各半两。	治虚风羸瘦,心神虚烦,经脉拘挛,疼痛少睡。	黄芪丸
6		薏苡仁、当归、芍药、麻黄、官桂、苍术米泔浸,切,炒,甘草。	中风流注,手足疼痛,麻痹不仁,难以伸屈。	薏仁汤
7		百合,百药煎,杏仁去皮尖。诃子,薏苡仁,等分。	治肺燥失声不语。	百合丸
8	《类证治裁》清·林珮琴	生扁豆、茯苓、北沙参、薏苡仁、石斛等。	吐血	薄味调养胃阴
9	《温病条辨》清·吴鞠通	杏仁、滑石、通草、白蔻仁、竹叶、厚朴薏苡仁、半夏。	湿温初起及暑温夹湿之湿重于热证。头痛恶寒,身重疼痛,肢体倦怠,面色淡黄,胸闷不饥,午后身热,苔白不渴,脉弦细而濡。	三仁汤
10	《太平惠民和剂局方》宋·太平惠民和剂局所	人参、茯苓、白术、桔梗、山药、甘草、白扁豆、莲子肉、砂仁、薏苡仁。	用于脾胃虚弱,食少便溏,气短咳嗽,肢倦乏力。	参苓白术散

续表

序号	典籍书名	方剂配伍	治疗病症	方剂名
11	《奇效良方》明·方贤着	薏苡仁(一两),当归(一两),芍药(一两),麻黄(一两),官桂(一两),甘草(炙,一两),苍术(米泔浸一宿,去皮,挫炒,一两)。	治中风手足流注疼痛,麻痹不仁,难以屈伸。	薏苡仁汤
12	《重订严氏济生方》	薏苡仁(炒)、防己、赤小豆(炒)、甘草(炙)各等分。	治风肿在脾,唇口瞤动,或生结核,或为浮肿。	薏苡仁汤
13	《感证辑要》引《医原》	藿香、厚朴、半夏、赤茯苓、杏仁、薏苡仁、白蔻仁、猪苓、豆豉、泽泻。	能宣通气机,燥湿利水,主治湿热病邪在气分而湿偏重者。	藿朴夏苓汤
14	《本草纲目》明·李时珍	芦苇茎(切小)二升,加水二斗,煮成五升,再加桃仁五十枚,薏苡仁、瓜瓣各半升。	肺痈咳嗽,微热。	苇仁汤
15	《千金翼方》唐·孙思邈	茯苓(六两)、芍药、土瓜根(各三两)、薏苡仁(半升)。	妇人小腹痛。	温经汤
		当归、芍药、黄芪、蒺藜子、鸡骨、附子(炮去皮)、枳实(各二两炙)、桂心(三两)、人参、薏苡仁(各一两)。	治乳坚方。	化乳坚汤
16		庵䕡子、酸枣仁、大豆卷、薏苡仁、车前子、蔓荆子、蒴藋子、冬瓜子、菊花、秦椒(汗子并闭目者各一升)、阿胶(一斤炒)。	风劳湿痹,痿厥少气,筋挛关节疼痛,难以屈伸,或不能行履精衰目瞑阴阳不起,腹中不调午寒午热,大小便或涩。	庵䕡散
17		防风、芎䓖、白术、狗脊、萆薢、牛膝、白芷(各一两)、薏苡仁、葛根、杏仁(去皮尖两升)、人参、羌活(各二两)、麻黄(四两去节)、生姜(伍两切)、桂心、石膏(各三两碎)。	中风。	防风汤
18		羌活(参两)、茯神、薏苡仁(用羌活去薏仁)、防风(各一两)	中风。	羌活饮治风方
19		白蔹、干姜、薏苡仁、酸枣、牛膝、桂心、芍药、车前子、甘草(炙一升)、附子(三枚炮去皮)。	中风痿僻、拘挛,不可屈伸。	白蔹汤

序号	典籍书名	方剂配伍	治疗病症	方剂名
20	《万氏秘传外科心法》清·万密斋	黄连(酒炒)、麦冬、栀子(童便炒)、诃子(去壳,麦面煨)、薏苡仁、淡竹叶(三十片为引)。	治声音嘶哑。	五味麦冬养音汤
21		白连子、人参、白术、益智仁(去壳)、黄、薏苡仁。	治好睡。	六味益气清身汤
22		羌活、荆芥、连翘、黄柏(酒炒)、生地(酒洗)、白芷、麦冬(去心)、乳香、没药、薏苡仁、当归(酒洗)、二花(酒炒)。竹叶为引。	治痛甚。	十二味清肌快膈汤
23	《儒门事亲》金·张从正	桔梗30克、甘草60克、薏苡仁90克。	治痰湿咳嗽。	薏苡仁汤
24	《外科正宗》明·陈实功	薏苡仁、瓜蒌仁各9克、牡丹皮、桃仁(去皮、尖)各6克、白芍3克。	清热散结,活血消肿。治肠痈腹中疼痛,或胀满不食,小便涩滞。	薏苡仁汤
25	《普济方》明·朱橚、滕硕、刘醇	薏苡仁2两、白术2两、茯苓一两、麦门冬一两(去心)、桂心半两、熟地黄二两(切,焙)、甘草半两(炙紫色)、厚朴一两(姜制,焙干)。	伤寒。	薏苡仁汤
26	《医宗金鉴》清·吴谦	赤小豆、薏苡仁、防己、甘草各等分。	清化湿热,解毒排脓。主胃痈、大小肠痈,脓已成,脉洪数者。	赤豆薏苡仁汤
27	《备急千金要方》唐·孙思邈	白蔹1升、薏苡仁1升、芍药1升、桂心1升、牛膝1升、酸枣仁1升、干姜1升、甘草1升、附子3枚。	风拘挛,不可屈伸。	白蔹薏苡汤
28	《温病条辨》清·吴瑭(鞠通)	薏苡15克、竹叶9克、飞滑石15克、白蔻仁4.5克、连翘9克、茯苓块15克、白通草4.5克。	湿温。湿郁经脉,身热疼痛,汗多自利,胸腹白疹。	薏苡竹叶散
29	《幼科发挥》明·万全	人参、白术、白茯、山药、薏仁米、芡实、莲肉、甘草、陈皮、山楂、麦芽、砂仁、黄连、泽泻、芍药、连翘上为末。	治脾胃虚弱	十六味肥儿丸
30	《喉科指掌》清·张宗良	荆芥穗三钱、薄荷(要二刀香者妙)三钱、炒僵蚕、桔梗、生粉草、防风各二钱、小生地(二钱)、滑石(三钱)、淡竹叶(一钱)、薏仁米(一钱五分)、猪苓(一钱五分)、泽泻(一钱)、车前(一钱)、甘草梢(一钱)。	烂边舌、口唇牙肉烂肿	六味加汤

以上罗列出的仅是有关薏仁米方剂其中的一小部分，但从中不难看出，薏仁米作为君药，尽职发挥着利水渗湿、健脾止泻、除痹、排脓、解毒散结之功效，作为臣药、佐药，全力助攻所属方剂发挥清利湿热、软坚散结、息风止痉、健脾祛湿等功效。薏仁米作为一味中药其药历史源远流长，其背景精深宏大，这直接成就了现代薏仁米药文化的发展，基于薏仁米药效功能的研发一直在不间断地持续着，从种植品种、种植技术上提高薏仁米内涵物质，从精深加工技术上不断创新以获得更多有效的薏仁米功效产品。现已开发出并已投产的薏仁米注射液、薏仁米精油、薏仁米胶囊等医药、保健用品就已充分说明，薏仁米作为一味古老的食药同源之品，以其药理药性激发并引领着现代薏仁米药文化的发展。

二 薏仁米食文化及养生文化的发展

综上所论述种种，可充分断定薏仁米在我国的食用和种植历史已达上千年，而具体时间有可能较之更甚。不仅如此，薏仁米还是小杂粮中的大宗产品，是同时被南北方人民所共同认知、喜爱并种植和食用的谷物之一。其认知、喜爱程度及食用方式较之其他谷物基本无差异，这无异于为薏仁米食文化的发展奠定了一个无障碍的自然基础。要讲食文化，势必就要谈养生，特别是在当下，在医疗技术和科学技术不断提高的背景下，人类的生活质量和生命线都在一定程度上被优化和延长，养生在成为全人类所追求的延年益寿和美容保健的一种生活态度和生活方式。而作为一个文明古国，对美食的追求、对食材的知尽善用早已镌刻进每一个中国人的基因里。所以既作食又可补的食药同源的各种食材自然而然成为人们的新宠，尤其是在信息技术爆炸式发展的当下，人们接收和传播信息速度之快，途径之广泛，各类养生食疗菜谱传播迅速。薏仁米，色白、味轻、性平，还兼具利水渗湿、健脾止泻、除痹、排脓、解毒散结之功效，且宜烹饪，是不可多得的上佳菜品和养生上品。

而有关薏仁米的食疗菜谱纷繁复杂，很难进行全面的统计，有古有今，不过这正好有力证明了薏仁米在其食疗界的地位，也清楚彰显出薏仁米食文化及养生文化欣欣向荣的发展状态。

【白菜薏米粥】小白菜 500g、薏苡仁 60g，先将薏苡仁煮成稀粥，再加入切好洗净的小白菜，煮二三沸，待白菜熟即成，不可久煮。食时不加盐或少加盐，每日 2 次。能健脾利水，用于治疗水湿困脾，全身浮肿，四肢疲倦，胃纳不佳，小便短少等症。【薏米绿豆炖大肠】薏米 3g、绿豆 5g、猪大肠 25g，将大肠洗净，绿豆、薏米用水浸泡，然后入大肠内并加少许水（以便煮发绿豆、薏米），肠两端用线扎紧，用砂锅加水炖烂后服食每天 1 次，连服 7～8 天。具清热利湿之功，可治疗湿热型痔疮、肛门坠胀灼痛、大便干结、小便短赤等症。【鲫鱼薏米羊肉汤】鲫鱼 100g、薏米 15g、羊肉 50～100g，将鲫鱼去鳞和内脏，羊肉切片，与薏米同煮汤后调味服食．每天或隔天 1 次，连服数天。能健脾燥湿，治疗脾为湿困的小儿厌食、面色发黄、疲乏懒动、口腻无味等症。【薏苡仁粥】薏苡仁 30g、糯米 30g，将薏苡仁和糯米加水煮成粥，空腹食用，每日 1 次。可补脾益胃、利湿消肿，治疗脚气水肿、筋脉挛急、酸麻无力、淋浊、妇女白带等。【嫩肤饮】薏苡仁 25g，蜂蜜适量，将薏苡仁研磨成粉末，装瓶待用。每次饭前半小时至 1 小时内，取10g 薏苡仁粉煎成茶饮，加适量蜂蜜调服，连续服用 6 个月，可使粗糙皮肤变得细腻，从而使容貌娇嫩。【薏苡仁饭】薏苡仁 30g，将薏苡仁淘净，浸透心，蒸熟后食用，治疗脾虚食少、水肿、风湿痹痛、屈伸不利、消渴等。【薏米炖猪蹄】薏苡仁 5g、猪蹄 2 个，将猪蹄刮洗干净，与薏苡仁同炖至熟后食用。治疗风湿痹痛、脚气肿痛。【茯苓赤豆薏仁粥】白茯苓 20g、赤小豆 50g、薏苡仁 100g、白糖适量，将药材洗净，置锅内，按常法煮粥，用白糖调食，每日 1 次。能健脾和胃，治疗脾胃虚弱、倦怠、乏力、四肢消瘦、纳食不佳、终日困倦、饭后尤甚等。【薏仁面】薏苡仁 250g、面粉 500g，将薏苡仁研成细粉，与面粉、清水揉成面团，如做普通面条一样做成面条，取面条煮熟，调味后食用。可健脾利湿除痹。【牛肚薏仁粥】牛肚 1 个、薏苡仁 20g，按常法共煮成粥食用。能健脾除湿，治疗脾虚食少、乏力、便溏。【银豆汤】银花藤 15g、赤小豆 50g、薏苡仁 50g，将赤小豆、薏苡仁加水适量，煮至豆将熟，放入银花藤 15g（布包），继续煮至豆熟，去药包，调盐少许，饮汤食豆和薏仁。具清热除痹、通络止痛之功，治疗湿热痹、关节红肿热痛、屈伸不利。【薏苡仁冬瓜猪肉汤】薏苡仁 10g，扁豆 10g，陈皮 5g，冬瓜（连皮）500g，猪肉 400g，生姜适量。猪肉洗净切块、焯去血水备用。薏苡仁、扁豆、陈皮洗净，冬瓜（连皮）洗净切块，生姜切片。上述用料一同放入砂锅，加适量清水，大火煮沸，小火熬煮 1.5 小时，调入精盐即成。具有健脾祛湿的功效，适用于夏季暑湿的保健。【薏苡仁八宝粥】薏苡仁 10g，红枣 5 枚，白扁豆 10g，莲子肉 10g，核桃仁 10g，桂圆肉 10g，糯米 100g，红糖适量。上述用料洗净一同放入砂锅，加适量清水，大火煮沸，小火熬煮成粥，调入红糖即成。具有健脾开胃、益气养血的功效。适用于脾虚体质或脾胃虚弱、食纳不香、心烦失眠的人群食用。【薏苡仁车前草饮】薏苡仁 10g，车前草 15g（鲜品 30g）。上 2 味洗净，放入砂锅，加适量清水，大火煮沸，小火熬煮 20 分钟，去渣留汁，当茶饮用。适用于夏季湿热腹泻、泌尿系感染等人群食用。【珠玉二宝粥】薏苡仁、山药各 60g，捣为粗末，加水煮至烂熟，再将柿霜饼 25g，切碎，调入溶化，随意服食。源于《衷中参西录》。山药、薏苡仁均为清补脾肺之药；柿霜饼为柿霜熬成，可润肺益脾。用于脾肺阴虚，饮食懒进，虚热劳嗽。【薏苡仁粥】薏苡仁研为粗末，与粳米等分。加水煮成稀粥，每日 1~2 次，连服数日。源于《本草纲目》。本方用薏苡仁煮粥食以补脾除湿。用于脾虚水肿，或风湿痹痛、四肢拘挛等。【郁李苡仁饭】郁李仁 60g，研烂，用水滤取药汁；薏苡仁 200g，用郁李仁汁煮成饭。分 2 次食。源于《独行方》。本方能利水消肿，郁李仁与薏苡仁功效相似，其味微苦不甚适口，故仅取汁用。用于水肿、小便不利、喘息胸满等。【薏苡瓜瓣桃仁汤】薏苡仁 15g，冬瓜子 30g，桃仁 10g，牡丹皮 6g。加水煎服。源于《千金要方》。薏苡仁与冬瓜子配用，能清热利湿，排脓；桃仁、牡丹皮配用，能活血化瘀。用于肠痈拘挛腹痛，右下腹可触及肿块，大便秘结，小便短赤等。牡丹皮味苦浊，可另用金银花、蒲公英之类清热解毒药。【薏苡菱角半枝莲汤】薏苡仁、菱角、半枝莲各 30g。加水煎汤，分 2 次服。对肿瘤有一定抑制作用，其中以半枝莲一药作用较明显。可用于胃癌、宫颈癌等。【薏苡仁汤】薏苡仁60g，紫草6g。加水煎汤。分2次服，连服2~4周。治青年性扁平疣、寻常性赘疣有一定疗效。【香菇薏米饭】粳米250g、生薏米50g、香菇50g、油豆腐3块、青豆半小碗、油、盐各适量。取薏米、香菇先浸泡。香菇、油豆腐切成小块。将粳米、薏米、香菇、油豆腐、香菇等加入盆中混匀，加油盐调味，撒上清豆上笼蒸熟即可。三餐做主食用，连服15天。健脾利湿、理气化痰。适用于肝癌患者常用食物。【菱角薏米茶】菱角60g、薏米30g、绿茶1g。菱角、薏米加水煎沸30分钟，趁热加入绿茶拌匀即成。每日一剂，分3次服饮。清热，解毒，消肿，止血。【山药薏米红枣花生衣粥】薏米50g、山药50g、红枣10g，另加花生衣10g。将山药、薏米、无核红枣、花生衣四种原料淘洗干净、晒干打碎成粉，熬成稀粥。山药味甘、性平，归脾、肺、肾经；能补脾养胃，生津益肺，补肾涩精。此粥适合肝病脾虚湿盛、大便不成形兼有血小板低下的病人服用。每天早餐服食一次，每周不低于五次，连续两月。

综上，薏仁米这一味中国传统特色食药佳品，历史悠久、开发价值高，最主要的是其在大众心目中和生活中具有很高的认知度，这使得其无论是在药文化、食文化还是养生文化方面的发展都成为必然。越是必然越是有迹可循，薏仁米分别在药文化、食文化和养生文化方面所呈现出的各自相应的研究结果、政策法规、公共宣传都清晰表明了薏仁米发展脉络和发展方向。有了发展方向就清晰了目标，产品与市场便成为薏仁米文化产业发展的最终端。薏仁米领域的各界人士也不遗余力地做着研发、创新和质保的工作。所有环节都相辅相成，悠久的历史、弘大的背景、持续不断的创新、民众的高度认知、符合市场的需求，共同助推动薏仁米文化产业的发展，打造出一个坚实有力的国家品牌、民族品牌。

B.9
国际杂粮文化与薏仁米产业发展研究报告

付瑜华　刘凡值*

摘　要： 杂粮养育了人类数十万年，人类文明的发展形成了世界杂粮文化。近年来，作为保健粮食、饲料和工业加工原料，杂粮的全球消费量和国际交易量均持续上升，国际杂粮产业呈现为总体供不应求，具有很大的市场发展潜力。薏仁米是我国特色杂粮之一，薏仁米产业发展迅速，当前其产销矛盾不是总量不足，而是结构性矛盾，薏仁米产业发展方向应从追求高产转向追求品质和绿色可持续发展，生产质量稳定、附加值高的产品，并充分发挥其药食同源优势，体现其在消费者膳食结构调整方面的作用，进一步提高我国薏仁米品牌在国际上的知名度。

关键词： 杂粮文化　杂粮产业　薏仁米产业

　　杂粮，是针对主粮而言，泛指除水稻、小麦、玉米和大豆以外的小宗粮豆作物及部分薯类。虽冠之以"杂"，却实为丰富多样之意。在人类漫长的历史长河中，杂粮在繁衍人类、创造人类文明中起到重要的作用，同时，逐渐形成了世界杂粮文化和杂粮产业。本章通过结合世界杂粮文化与杂粮产业市场的发展趋势，分析薏仁米产业现状及发展趋势。

---

* 付瑜华，博士，贵州省农业科学院亚热带作物研究所副研究员。刘凡值，贵州省农业科学院亚热带作物研究所研究员。

一　世界杂粮文化

杂粮作为人类饮食不可缺少的组成部分，在人类文明的形成和发展过程中，一直扮演着重要角色。杂粮文化的发展同人类历史发展紧密结合在一起，体现着各国民族文化。科学家在位于莫桑比克西北部的山洞深处发现了数十万年前的石器工具，在石器工具上观察到高粱的痕迹，说明杂粮孕育了人类几十万年。公元前5000年左右，古埃及人民利用定期泛滥的尼罗河水种植大麦、高粱和小麦等农作物，大力发展农业，孕育了灿烂的古埃及文明。后来，非洲同北美洲的奴隶贸易将包括高粱在内的很多非洲生产的谷物带到北美洲。在一万年前的西亚及非洲东北部肥沃的新月地区，大麦被人们发现并驯化，随后逐步向中亚、东亚、欧洲和非洲传播。公元前10500年，燕麦被视为美索不达米亚地区大麦和小麦田地中的野草，直到公元前7000年才开始被人类栽培耕作。古希腊人首先用燕麦做成了粥，并成为古希腊人的主食之一。谷子是产于中国黄河流域的古老作物，经野生狗尾草驯化、培育而成，后传播到中亚、南亚和欧洲。古时人类能将野生杂草培育为杂粮，是人类文明的伟大创举。豆类也是人类较早就开始进行栽培种植的作物，泰国早在9000年前就将豆类作为食物食用，古埃及会将豆子放在国王的坟墓中，作为死者的食物和来世的灵魂。4000年前，爱琴海、伊比利亚和欧洲阿尔卑斯山区域发现了栽培的蚕豆，秘鲁也发现了豆类的栽培种植，说明当时豆类几乎已经分布在世界的多个地区，并且成为早期人们的主食之一。第一批殖民者到达新大陆时，美洲原住民教他们用玉米种植豆类，使豆类植物依附玉米秆生长。杂粮的驯化栽培，证明了人类智慧潜能，而哥伦布发现新大陆、阿拉伯人的商业活动、奴隶贸易和丝绸之路等人类历史活动促进了杂粮在世界不同地区的交流和传播，而随着人类文明的发展进步，杂粮也早已不是最初人类赖以生存的主食，除了一些不发达地区外，杂粮如今更多成为保健食品、动物饲料和加工原料。

中国是世界文明发源地之一，中国人自古就重视农业生产，饮食上重食粮轻食肉，杂粮从新石器时代就开始养育了中华儿女。黍和稷由于抗逆性强，是中国最古老的农作物，《诗经》中"硕鼠硕鼠，无食我黍"和"彼黍离离，彼稷之苗"的诗句均反映出黍和稷是当时的主粮。春秋战国时期，百姓的主食扩展为以稷、黍、稻、麦、菽为代表的谷类，俗称"五谷"，中国南北方和不同历史著作对"五谷"解释略有差异，但现今"五谷"的概念更为广泛，泛指各种主食食粮或者是粮食总称。水稻和小麦在明代以后被广泛种植，成为百姓主粮，在此之前，五谷等谷类作物养活了无数代中国人，也促进了华夏文明的发展。稷又称粟，即现在的谷子，为五谷之首，《诗经》、《吕氏春秋》、《周礼》和《氾胜之书》均有关于粟良种选育的记载，是中国最早的作物育种，《齐民要术》记录了优良粟资源、分类和栽培技术。据不完全统计，我国现存关于粟的诗词、典故、成语和礼俗等多达500余条，涉及粟的食用方法和食品有200多个。中国近代，中国共产党通过"小米＋步枪"和"红米饭，南瓜汤"的艰苦奋斗精神取得了革命的胜利，建立了新中国，显示了杂粮在中国变革中发挥了重要作用。现代中国百姓追求健康的饮食和生活方式，养生理念逐渐增强。早在我国古医书《黄帝内经》中就提到有"五谷为养，五果为助，五畜为益，五菜为充"的均衡饮食和调养原则，《本草纲目》探索和记载了谷类作物的药用功效，因此，杂粮在提倡多样化、优质化和健康化的现代饮食结构中，具有不可或缺的地位，杂粮文化在中华饮食文化的发展中必将得到进一步的开发和升华。

薏仁米是亚洲一种古老的作物。Lim 认为印度在 3000～4000 年前开始了薏仁米的栽培种植，中国是在 2000 年前开始栽培薏仁米，但在中国浙江余姚河姆渡遗址的考古中发现，薏仁米在中国应该有至少 6000 年的栽培驯化史，并形成薏苡文化，随后才发展出了华夏文明重要内容之一的粟文化。通过对中国古老文字甲骨文的解读，甲骨文"以"的繁体字即为薏苡野生种形态，而且薏仁米在中国夏商时代不仅作为粥饭食用，还被用做酿酒，更有意思的是，《史记·夏本纪》、《吴越春秋·越王无余外传》、《论衡·奇怪篇》和《今本竹书纪年》等中国古老文献中均记载有大禹母亲修己因吞食薏苡而怀孕生下大禹的传说，因此，薏苡种子又称为神珠，而薏苡不仅是夏族的图腾，也作为耕作作物，促进了夏朝的农业发展和生产工具的发明使用。薏仁米的保健和药用功效最早记录在《神农本草经》中，称其"久服轻身益气。其根下三虫，一名解蠚"。《本草纲目》也以上品录之，评价薏苡仁为阳明药，具有健脾益胃、补肺清热、消水肿和杀蛔虫等功效。中国很多古医书中均记载了诸多同薏仁米和薏苡根相关的方剂和药膳食谱，说明薏仁米在中国具有很高的药用地位，是传统的药食兼用佳品。薏仁米从中国传到日本和韩国后，均被视为珍贵的保健滋补品，因薏仁米营养价值高且较为全面，欧洲称其为"生命健康之禾"。科技的发展使薏仁米中越来越多的药用和功能性成分得到鉴定，出现了以薏苡仁油为主要成分的抗肿瘤注射液，色香味俱佳且具有功能作用的保健酒及深受爱美人士喜欢的美容护肤品。随着人类文明的不断进步，薏仁米的养生和药用价值必将受到更多关注和重视，发展出更丰富的科学饮食搭配，开发出更多保健品、护肤品和处方药（剂）。

二 杂粮产业发展趋势

根据国家粮油信息中心公布的世界粮油供需状况月报中的信息，联合国粮农组织 2019 年 2 月份预计 2018～2019 年全球粗粮产量为 13.69 亿吨，消费量为 14.06 亿吨，其中饲用消费量创下 7.86 亿吨的历史新高，美国、墨西哥和中国是粗粮饲用消费量增幅最大的国家。世界银行数据显示，1961～2017 年，全球杂粮的产量整体呈现上升趋势，2017 年，全球谷物（Cereal）生产量最大的五个国家分别是中国（6.18 亿吨），美国（4.40 亿吨），印度（3.14 亿吨），俄罗斯（1.31 亿吨）和巴西（1.18 亿吨）。美国农业部外国农业服务数据表明（见图 1、表 1），自 2015～2016 年度至今，世界杂粮（Coarse Grain）产量和消费量虽有浮动，但整体均为上升趋势，且供需方面表现为供不应求，全球贸易量持续上升。表 1 显示，全球最大杂粮出口国为美国、阿根廷、巴西、乌克兰和俄罗斯，虽然表中并无中国出口杂粮数据，但据国内相关文献报道，杂粮一直是中国传统出口商品，尤其是红豆、绿豆、荞麦和芸豆均是重要的出口农产品。欧盟、墨西哥、日本、中国和沙特阿拉伯是世界杂粮进口量最大的五个国家。而且，近年来杂粮年进口量上千万吨的 9 个国家的杂粮进口量均呈现上升趋势。

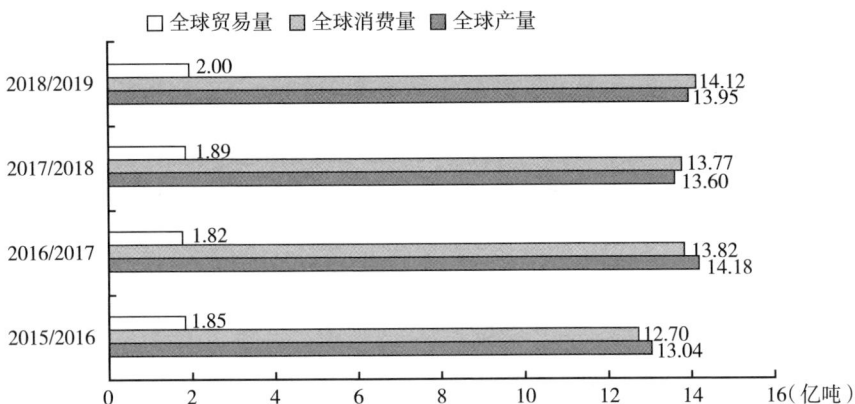

图 1 世界杂粮（Coarse Grain）产量、消费量和贸易量

表 1 世界杂粮（Coarse Grain）贸易情况

单位：百万吨

出口国（地区）	2015/2016	2016/2017	2017/2018	2018/2019
美　　国	59.230	61.788	68.734	57.435
阿　根　廷	25.291	26.105	27.096	33.205
巴　　西	35.415	19.797	25.147	33.045
乌　克　兰	21.456	26.868	21.392	33.925
俄　罗　斯	8.465	9.258	11.379	8.200
欧　　盟	10.979	8.192	7.828	7.855
进口国（地区）	2015/2016	2016/2017	2017/2018	2018/2019
欧　　盟	14.490	15.633	19.323	25.015
墨　西　哥	14.827	15.283	16.396	18.110

进口国（地区）	2015/2016	2016/2017	2017/2018	2018/2019
日　　本	17.073	17.000	17.580	17.270
中　　国	17.499	16.055	16.425	12.350
沙特阿拉伯	13.992	11.825	11.692	12.610
伊　　朗	8.300	10.000	11.600	12.500
越　　南	8.179	8.661	9.577	10.325
韩　　国	10.213	9.308	10.192	10.340
埃　　及	8.795	8.795	9.541	9.730

　　国际杂粮贸易和消费量的持续上涨显示了国际杂粮市场的大好形势。国际杂粮贸易中，杂粮作为饲料用粮占据了很大的比例，作为食用和工业用粮的比重虽然不大，但均发展迅速。随着全球经济的迅猛发展，世界人民健康意识和生活水平提高，对生活品质和消费行业需求增大，必将会提升全球杂粮食用和工业用粮在国际杂粮贸易中的比重。

　　中国是名副其实的"世界杂粮王国"，不仅是世界杂粮生产大国和消费大国，而且杂粮资源多样丰富，部分杂粮产量在世界上名列前茅，如谷子种植面积和产量均为世界第一，蚕豆为世界生产量的1/2，小豆和绿豆的产量占世界产量的1/3。随着国家农业供给侧结构性改革的实施和人们健康意识的提升，国内杂粮产业近年来得到迅速发展，杂粮产业发展潜力巨大，因为杂粮生产具有地域性，未来杂粮产业的发展应结合地域和资源优势，利用当地的农业资源成果，因地制宜进行杂粮生产，建立农业品牌，同时，突出杂粮的营养保健功效，形成营养指导消费、消费引导生产的理念，促进杂粮和主粮的协调发展。另外，中国是国际杂粮贸易中重要的进出口国家之一，杂粮出口目前存在产品质量不稳定、产品附加值低、包装简单和品牌意识不强的问题，因此，出口杂粮应按照国际化的农产品质量体系要求进行生产，保证产品质量，企业应大胆从单纯的生产向深加工转型升级，生产高附加值的杂粮产品，并增强跨国合作意识，同"一带一路"沿线和周边国家及地区加强合作，开展农业企业跨国经营。

三　薏仁米产业现状及发展趋势

我国薏仁米种植面积 100 万亩左右，主要分布在贵州、云南、广西和福建等地区。目前，薏仁米产业整体表现为种植面积和产量稳中有升，更多的生产区通过科技帮扶、培训和示范采用了先进的栽培技术和管理方法，企业生产绿色和有机薏仁米产品的意识明显加强，薏仁米加工产品多元化，区域品牌正在形成和提升。但是，薏仁米产业存在的问题也较为明显。首先，薏苡仁米作为我国古老的药食兼用作物，具有很多地域性强、品质优的品种。原国家工商渠道、原国家质检渠道和国家农业部登记保护了"兴仁薏仁米"、"宁化薏米"和"浦城薏米"等国家地理标志产品，但这些品牌知名度和影响力均未发挥明显优势，尤其是兴仁薏仁米，来自种植面积近乎全国薏苡生产面积 80% 以上的贵州省，其品牌影响力与自身处于薏仁米生产优势区的地位不符，市场营销能力有待加强。其次，科技研发水平较薄弱，需要更多科技力量的投入。薏仁米具有多种有益人体的健康功效已是公认事实，通过现代药理学和现代营养学研究，鉴定出薏仁米具有更多药效或功能性的成分，开发相关产品。另外，薏仁米产业的健康发展离不开每个生产环节的提质升级，多样化的产品要求从生产原料上实现不同用途或功效的良种选育，配套的科学生产管理方式和最优的生产加工技术，政府、企业和科研机构针对薏仁米产业关键性和共性的问题开展相关研究，解决产业发展瓶颈，是薏仁米产业可持续发展的有力保证。再者，中国是薏仁米出口国，我国的西南地区是东南亚地区薏仁米集散地，国际化的市场需要有力的市场监督机制和高效的流通服务体系，完善的薏仁米质量监管制度是产业健康发展的内在需求。

2017 年国务院办公厅印发的《关于加快推进农业供给侧结构性改革大力发展粮食产业经济的意见》（国办发〔2017〕78 号）文件中指出，将发展特色优质杂粮产品作为增加绿色优质粮油产品供给、大力促进主食产业化的重要支持方向。十九大报告中也指出必须坚持质量第一、效益优先，以供给侧结构性改革为主线，推动经济发展质量变革。中国作为世界薏仁米的主要生产国和集散地，国内薏仁米的生产基本可以满足国内人民的需求，加上薏仁米育种技术的不断提高和先进栽培管理技术的不断发展，我国薏仁米产销矛盾不是总量不足，而是结构性矛盾，薏仁米产业发展方向应从追求高产转向到追求品质和绿色可持续发展，主要包括以下几个方面。

（1）在以市场为导向的同时，充分发挥政府职能作用。各级地方政府部门应结合国家一系列的惠农政策，以农民根本利益为中心，深刻认识到薏仁米作为杂粮产业中的一部分对整个农业产业结构调整中的重要意义，清醒地看到发展薏仁米产业具有的巨大市场经济潜力，在各个薏仁米生产区做好产业布局，增加科技投入力度，为薏仁米产业的可持续发展保驾护航。

（2）我国薏仁米主要种植在气候多样性的云贵和广西及福建等省份，不同自然生态环境赋予了不同产地薏仁米独特的品质，结合当地饮食传统和地域文化，打造具有地域特色的优质产品和产业带。对现有已获得地理标志的薏仁米产品，可因地制宜结合当地农业文化遗产保护、美丽乡村建设和乡村旅游开发，加强宣传力度，打响品牌知名度，扩大市场影响，带动整个薏仁米产业链的发展。

（3）生活水平的提高、健康和保健意识的增强逐步改变了人们的饮食结构，杂粮和粗粮在日常饮食中的分量越来越重。人们在选择薏仁米产品的时候，更趋向于选择绿色或有机薏仁米，这就要求在良种选择上应使用抗逆、抗病、品质优的品种，栽培和管理过程中尽量使用环境友好型的投入，避免化肥和重金属的污染，采用绿色防控技术，在储藏、运输和加工过程中符合绿色和有机农产品生产的操作。另外，随着人们观念的改变，对薏仁米的营养功能研究和风险评估应成为其品质评价内容的一部分。以现代营养理念引导薏仁米加工和消费，逐步形成基于营养和保健需求为导向的薏仁米产业体系，促进生产、消费、营养和健康的协调发展。虽然目前国内外科学家对薏仁米及副产物中丰富的植物活性物质的种类和含量进行了研究，鉴定了部分功能活性物质的理化性质和活性，但要达到可以开发成保健食谱或相关产品还需更为深入的研究，这也是薏仁米深加工利用的尖端领域。

参考文献

Lim T. K. Edible Medicinal and Non-medicinal Plant：Volume 5，Fruits，2013.

胡平：《杂粮文明和杂粮文化》，《商业文化月刊》2004 年 9 月。

罗云云、杜伟锋、康显杰、赵金凯、应泽茜、杨柳、葛卫红：《薏苡仁历史应用概况及现代研究》，《中华中医药杂志》2018 年第 12 期。

沙敏、武拉平：《杂粮研究现状与趋势》，《农业展望》2015 年第 2 期。

杨栋：《神话与历史：大禹传说研究》，东北师范大学博士学位论文，2010。

赵晓明等：《薏苡》中国林业出版社，2000。

赵艳南：《大连杂粮加工贸易企业发展对策研究——基于杂粮加工出口示范区四企业的案例研究》，大连工业大学硕士论文，2018。

B.10
薏仁米质量文化与品牌文化研究报告

曾仁俊 *

摘 要： 薏仁米质量文化是薏仁米品牌文化的内在基础与核心内容，薏仁米品牌文化是薏仁米质量文化的重要积淀与属性延伸。薏仁米的质量文化不断推进薏仁米产地环境治理与改善、薏仁米种子质量建设、薏仁米产品品质提升、薏仁米生产加工技术提高、薏仁米标准体系进步与完善、薏仁米质量管理方式与质量管理制度的提高，薏仁米质量意识与质量观念的不断进步；薏仁米的品牌文化不断推动薏仁米产品质量内容丰富与扩大，无公害薏仁米产品、绿色食品薏仁米产品、有机薏仁米产品不断涌现，"三品一标"已经成为薏仁米品牌发展的一个重要方向，国内已逐渐出现并形成了多个较为知名的薏仁米产品品牌。薏仁米质量文化与品牌文化的共同构建、提升与发展，进一步推动了薏仁米产业快速健康稳定的发展。

关键词： 薏仁米产业 质量文化 品牌文化

质量是品牌的内在基础，品牌是质量的属性延伸。质量品质的提高是品牌建设的内在动力，品牌的建设与质量品质紧密联系。在薏仁米产业发展过程中，质量与品牌共同构成了薏仁米产业发展中不可缺少的两个重要元素。在现代市场经济激烈的竞争中，产业成败的关键取决于产品优质的质量与服

---

* 曾仁俊，贵州省地理标志研究中心助理研究员，研究方向为人文地理。

务以及品牌良好的知名度与美誉度。在竞争愈加激烈的商品经济中，消费者不仅依据产品质量与消费习惯购买产品，产品的市场美誉度与认知度、声誉、口碑均会影响消费倾向。因此，以"质量与品牌"为核心的产业发展路径，是我国薏仁米产业可持续性发展的必然选择。

一 薏仁米质量文化是薏仁米产业发展的核心

薏仁米质量文化是薏仁米产业的核心和重要内容，是薏仁米种植者、加工者、销售者和管理者围绕薏仁米质量提高所做出的所有质量行为的体现，综合反映了薏仁米从生产到消费的价值取向与利益，综合了薏仁米质量管理宗旨、思想、理念、精神与价值观，是产业相关企业崇尚质量、以质取胜、满足顾客对质量要求的精神源泉。

薏仁米质量文化包含了三个层面的重要内容。薏仁米物质层面的文化是薏仁米企业必须具备的质量基础，主要包括薏仁米生产环境、管理环境、种植技术、加工技术以及相关基础设施及设备等。薏仁米制度行为方面的文化主要是在物质基础上，薏仁米企业和监管者针对薏仁米质量所采取的质量管理方式和行业之间为了促进产业发展和质量提高所建立的联合机制及制度与规章等，主要包括薏仁米标准化和规范化质量的体系建设、行业规范行为准则、协会约束机制、相关薏仁米制度政策等。薏仁米精神层面的文化主要是指整个行业生产者、加工者、管理者、销售者和消费者具有关于薏仁米的质量意识、质量观念、质量底线。

（一）薏仁米产地环境质量治理与建设

产地环境质量是薏仁米产业之基，中国薏仁米产业发展对产地环境质量的要求已经进入一个全新认识、整体评估、综合利用的时期。首先，薏仁米产品产地环境评价与控制，包括产地环境质量评价、产地环境质量与农产品安全关系、有害物质污染机制及控制、产地环境污染的修复和整治、产地环境与地理信息系统及预警技术等。综合薏仁米产区土壤理化性状，水分地质特征，大气环境质量信息，以及工业与农事活动（农药、化肥使用，工业"三废"等）、产地环境、农产品安全性的关系，需要重新建立薏仁米产品产地环境质量评价系统。其次，全面认识和调整薏仁米产地环境质量与产品质量安全的关系。第一，筛选薏仁米种质资源与产地环境，对不同地区薏仁米质量安全与产地环境的污染物吸取、富集，有毒有害物质污染途径，重要农产品产地环境污染的安全阈值进行分析研究与控制。第二，建立薏仁米产区地理信息系统和预警技术，建立薏仁米产地环境质量的数据库构建，分析产地环境质量的时空演变与预测预警技术，分析产地环境质量管理信息系统和农产品质量安全生产咨询的决策系统。这一方面，中国薏仁米的核心产区黔西南州率先开始了薏仁米产业发展的整体统筹，从产地环境规划、土地资源评价与利用、种质资源保护建设、绿色食品基地申报筹建、标准体系制定、有机产品种植、品牌建设等方面，走在了全国前列。

（二）薏仁米生产加工技术的提高与进步

随着薏仁米产业的快速发展，薏仁米种植技术、生产加工技术，以及营养成分和药用成分的提取技术不断精进。新技术的发展直接影响着产品质量的好坏以及新产品的形成，进而对产业的发展起着决定性的影响与作用。技术只有不断更新，产品质量才能得到保障，而新产品也才能不断研发，产业才能持续发展。

在种植技术方面，薏仁米的种植技术不断改进，薏仁米种植标准化不断建立。通过相关薏仁米产地环境标准、薏苡种质资源描述规范、薏仁米病虫害防治、薏仁米标准化种植生产规程、薏仁米繁育良种技术等，薏仁米的种植技术得到进一步的提高与改善，不断推进了我国多个区域的薏仁米产业向标准化种植方向快速发展。在生产加工技术方面，薏仁米的生产工艺不断改进，不断发展。薏仁米烘干工艺也由传统的煤火烘干改进为数控烘干塔烘干，数字烘干塔可以有效避免传统煤火烘干带来的硫渗入问题。过去薏仁米灭菌方式通常采用毒气蒸杀虫方式，毒气蒸杀灭菌方式不仅造成空气污染，对薏仁米产品品质造成不同程度的影响，若有操作不当还容易造成生产事故。薏仁米抛光工艺是困扰薏仁米生产加工的一大难题，目前有部分企业已引进研发于日本的碾磨抛光设备，集抛光、碾磨、分级、色选与配米为一体，是全程式自动化机械。此外，还有无水抛光的设备逐渐出现在薏仁米加工企业中，其加工过程中减少了水洗过程。干洗设备加工出来的薏仁米不仅可以延长保质期，也具有一定的环保作用。在营养成分与药用成分的提取技术方面，目前，薏仁米营养成分的提取主要集中于对薏仁米多糖、薏苡仁酯、薏苡仁油、薏仁米蛋白、氨基酸、脂肪、碳水化合物、食物纤维、微量元素和维生素等方面。而现阶段薏仁米营养成分的提取技术主要有超声波辅助提取技术、碱法和盐法提取技术以及高效液相色谱分析技术。在薏仁米的药用成分提取技术方面，其微波提取法、Folin-Ciocalteu 比色法及硼氢化钠/氯醌（SBC）比色法并用酶标仪测定其多酚和黄酮含量、微波辅助酶解法、火焰原子吸收光谱法等技术较为常用。

（三）薏仁米相关标准的建设与完善

在薏仁米的地方标准建设方面，目前为止我国发布的薏仁米地方标准主要有：贵州省地方标准《DB52/T 1072 – 2015 薏苡仁米（粉）》、《DB52/T 1068 – 2015 贵州薏苡栽培技术规程》、《DB52/T 1067 – 2015 地理标志产品兴仁薏（苡）仁米》，浙江省地方标准《DB33/T 858 – 2012 薏苡种植技术规程》，福建省地方标准《DB35/T 942 – 2009 地理标志产品浦城薏米》。这些标准的发布都为当地的薏仁米产业发展发挥了强有力的推动作用，为产业的发展做出巨大的贡献。

在薏仁米的行业标准建设方面，薏仁米的行业标准截至目前已发布实施有两项，且都为农业部发布的推荐性农业标准，分别是 2014 年 6 月 1 日实施的《NY/T 2572 – 2014 植物新品种特异性、一致性和稳定性测试指南薏苡》和 2017 年 4 月 1 日实施的《NY/T 2977 – 2016 绿色食品薏仁及薏仁粉》，两个标准包括薏仁米产品质量、种质资源这两方面内容，还未涉及有关薏仁米病虫害、采收、栽培、销售、储运、加工等环节。

在薏仁米的团体标准建设方面，目前全国的薏仁米团体标准相对不太多，主要是贵州省地理标志研究会发布的关于兴仁薏仁米从"良种繁育、病虫害绿色防控、种质资源描述、产地环境、米加工技术、面条加工技术、采收以及到包装与贮运"的各项标准，基本涵盖了薏仁米从种植、采收、加工到贮运的各个技术环节，形成了一个较为完善标准体系。该团体标准承诺书中包含了兴仁当地30家薏仁米生产企业，这证明了该标准体系获得了当地的大多数薏仁米企业的认可，各方企业遵照该标准体系生产薏仁米保证产量及效益的同时，也形成抱团发展的趋势，十分有利于兴仁薏仁米这一区域性品牌的打造，增强了兴仁薏仁米在全国薏仁米市场的品牌竞争力，推进了当地经济的提质增效升级。

在薏仁米的企业标准建设方面，据不完全统计，我国现有薏仁米相关的企业有近千家，这些企业有专门从事薏仁米种子销售、种植、加工或产品销售的，也有集产、供、销于一体的龙头企业，根据在国家企业标准信息公共服务平台的查询，可查询到36项关于薏仁米的相关企业标准，均为薏仁米的相关产品标准，包含了我国34个省级行政区中12个省份及2个直辖市。当然这些标准还只是在国家企业标准信息公共服务平台上可查询的有关薏仁米的企业标准，还有大量的企业并没有将他们的企业标准上传至该平台，而且除了薏仁米的产品外，这些企业还有大量的生产操作标准以及工作标准、管理标准，基于全国有近千家的薏仁米相关企业的基础，企业标准保守估计也应该在400余项左右。这些企业标准为以后制定薏仁米国家标准，完善行业标准及地方标准奠定了数据基础。

（四）薏仁米质量管理制度与相关政策措施的完善

在我国经济高速发展的过程中，市场在资源配置中起着基础性作用，然而由于市场调节自发性等特点，政府作用必须得到充分发挥，通过拟定有关政策措施与发展计划等以支持、引导与管理各个地方的经济快速发展。为实现发展壮大薏仁米产业的目标，各主要薏仁米产区的地方政府以促进区域发展为动力，制定了一系列保护薏仁米产品的管理制度、规划、政策及意见，薏仁米质量管理的相关制度及政策内容体系在各个地方政府的努力下日益完善。

2002 年，卫生部根据《中华人民共和国食品卫生法》印发了包括 87 种物品的既是食品又是药品的物品名单。其中，薏苡仁被列入该次所发布的 87 种药食同源物品名单内。2012 年，湖北省蕲春县人民政府下发了《关于拟界定蕲春薏苡仁地理标志产品保护范围的函》，以地域范围的划定进一步保护蕲春薏苡仁产品质量。黔西南州人民政府于 2014 年发布《黔西南州"十二五"薏苡发展规划》，贵州省人民政府于 2015 年发布"关于加快发展贵州特色优势农业产业的部署要求"，提出提升市场占有率与竞争力，做强做大贵州薏仁产业的要求，为此贵州省农委出台《贵州省薏仁产业提升三年行动计划（2015～2017 年)》。2016 年，兴仁县人民政府颁布《兴仁县"十三五"规划纲要》。同年，黔西南州农业委员会下发《关于建设中国（兴仁）薏仁生态试验区的建议》。2017 年 2 月，中央印发《国务院关于进一步促进贵州经济社会又好又快发展的若干意见》（国发〔2012〕2 号），要求贵州省"积极发展特色轻工业——做强做优特色食品工业，培育一批龙头企业，打造一批知名品牌"，"大力推进农业结构调整——积极调整农业种植结构，立足不同区域特色，因地制宜发展薏苡、苦荞、芸豆、芭蕉芋等小杂粮、实施山地高效立体农业工程"。2017 年，兴仁县人民政府办公室印发《兴仁县创建"兴仁薏仁米"贵州省地理标志产品保护示范区工作方案》，文件指出进一步提升兴仁薏仁米的品牌影响力和附加值，促进山地农业发展，助力农民脱贫致富。

（五）薏仁米质量意识与质量观念的不断提升

在现代日益激烈的市场竞争中，把不断提高薏仁米的质量作为一种主动的精神追求，是薏仁米质量文化的核心和最高境界。质量，是产业发展的核心内容。随着薏仁米产业的快速发展与市场竞争的不断激烈，人们对好产品的需求不断提高，人们越来越重视产品的质量以及产品的质量安全。而提高质量意识与质量观念，就是要提高每一个种植者、生产者、加工者以及管理者的质量意识与质量观念，让种植者严格按照已有的种植规程与种植标准进行栽培与种植，让生产者与加工者严格按照已制定的生产技术规程严格把控每一生产环节，把好产品质量关，让管理者将质量管理深入骨髓，强化质量管理制度与质量管理方式。

二　薏仁米品牌文化是薏仁米产业发展的灵魂

品牌代表着良好的声誉和优质的品质与服务，是企业一切无形资产总和的全息浓缩。在现代日益激烈的市场经济中，作为一种商品综合品质的体现和代表，品牌已成为企业在生存发展过程中重要的符号象征与价值体现。针对各类商品林立、产品多样化且同质化并难以区别的现象来说，企业之间的竞争往往表现为品牌的竞争，品牌已逐渐成为一个企业在市场上取胜的重要砝码。一般来说，拥有着优质品牌的产品，在市场上易获得消费者的认可与信赖，增加消费者对企业产品的忠诚度、认可度与美誉度。

薏仁米品牌文化是薏仁米质量文化的重要积淀与属性延伸，是薏仁米产业发展的重要助推器。在薏仁米产业发展过程中，围绕着薏仁米产品生产、加工、销售、企业行为以及产品质量与服务等一系列内容，所在市场上形成的独特品牌形象和品牌地位，以及通过某种物质形态或品牌的传播符号向消费者传递产品质量与服务的行为，在市场营销与传播过程中所形成的薏仁米品牌意识形态和价值观念等，都属于薏仁米品牌文化的范畴。

（一）我国知名的薏仁米产品品牌

从全国薏仁米的种植分布来看，我国薏仁米的主产地主要集中在南方的贵州、云南、广西、福建、四川、湖南、广东、湖北、江苏、江西等省份，北方主要集中在河北、河南、辽宁、黑龙江等省份。经过多年的发展与培育，我国现已逐渐出现并形成了一些较为知名的薏仁米品牌。如："兴仁薏仁米"、"师宗薏仁米"、"蒲城薏仁米"、"西林薏仁米"、"金沙薏米"、"宁化薏米"、"西林薏米"、"晴隆糯薏仁"、"泗流山薏苡仁"、"蕲春薏苡仁"、"酉阳薏米"、"祁薏米"等。

表1 我国主要的薏仁米产品品牌

产区	品牌名称	产区	品牌名称
贵州兴仁县	"兴仁薏仁米"	福建仙游县	"金沙薏米"
贵州晴隆县	"晴隆糯薏仁"	福建宁化县	"宁化薏米"
云南师宗县	"师宗薏仁米"	广西西林县	"西林薏米"
福建蒲城县	"蒲城薏米"	河北保定安国	祁薏米
湖北蕲春县	"泗流山薏苡仁"	重庆酉阳县	"酉阳薏米"
湖北蕲春县	"蕲春薏苡仁"		

（二）薏仁米品牌价值评估与建设

品牌价值建设是现代农业产业发展重要的一个环节，深刻影响着特色产品在市场的发展速度。近年来，国内形成两个重要的品牌价值评估阵营，一个是浙江大学CARD中国农业品牌研究中心，以联合评估的形式开展农业品牌价值评估，每年底在杭州发布全国特色产品100名品牌价值。另一个是中国品牌促进会，通过国家质检总局推进品牌价值评估，每年在国内主要城市举行区域公共品牌价值评估和地理标志产品品牌价值评估发布会。2018年5月，中国品牌促进会在上海举办全国100个地理标志产品品牌价值评估发布会，兴仁薏仁米位列第19名。

目前针对农产品品牌价值评估的内容主要包括：A品牌影响力评估（包括：种植历史、加工历史、近三年行业排名及取得荣誉、保护制度建设及成效）；B品牌市场表现评估（包括：国内市场占有率、近三年市场增长率、产品出口国家及数量）；C品牌产业规模评估（包括：近三年种植规模变化、地理标志保护前后的品牌及产业变动、从事薏仁米农户数量）；D品牌直接指标要素评估（包括：薏仁米大中小型企业数量情况、龙头企业情况、农民专业合作组织情况）；E品牌经济贡献评估（薏仁米经济在地理标志保护前后收入占区域同类产品经济收入的比重情况）；F品牌社会贡献评估（保护区域内就业人员数量、地理标志产品直接解决就业人员数量、地理标志产品带动区域内相关产业解决就业人员数量、薏仁米产业诚信体系建设情况）；G 薏仁米产业生态贡献评估（生态环境保护效果、取得的荣誉、传统种植技术与现代科技改造、无害化技术评估）；H 品牌相关的产业延伸（地理标志产品带动其他产业的形成及其业态发展、地理标志产品产业辐射范围评估）；I 兴仁薏仁米质量特色评估（产品感官指标与理化指标特点、产地品质特色控制与保护水平、质量市场管理抽查合格率、消费者质量满意度）；J 品牌保护制度评估（标准体系制定、质量基础工作、质量安全追溯体系、企业质量管理水平、相关"三品一标"推动情况）；K 品牌监管体系评估（地理标志管理办法及战略情况、地理标志工作投入情况、基地建设情况）；L 品牌监管成效评估（地理标志实施效果、地理标志质量安全情况、品牌投诉情况）；M 品牌宣传情况评估（传统宣传推广的方式建设、现代宣传推广方式情况）；N 品牌保护创新（地理标志产品机制、薏仁米保护方式创新）；O 近三年企业品牌总资产变动评估、主要企业知识产权资产评估（商标、专利等），集体无形资产评估（国家级品牌、中国驰名商标，有效期内贵州省名牌、贵州著名商标、拥有专利授权数、专利、质量奖等）。

（三）薏仁米"三品一标"品牌保护现状

在无公害农产品和有机食品方面，截至 2018 年 6 月 1 日，全国无公害薏仁米农产品获认证企业数为 28 家，其中，15 家为合作社、13 家为公司。在有机食品方面，全国共有 232 家企业成功获得有机食品薏仁米认证，其中有效期内有 105 个，注销的有 127 个。

在地理标志产品保护方面，根据原国家质检总局、原国家农业部与原国家工商总局公布的地理标志注册、登记数据显示，目前我国薏仁米申请保护的地理标志产品共有 6 件，分别为：兴仁薏仁米、浦城薏米、蕲春薏苡仁、宁化薏米、金沙薏仁米、晴隆糯薏仁。其中，获原质检总局批准的地理标志产品有浦城薏米、兴仁薏仁米（兴仁苡仁米）、宁化薏米与蕲春薏苡仁，获得农业农村部批准登记的农产品地理标志有泗流山薏苡仁、宁化薏米，获原工商总局批准认证的地理标志证明商标有兴仁薏仁米、金沙薏仁米、晴隆糯薏仁。

三 薏仁米质量文化与品牌文化助推薏仁米产业快速发展

薏仁米质量文化是薏仁米品牌文化的内在基础与核心内容，薏仁米品牌文化是薏仁米质量文化的重要积淀与属性延伸。薏仁米的质量文化不断推进薏仁米产品品质提升、薏仁米生产加工技术提高、薏仁米标准体系进步与完善、薏仁米质量意识与质量观念的不断进步；薏仁米的品牌文化不断推动薏仁米产品质量内容丰富与扩大，无公害薏仁米产品、绿色食品薏仁米产品、有机薏仁米产品不断涌现，"三品一标"已经成为薏仁米品牌发展的一个重要方向。薏仁米质量文化与品牌文化的共同构建与发展，进一步推动了薏仁米产业的快速发展。

（一）薏仁米质量文化是薏仁米品牌文化的基础

薏仁米的质量是企业能够在行业竞争中立足的关键，也是一个企业能够生存的基础。在残酷的市场竞争中，质量意识始终是薏仁米企业在种植、加工、销售过程中必须奉行的金科玉律，只有质量好，企业才能够发展，才能够赢得消费者的青睐与信任。因此，薏仁米企业要高度重视薏仁米质量文化建设。

薏仁米质量文化建设已成为企业质量管理成效的关键因素，代表着薏仁米更高水平的质量管理。薏仁米质量文化不仅具有使员工在潜移默化中接受共同质量价值观的导向作用，而且具有形成一种制约员工质量行为的约束作用。薏仁米企业不断通过深化质量文化建设，持续改进薏仁米产品和服务质量，不断增强顾客满意，体现企业核心价值，为企业更好、更快地发展奠定坚实的基础。

（二）薏仁米品牌文化是薏仁米质量文化的属性延伸

薏仁米品牌代表着薏仁米产品的优质形象、良好的产品质量与优质的服务，使得薏仁米在市场上与其他同类产品相比有显著的特征，而这些特征往往通过识别度、可信度与竞争力而展示出来。在竞争日益激烈的市场经济中，各种优质产品层出不穷，在好产品群雄并起的时代，厚重的品牌文化是薏仁米品牌与其他品牌显著的区别，是竞争成败的关键。质量优异、品牌文化厚重的薏仁米品牌往往能够得到消费者的厚爱和青睐，容易得到消费者的认同和选择，可以进一步培育消费者对产品认可度和忠诚度，形成固定的消费者。

薏仁米品牌文化是薏仁米行业生产者、消费者对某一薏仁米产品产生某种程度认同、影响、聚合而产生的文化现象。薏仁米品牌文化建设是薏仁米企业文化的核心部分。薏仁米的品牌文化源于薏仁米的质量建设，只有良好的产品质量，才可以让消费者认同，才能够从客观上面影响消费者，才能够推动薏仁米品牌文化发展，因此，薏仁米品牌文化是薏仁米质量文化的另一种有力的表现形式。

薏仁米企业可以通过实施品牌建设工作与品牌保护机制为抓手，通过进一步推进品牌保护与品牌认证来不断增加自身的品牌形象。品牌保护内容除了涉及产品的质量、销售服务和文化底蕴之外，商标、专利技术和产品的包装亦是品牌保护的范围，企业应实行严格的品牌保护既是保护自己的切身利益，亦是保护消费者的利益。同时，对于区域内的知名薏仁米品牌，需要进行强势宣传，多方式、多角度、全覆盖，形成有电视、报纸、网络、手机为一体的宣传体系，对产品的历史文化底蕴、种植环境、加工过程和售后服务予以宣传，让消费者知晓何为薏仁米品牌，夯实薏仁米产品在消费者心中的品牌形象。

参考文献

白光、马国忠：《中国要走农业品牌化之路》，中国经济出版社，2006。
朱立：《品牌管理》，北京高等教育出版社，2015。

章洁琼、朱怡：《贵州薏苡产业发展的现状及对策》，《贵州农业科学》2015 年第 4 期。

潘国锦：《品牌理论研究现状与发展展望》，《商业经济文荟》2006 年第 2 期。

孙瑜：《农产品品牌建设问题分析及对策研究》，山东大学硕士毕业论文，2010。

王永龙：《论企业品牌意识与品牌定位互动性》，《福建师范大学》（哲学社会科学版），2003。

专题研究篇

Thematic Study

B.11
薏仁米公共政策建设研究报告

——基于 2008~2019 年的政策文本分析

李春艳[*]

摘　要： 促进薏仁米产业可持续发展是帮助农户脱贫致富、提升各参
　　　　与主体获得感的关键途径。在分析 2008~2019 年薏仁米公共
　　　　政策文本内容的基础上，运用三维分析框架与政府工具进行
　　　　文本解码，通过内容分析法检视薏仁米公共政策的演化脉络
　　　　及发展特征后发现：薏仁米公共政策的发展经历了从扩产量、
　　　　增规模的快速发展阶段到注重品质与可持续发展的内涵提升
　　　　阶段。政策演化呈现多元协同式供给、集约化治理、技术与
　　　　价值融合理性发展的变迁特征，未来的薏仁米公共政策建设
　　　　要坚持多元化运用政府工具与协同式执行公共政策并举才能

---

[*] 李春艳，贵州大学公共管理学院硕士研究生，研究方向为公共政策。

推动薏仁米产业健康发展。

关键词： 薏仁米 政策变迁 文本分析

一 问题提出：以政策文本分析薏仁米 公共政策建设的重要性

号称"米中第一"的薏仁米凭借独特的药用、美容及食用价值享誉海内外，中国不仅是薏仁米种植大国，更是薏仁米消费大国，就生产分布而言，中国薏仁米的种植主要集中于贵州、广西、云南、福建等地区①。为了促进薏仁米产业发展壮大，地方政府致力于加强薏仁米的地理标志保护，自2008年国家质检总局发布批准对浦城薏仁米地理标志保护的公告以来，各个地方政府便以促进区域发展为动力，制定了一系列保护薏仁米地理标志产品的规划、政策及意见，薏仁米公共政策的内容体系在政府的努力下日益完善。

学者任弢等将政策文本定义为把一系列措施、命令、法律、方法、理念等上升为法定文本的统称，指的是政府以及公共组织在一定时期内为实现特定目标而规定的行动准则以及所实施的行动规则②。该定义涵盖四个"理性"，即目标完成之政策价值理性、工具选择之政策权术理性、政策设计之战略理性与传递政策话语之政治理性。将地方政府出台的相关薏仁米公共政策、纲要、办法、计划进行政策文本分析，便于掌握薏仁米公共政策演化特征与演变规律，通过回顾政策过程可以进行政策反思，并为优化未来的薏仁米公共政策建设提供重要参考价值。

---

① 《贵州兴仁薏仁米走上市场化、国际化道路》，《中国经贸导刊》2017年第27期，第47~48页。

② 任弢、黄萃、苏竣：《公共政策文本研究的路径与发展趋势》，《中国行政管理》2017年第5期，第96~101页。

二 研究设计：文本选择、分析框架与研究方法

（一）政策文本选择

通过观察我国政府部门行为发现，在治理实践过程中普遍存在将制度、机制、体制、政策等词混用的现象。换言之，政策和机制、体制、制度等词语之间并无明显界限，在薏仁米保护领域也即如此。由此，本研究在选取研究的政策文本对象时并未将范围狭隘的限定于"政策"一词，而是将文本内容选择延伸到"制度""纲要""体制""通知""意见"等范围内，通过搜索政策文本资料，本研究选取的研究对象主要有：国家质检总局2008年关于批准对浦城薏米等产品实施地理标志保护第140号公告、《DB35/T 942-2009 地理标志产品　浦城薏米》、湖北省《蕲春县人民政府关于拟界定蕲春薏苡仁地理标志产品保护范围的函》，贵州省人民政府办公厅发布省农委《贵州省薏仁产业提升三年行动计划（2015~2017年)》、《黔西南州农业委员会关于建设中国（兴仁）薏仁生态试验区的建议》、《兴仁县创建"兴仁薏仁米"贵州省地理标志产品保护示范区工作方案》、《兴仁薏仁米质量提升与品牌提升合作框架协议》和《贵州省发展"一县一业"助推脱贫攻坚三年行动方案（2017~2019年)》等文件，以及"中国（兴仁）薏仁米博览会：中国—东盟薏仁米国际论坛暨贸易洽谈会"、《兴仁薏仁米产业化促进工程项目》实施协调会、兴仁薏仁米资源保护立法前评估座谈会等内容。

（二）分析框架

学者范逢春将政策视作构建政府服务理念、推进治理实践演进与政府策略选择的指导思想和文本载体，分析政策文本的目标是跨越政策文本的表象与框架特征分析政策文本的本质，透过文本内容所传递的信息探寻该政策的

演化特征、目标转向和政策价值的变化①。基于此，本研究通过构建涵盖政府工具（Y轴）、政策价值（X轴）与利益相关者（Z轴）三个维度的三维分析框架进行薏仁米公共政策建设的文本描述与分析（见图1）。

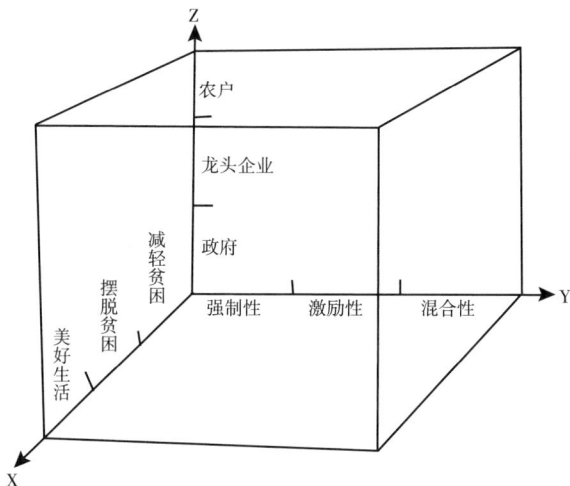

图1　薏仁米公共政策的三维分析框架

政府工具，也被称为"政策工具"、"治理工具"，其合理使用对达成政府政策目标，实现政府治理至关重要②。国外学者艾兹奥尼（A. Etzioni）将政府工具划分为强制性、规范性与奖惩性三类；学者瓦当（Evert Vedung）在前人研究基础上总结出经济性工具、信息性工具与管制性工具三类。也有学者按照行政干预程度将政府工具划分为混合性、自愿性与强制性③。通过梳理薏仁米公共政策文本发现，强制性政府工具、激励性政府工具与经济性政府工具较为契合薏仁米公共政策演变历程。强制性政府工具主要指依靠政府自身权威对政策的制定与实施过程进行强有力干预，以规范政策实施对象行为，化解政策问题；激励性政府工具指政府通过奖惩、鼓励等方式激发目

---

① 范逢春：《建国以来基本公共服务均等化政策的回顾与反思：基于文本分析的视角》，《上海行政学院学报》2016年第1期，第46～57页。

② 陈振明：《政府工具导论》，北京大学出版社，2009。

③ 陈振明、和经纬：《政府工具研究的新进展》，《东南学术》2006年第6期，第22～29页。

标群体参与公共活动的积极性的工具；经济性政府工具是政府为了政府治理目标的顺利达成，利用补贴、交易等方式使目标群体获得物质利益的工具①。依据《公共政策词典》的注释，价值关注实现美好生活，而政策价值是政策实施对包含组织目标、个人信条与偏好和政策取向的价值取向。政府为促进薏仁米产业的发展制定相关规定与政策有利于广大农民通过产业脱贫致富，从产业扶贫的角度而言，薏仁米公共政策的政策价值可以划分为减轻贫困、摆脱贫困与美好生活三个阶段。实施薏仁米公共政策的首个目标是在政府的鼓励和帮助下，让贫困人口通过种植薏仁米减轻贫困，进而在薏仁米产业的帮助下摆脱贫困，并进一步追求美好生活，让广大人民追求有品质与尊严的幸福生活②。利益相关者维度是指分析薏仁米行业发展过程中政府、龙头企业、农户等多个主体在政策执行时的角色定位，并分析思考促使各主体间利益共赢的策略，最终促使薏仁米公共政策建设优化。

（三）研究方法

本研究运用内容分析方法进行薏仁米公共政策建设研究，该方法注重对政策文本的规律性分析与质性探寻，通过对政策文本中的句子、段落等内容进行解码，剖析内容所涵盖的意义③。此外，本研究通过三维分析框架分析薏仁米公共政策文本内容，旨在寻找薏仁米公共政策演化特点与规律，在此基础上探寻薏仁米公共政策的优化建设路径与未来走向。

三 政策演进过程梳理：从强调"增量"到注重"提质"

分析薏仁米公共政策演进过程可知（见表1），我国薏仁米公共政策

---

① 卓越、李富贵：《政府工具新探》，《中国行政管理》2018年第1期，第76~80页。
② 杨波：《论基本公共服务均等化的演进特征与变迁逻辑——基于2006~2018年政策文本分析》，《西南民族大学学报》（人文社科版）2019年5期，第196~202页。
③ 谢静：《改革开放以来我国终身教育政策文本分析》，《终身教育研究》2019年第3期，第22~26页。

的制定已从最初侧重产量的增长逐步转化为注重提升薏仁米品质，从简单
扩张种植规模为特征的快速发展阶段上升为突出品牌化、高品质的内涵提
升阶段。

表1　2008～2019 年薏仁米公共政策文本归纳

年份	会议/文件	内容
2008	国家质检总局发布 2008 年第 140 号公告关于批准对浦城薏米等产品实施地理标志保护	国家质检总局保护福建省浦城县现辖行政区域内薏米生产，促进区域产业化发展
2009	《DB35/T 942－2009 地理标志产品　浦城薏米》	本标准规定了地理标志产品浦城薏米的术语和定义、地理标志产品保护范围、要求、检验方法、检验规则及标志、包装、运输与贮存
2011	兴仁县薏仁米获得国家工商总局商标局核准注册的地理标志认证商标	兴仁薏仁米在地理标志的保护下助力薏仁米产业发展壮大
2012	湖北省《蕲春县人民政府关于拟界定蕲春薏苡仁地理标志产品保护范围的函》，蕲政函〔2012〕48 号	政府保护湖北省蕲春县檀林镇、大同镇、张塝镇、青石镇、向桥镇、刘河镇、狮子镇、株林镇、横车镇 9 个镇现辖行政区域薏苡生产
2015	贵州省人民政府办公厅发布省农委《贵州省薏仁产业提升三年行动计划(2015～2017 年)》	依托"中国薏仁米之乡"称号和"兴仁薏(苡)仁米"国家地理标志保护产品，以现有的"聚丰薏苡""逸仁""壹心壹薏""薏米阳光"等品牌为基础，开展品牌策划、运营管理和宣传推广
2016	《3 号黔西南州农业委员会关于建设中国(兴仁)薏仁生态试验区的建议》〔2016〕	阐述兴仁县的薏仁米产业发展在全国有七个第一，并鼓励继续发展壮大
2017	兴仁县人民政府办公室印发《兴仁县创建"兴仁薏仁米"贵州省地理标志产品保护示范区工作方案》	进一步提升兴仁薏仁米的品牌影响力和附加值，促进山地农业发展，助力农民脱贫致富
2017	"中国(兴仁)薏仁米博览会:中国—东盟薏仁米国际论坛暨贸易洽谈会"在贵州省兴仁县召开	社会科学文献出版社主持发布《中国薏仁米产业发展报告(2017)》和《贵州地理标志产业发展报告(2017)》新闻发布会;贵州省社科院主持发布兴仁薏仁米公共品牌管理办法暨 30 家兴仁薏仁米重点企业团体标准发布会，大会组委会中英文发布"中国薏仁米:中国宣言"

年份	会议/文件	内容
2017	省政府办公厅印发《贵州省发展"一县一业"助推脱贫攻坚三年行动方案（2017～2019年)》	实施"一县一业"规划布局,坚持全产业推进,实施品种品质品牌提升战略;实现生产规模化、质量标准化、产品品牌化、营销网络化,培育打造一批产业集聚集群发展专业县、专业乡、专业村
2018	兴仁薏仁米质量提升与品牌提升合作框架协议	兴仁县领导就薏仁米产业发展及配套服务完善情况做出说明,并展开提升兴仁薏仁米质量和加强品牌保护的交流
2018	兴仁县工科局召开《兴仁薏仁米产业化促进工程项目》实施协调会	明确各参与单位在实施过程中分工和任务,为下一步兴仁县其他地理标志的有效保护和使用做好示范
2019	刘兴吉率队到兴仁市开展兴仁薏仁米资源保护立法前评估座谈会	对于兴仁薏仁米资源保护是否立法,兴仁市要结合实际情况,同时把兴仁薏仁米文化的宣传与挖掘上升到更高层面,提升薏仁米的品牌效应

1. 快速发展阶段：扩产量，增规模（2008～2014年）

自2005年《地理标志产品保护规定》确立以来，地理标志在我国的发展愈加完善，农产品保护的重要性引起了政界、商界和学界的广泛关注，2008～2014年，这一阶段是薏仁米产业化发展的初级阶段，此时的薏仁米公共政策主要倾向于通过政府努力号召并鼓励农户积极参与薏仁米种植，该阶段的政策特征主要表现为"量的扩张"、"规模扩大"和促进薏仁米产业的快速发展。

2008年国家质检总局发布第140号公告批准对浦城薏仁米等产品实施地理标志保护，这为浦城薏仁米产业的规模化生产奠定基础，此后薏仁米在各个地方地理标志农产品发展保护中也逐步活跃。2009年，为了进一步完善薏仁米产业发展流程，确保薏仁米生产过程的规范性，政府出台《DB35/T 942－2009地理标志产品　浦城薏米》对具体的保护范围做出规定，对薏仁米检验、包装、运输、标志使用及贮存等细节做出要求。2011年贵州省兴仁县政府积极推动兴仁薏仁米申请地理标志保护并取得成功，力求通过发展薏仁米产业帮助兴仁县农户脱贫致富，政府通过提供种植技术支持、经济补贴、种植奖励等方式激发农户积极性，并保证薏仁米种植朝着产业化、规模化方向发展。2012年湖北省蕲春县政府发布48号蕲政函，对蕲春县薏仁米种植保护范围做出说明，并在政府大力支持下进行规模种植。这些政策文本反映了该阶段各地政府推广薏仁米种植的发展目标和政策价值取向，通过对以上政策文本的分析，2008～2014年，薏仁米公共政策存在明显的追求规模化生产趋向，政府从扶贫、增收角度出发，以推动乡村发展为突破口，以薏仁米种植为着力点，以帮助农户脱贫为原则，逐步建立起契合时代发展需要和产业扶贫要求的薏仁米公共政策体系。

2. 内涵提升阶段：品质第一，注重可持续发展（2015～2019）

2008～2014年，薏仁米在各地政府的扶持下产业化发展态势良好，据省统计局数据，2014年福建省薏仁米总种植面积将近4万亩，而贵州省薏仁米种植面积近55万亩，占据全国种植面积70%左右，全省薏仁米产量可达23万吨①。薏仁米种植在第一阶段的努力下基本实现了规模化发展。从2015年开始，薏仁米发展进入内涵提升阶段。

就政策价值而言，在第一阶段保证实现薏仁米种植朝着规模化、产业化生产目标基础上，把品牌化发展与品质提升作为第二阶段价值取向，从注重"量"的扩张逐步转化为要求"质"的提升。就宏观发展规划而言，薏仁米的发展从简单规模化种植上升为出台战略性文件，注重专家研讨的科学性发展，强调薏仁米产业发展的整体规划与系统化推进。2015年贵州省政府颁布《贵州省薏仁产业提升三年行动计划（2015～2017年）》，贵州省薏仁米率先走上品牌化发展道路，省政府联合多家发展薏仁米产业的龙头企业进行品牌策划、宣传与推广等活动。2016年贵州黔西南地区积极提出建立中国（兴仁）薏仁生态试验区鼓励兴仁县薏仁米发展的建议。2017年兴仁县政府出台《兴仁县创建"兴仁薏仁米"贵州省地理标志产品保护示范区工作方案》积极响应品牌化发展的号召，在政府薏仁米种植示范区的带动下，确

① 李发耀：《中国薏仁米产业发展报告（2017）》，社会科学文献出版社，2017。

保"量"的同时，注重提升薏仁米品质。同年召开"中国（兴仁）薏仁米博览会：中国—东盟薏仁米国际论坛暨贸易洽谈会"，通过国际会议的形式强调薏仁米产业发展的制度化与标准化。2018 年签署兴仁薏仁米质量提升与品牌提升合作框架协议并进行品牌保护交流，2019 年兴仁召开座谈会挖掘薏仁米文化底蕴，主张通过立法强化产品品牌效应。总之，这一阶段既有助于整合区域资源，确保薏仁米种植的技术扶持与区域保护，也有助于在全国范围内起到模范带头作用，调动各地薏仁米种植积极性。

四 政策变迁特征分析：多元协同式供给、集约化 治理、技术与价值融合理性发展

依据薏仁米公共服务政策的三维分析框架，将政策工具视为主线组合不同维度，归纳出薏仁米公共政策的政策供给，使政策内容和政策目标产生了明显变化。

（一）供给层面：政府单一主导过渡为多元主体协同（Y-Z维度）

在发展薏仁米种植的初始阶段，薏仁米产业化发展的供给主要是政府主导的管制性模式，发展方式较为单一。初始阶段虽强调市场在薏仁米产业发展中的基础性地位，鼓励薏仁米发展市场化，重视企业、行业协会及社会其他组织在薏仁米产业化发展中的重要作用，但初始阶段的发展尚未成熟，还存在政府治理经验较为缺乏，工作人员职责划分界限不清等问题，薏仁米产业化发展较为缓慢。在《贵州省薏仁产业提升三年行动计划（2015～2017年)》的号召下，政府单一主导逐渐转化为政府为主，企业、社会组织共同参与合作的多元化发展模式，经济性工具与激励性政府工具的实施力度加大，2015 年以后薏仁米品牌化发展战略的转变开始充分挖掘市场的关键性作用，推动薏仁米品质提升，延长产业链，打造品牌等发展规划，充分保障了政策供给的有效性、多元性与多样性，并有效保证薏仁米产业发展的质量与效率。为确保薏仁米品牌的策划与顺利推广，政府糅合强制性与激励性政府工具的优

势功能，采用委托、合同、补贴、鼓励等方式实现合作治理。同时从薏仁米种植农户与企业、社会组织等多元主体利益入手，运用经济性政府工具提升各参与主体获得感与满意度。总之，薏仁米产业发展过程中主体复杂性提高的变化促使政府供给正在从单一式供给过渡为政府、龙头企业、农户多元协同式供给。

（二）内容层面：粗放式向集约化转型（X—Y维度）

不管政府运用何种政府工具，其目的是通过促进薏仁米产业发展为农户谋利益，让农户摆脱贫困，甚至满足农户美好生活的向往。薏仁米公共政策的发展过程经历了从理念过渡至顶层设计又转化为具体操作的变迁。政策文本在这个过程中实现了从最初碎片化发展为系统化再到精细化的演变历程，从起初直接补偿的粗放式供给模式转化为精细化的集约式供给。

第一，薏仁米公共政策制定的程序化与规范化。《贵州省薏仁产业提升三年行动计划（2015～2017年)》的制定对薏仁米产业可持续发展做出规划，从行动的总体要求到重点任务以及产业发展的保障措施都做出规定，为各级部门的分工合作奠定基础。从横向来看，政府各部门间在《贵州省薏仁产业提升三年行动计划（2015～2017年)》的基础上形成了多元联动协调的治理机制，通过共同参与和配合形成良好的合作机制并进行合理分工，实现各主体协同供给。从纵向来看，依据科层制垂直管理的原则，从各个省、市、区，再到县级部门进行层级分工，细化职责并逐级落实，可以优化调整中央与地方之间的关系，将财权与事权进行明确划分，从机制层面理顺工作关系。完善薏仁米公共政策体系，明确薏仁米发展的质量要求，创新薏仁米发展标准的实施机制，坚持动态规划与实时指导，以保证政策实施的及时性与有效性。

第二，政策制定的系统化与全面化。基于宏观视角，薏仁米公共政策的政策体系实现了"面"的全覆盖，《兴仁薏仁米质量提升与品牌提升合作框架协议》、中国（兴仁）薏仁米博览会、《兴仁薏仁米产业化促进工程项目》等对薏仁米的相关政策内容进一步进行明细并推进，政策内容涉及扶贫、地理标志、知识产权等多个领域，涵盖了薏仁米品牌化可持续发展的各项内容。以帮助农户脱贫致富为着力点，以品牌化为薏仁米可持续发展的突破点，在薏仁米发展的战略选择多样性、品牌策划与品牌宣传丰富性层面下功夫，实现薏仁米供给与需求的精准化对接，以提高社会生产能力，促进经济发展。从纵向来看，薏仁米公共政策的政策文本日益细化与全面化，以 2018 年《兴仁薏仁米质量提升与品牌提升合作框架协议》为例，薏仁米的发展任务被兴仁县相关领导细分为产业评估、相关配套设施、配套服务等内容，以期在目标分解的前提下形成政策合力，针对薏仁米发展过程中存在的人员差异、地域差异而不断细化政策内容，以确保得到最大效用的政策回应。

（三）目标层面：技术主导转化为价值—技术融合发展（X－Z维度）

公共政策的核心特征的政策所蕴含的价值，公共价值是供给主体实施政策的本源动机①。即政府、龙头企业与农户在薏仁米公共政策的制定与执行过程中应树立并坚持合作多赢的思维，建立理性化协作机制，通过主体间的多元协同模式建立优质高效的政策体系。在薏仁米公共政策发展的初始阶段，政策文本内容主要立足于广泛普及薏仁米种植以帮助实现农户减轻贫困、摆脱贫困的需要，政策文本的重点内容在于薏仁米种植技术、种植规范、产能大小等，所以该阶段政策的价值倾向是技术理性，强调薏仁米"量"的增长，种植规模是考量的关键因素，主要借助技术理性保证薏仁米产业化发展的全覆盖。薏仁米公共政策的内涵提升阶段的政策取向是"品质"、"获得感"与"幸福感"，在保证薏仁米"量"的增长的前提下强调产品"质"的提升，通过政府与龙头企业、农户的协同合作，强调打造薏仁米品牌在促进薏仁米产业可持续发展的重要地位。将品质第一与各参与主体对薏仁米产业发展的满意度作为评价薏仁米公共政策效应的标准，脱贫致富与农户对美好生活的追求是薏仁米公共政策的价值取向。

---

① 高园：《公共政策执行力定量评估：价值与方法探论》，《经济研究导刊》2019 年第 5 期，第 178～180 页。

五　展望未来发展：多元化运用工具与
协同式执行政策并举

纵观不同阶段我国薏仁米公共政策文本发现，强制性政府工具在推动薏仁米产业发展过程中运用过多，政府工具种类较少，政策执行过程阻梗较多等问题较为突出。鉴于此，丰富政府工具类型，多样化采用政府工具，多元主体加强协作，提高政策执行效率是保证薏仁米产业可持续发展的关键。

（一）多元化运用政府工具

为了充分保证政策体现政府部门意志并确保政策的顺利实施，薏仁米公共政策的制定与执行建立在顶层设计基础之上，并且政策的整体性与系统性逐渐增强，强制性政府工具的使用也可以为经济性和激励性政府工具的顺利实施保驾护航。随着公民社会的发展，社会组织和公民的民主与参与意识逐渐增强，政府治理愈加强调社会自治①。这些因社会发展带来的为激励性政府工具与经济性政府工具的运用创造了客观条件。综合运用多种政府工具可以有助于调动市场、公民和社会组织参与政策执行的积极性，在减轻促进薏仁米产业发展的政府财政压力时，使公民自动将自身需求输入薏仁米公共政策实施过程当中，逐渐建立并完善薏仁米公共政策体系的发展。政府主导与精英参与是长期以来薏仁米公共政策发展的主要模式，该模式强调自上而下的政策输出，不利于公民、NGO 等社会力量的积极参与，更不利于科学高效的薏仁米公共政策体系的建立与发展。不管是制定、出台一项公共政策，抑或是对公共政策的监测、问责、评估等都是在多元主体积极互动的基础上产生的结果，这需要社会组织与公民的积极参与，但是就目前来看，大多数有关薏仁米的纲领性文件都以强调政府在政策监督、评估中的主导作用，社

---

① 刘鑫鑫、杨彬彬：《十八大以来我国社会自治建设研究》，《山东行政学院学报》2018 年第 6 期，第 36~40、89 页。

会组织与公民的参与较少，薏仁米公共政策的科学化难以保证。由此，在信息化发展迅速的时代要加强对"互联网＋"的运用，强化"薏仁米产业＋互联网"的研究，合理运用大数据建设薏仁米公共政策服务平台，通过该平台在采取数据并进行政务公开的基础上，打造O2O的网络运营模式，保证政府、企业、公民与社会组织能够实现真正意义的有效互动，基于标准化的体系基础，打造更多个性化、高品质与多样化的社会发展需求，进一步促进薏仁米公共政策的科学化建设。

（二）协同式执行薏仁米公共政策

政策目标的实现不是单一政府部门就可以完成，而是多个部门间协调合作后的结果，薏仁米公共政策都是多个政府部门联合制定的，由此便会引发很多问题，比如政府部门间因各自职责界限不清会引发相互间推诿扯皮、各部门为维护各自利益选择性执行政策的现象，因利益引发的部门纠葛会使薏仁米公共政策的实施效果大打折扣，这些弊病都是政策执行不畅产生的结果。政策体制不顺会产生政府管理的碎片化现象，致使各个政府部门之间资源无法高效整合，在薏仁米发展资源的提供上难以达到"帕累托最优"。此外，薏仁米产业的发展在各个地方政府的重视下已经上升成国家意志，在国家质检总局、国家工商总局与农业部的管理下作为一种国家制度来要求各级政府部门贯彻与实施，但是面对多个部门的参与，如何提高政策的执行效率是一个很大的问题。这些问题均迫使政府需要在恰当的时机设置专门的薏仁米公共政策服务机构，以便更好地协调统筹薏仁米公共政策的制定与执行等事项，避免在政策执行的具体过程中产生选择性执行、象征性执行等一系列现象。

六 结语

薏仁米产业的健康发展离不开政府公共政策的支持与保护，通过对2008～2019年薏仁米公共政策文本的分析去剖析薏仁米公共政策的演变特征与发展历程，是帮助我们在未来提高政策执行效率的有效途径，这有助于帮助我们梳理问题意识，更加全面、高质量的促进薏仁米公共政策建设完善。

诚然，本研究只是对薏仁米公共政策的初步探索，文中对政策文本的相关梳理与理论分析并不全面，结构框架也略显粗糙，但是我们坚信在未来的发展道路上会有各式各样的新理论或新见解帮助我们进一步完善对于薏仁米公共政策建设的内在探析。在今后的研究过程中，我们将继续从理论层面探寻薏仁米公共政策的建设机理，并从实践层面验证我们的理论成果。

B.12
薏仁米公共技术服务平台建设研究报告*

姚　鹏**

摘　要： 公共技术服务平台的搭建是为从事薏仁米产业的企业提供
进行创新活动的载体，这也是企业在创新发展中的一个必
然要求。目前为了加快薏仁米产业的发展步伐，实现跨越
式的发展，加速推进薏仁米产业经济的不断增长，以技术
进步、创新管理方式等形式来实现相关薏仁米企业的转型
发展，这些需求都离不开薏仁米公共技术服务平台的
建立。

关键词： 薏仁米　公共技术　服务平台

关于"公共技术"的定义目前学术界还没有形成一个较为普遍的共识，
通过查阅相关理论研究文献，仲伟俊在《公共产品创新问题研究》一文中
认为"公共产品"的本质为"根据公共需求以及已有的知识和技术产生新
的产品构想，通过研究开发出新产品、形成社会与经济效益的过程"①。这
一公共产品的性质定义已十分趋近于公共技术的性质定义，可以概括为公共
技术及公共产品的产生都是基于适应当前社会发展的需求，而且都有着
"非排他性"的内在属性，所以仲伟俊在文中也认为"公共技术"就是"为

---

* 本文系贵州省社会科学院创新工程重大支撑项目："贵州生态史研究"的阶段性成果。
** 姚鹏，硕士，贵州省社会科学院助理研究员，研究方向为地理标志产品认证、生态学。
① 仲伟俊：《公共产品创新问题研究》，《东南大学学报》（哲学社会科学版）2008年第3期。

了降低各类企业之间、企业与产品使用者之间的信息不对称，也为了突破企业创新过程中因各类资源不可获得性导致的技术发展瓶颈，公共部门提供了各类技术资源和技术生产与运用条件。"而相对于公共技术在应用过程中所发挥的功能性，在学术界已进行了广泛的研究及论述。刘强在《应用技术公共研究机构：作用、特征与构建》一文中就认为单个企业的自身研发不足以满足整个社会发展的需求，而公共技术服务机构的建立能有效填补企业创新及引进吸收技术能力不足的缺陷①；潘涵舜在《公共技术基础建设应是当前积极财政政策的重要切入点》一文中则从社会总需求量的视角出发，对公共技术的重要性展开了详细的研究，他认为公共技术所发挥的功能主要在对产业的结构性改善、消费者信心提升、助推经济体制的改革以及对社会资本的投资调整等方面体现②。自改革开放之后，我国在固定资产投资方面确实取得了引人众目的进步与成就，不过随着社会的快速发展，以完全依赖于投资的经济增长方式已不再行之有效，面对这一严峻的形势，在不断扩大内需增长的同时，也要对投资的原有结构进行不断的改革完善，以打破原有投资结构所造成的发展瓶颈，加强引导社会资本对公共技术供给领域的投资力度，从而有效利用"无挤出"的优势来提升投资的收益率。

在当前的市场经济环境下，能起到带动产业集群以及提升整个产业链技术水平的相关技术往往会发生"组织失效"及"市场失效"的问题，"组织失效"是指单一企业或个人由于其自身能力的限制难以满足相关技术研发的需求，而"市场失效"是指市场中一些产品由于其外部的特异性特征的存在，造成市场难以满足其保持特异性特征的技术支持。而要实现产业的健康快速发展，即产业集群、产业链整体技术水平的提升及关键技术的突破，都必须解决"组织失效"及"市场失效"这两大问题，政府需不断优化及完善产业配套政策服务，以出台鼓励性、扶持性的政策及各种具体的服务措施，引导企业成为技术创新的主导力量；同时根据相关产业发展状况的分

---

① 刘强：《应用技术公共研究机构：作用、特征与构建》，《科学研究》2002 年第 6 期。
② 潘涵舜：《公共技术基础建设应是当前积极财政政策的重要切入点》，《上海计量测试》2002 年第 5 期。

析，政府以搭建公共技术服务平台的方式，积极主动地参与到产业发展中，提升整个产业链水平的关键技术研发，以间接或直接的方式提供产业发展需求的相关技术产品，从而提升整个产业的科技创新能力。作为我国的薏仁米产业，公共技术服务平台的搭建是为从事薏仁米产业的企业提供进行创新活动的载体，这也是企业在创新发展中的一个必然要求。目前为了加快薏仁米产业的发展步伐，实现跨越式的发展，加速推进薏仁米产业经济的不断增长，以技术进步、创新管理方式等形式，实现相关薏仁米企业的转型发展，这些需求都离不开薏仁米公共技术服务平台的建立。

一　薏仁米公共技术发展概况

公共技术的类型大致可分为在公开的出版物及其他有形有声物上已发布、发表或公布的技术，以及已经在公共领域里大量实际应用的技术。根据我国专利法的规定，判断一个专利技术是否具有新颖性的指标就是看这个专利技术是否已在国内外的公开出版物上发表，如果相关的专利技术已在公开出版物上发表，即判定该专利技术已不具有新颖性，也就是进入了大众均可利用的公共技术领域，对于公开的出版物一般是指在社会上公开发行的各种印刷品，如书籍、报纸、杂志及各种读物、专利文献资料等。随着社会的快速发展，当前的技术载体已不单单局限于一些传统的形式，如录音、录像以及以计算机数据储存的相关讲话、广播等载体。而对于一种技术如果已经在社会实践中大量广泛的运用，这已说明该项技术已不具有保密性，成为大众所普遍知晓的技术，那么该技术也就成为公共技术。综上所述，以下就对薏仁米产业中的专利、标准及地理标志等许可性认证的公共技术发展状况进行逐一的介绍。

（一）薏仁米相关专利状况

经过运用 SooPAT 专利检索引擎（中国专利数据的链接来自国家知识产权局互联网检索数据库）对相关薏仁米专利的搜索，截至目前，相关薏仁米专利有 26296 项，申请人数有 11896 人，发明人数有 22142 人，其中发明专利有 21121 项，实用新型专利 721 项，外观设计专利 875 项，发明授权 3579 项。在行业分类上农业相关的专业有 23618 项，化学、冶金有 1868 项，作业、运输有 456 项，物理有 213 项，机械工程、照明、加热、武器、爆破有 141 项，纺织、造纸有 126 项，电学有 110 项，固定建筑物有 91 项。从这些专利的申请时间来看，以 SooPAT 专利检索引擎的统计数据，薏仁米相关专利在 2013 年前都是维持在低于 5% 的增长速率，但 2013 年后专利的申报进入了一个爆发式的增长阶段，2013 年至今都是保持着 10% 以上的增长速率，且申报的项数占到总项数的近八成。

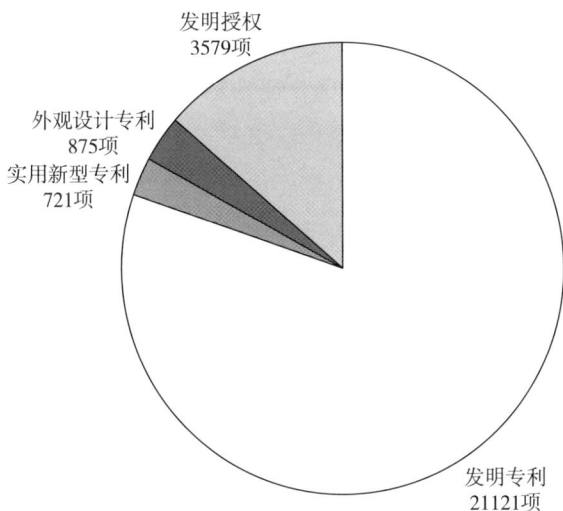

发明授权
3579项

外观设计专利
875项

实用新型专利
721项

发明专利
21121项

图 1　薏仁米相关专利分布示意

资料来源：根据 SooPAT 专利检索引擎中的数据，由作者统计整理得到。

（二）薏仁米相关标准状况

目前我国的标准主要分为国家标准、行业标准、地方标准、团体标准及企业标准五大类，通过在工标网（http://www.csres.com/）平台上进行检索显示，目前我国已发布实施并现行有效的相关薏仁米行业标准及地方标准

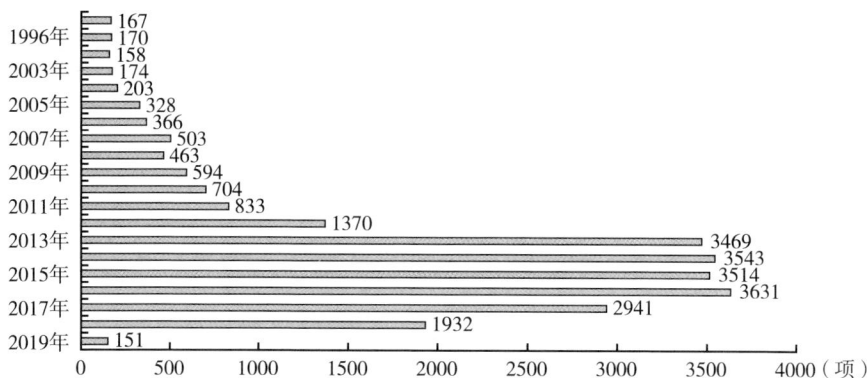

图2　薏仁米相关专利申报时间分布

资料来源：根据 SooPAT 专利检索引擎中数据，由作者统计整理得到。

共计有 15 项，其中行业标准有 2 项，地方标准中贵州省发布有 4 项，河北省 2 项，辽宁省、浙江省、安徽省、福建省、广西壮族自治区、云南省、陕西省各发布 1 项。在全国团体标准信息平台（http：//www. ttbz. org. cn/）查询目前发布实施的薏仁米相关的团体标准有 10 项，其中贵州省地理标志研究会发布有 8 项，而中华中医药学会与云南省餐饮与美食行业协会各发布有 1 项。而对于企业标准目前在企业标准信息公共服务平台（http：//www. cpbz. gov. cn/）上进行备案及实施的有 43 项，而大部分企业制定的企业标准虽没有在企业标准信息公共服务平台进行备案，但在实际生产中是执行了制定的企业标准，以目前我国薏仁米产业的发展状况来估算企业标准的实际数量应不低于 200 项。

（三）薏仁米地理标志认证状况

目前我国对于地理标志产品保护主要有三个渠道进行许可性认证，分别为"国家地理标志产品"（原质检总局现市场监督管理总局）、"农产品地理标志"（农业农村部）、"地理标志证明商标"（原工商总局现市场监督管理总局）。通过查询市场监督管理总局及农业农村部公布的地理标志注册、登记数据，截至目前在全国范围内成功申请地理标志保护的薏仁米产品有

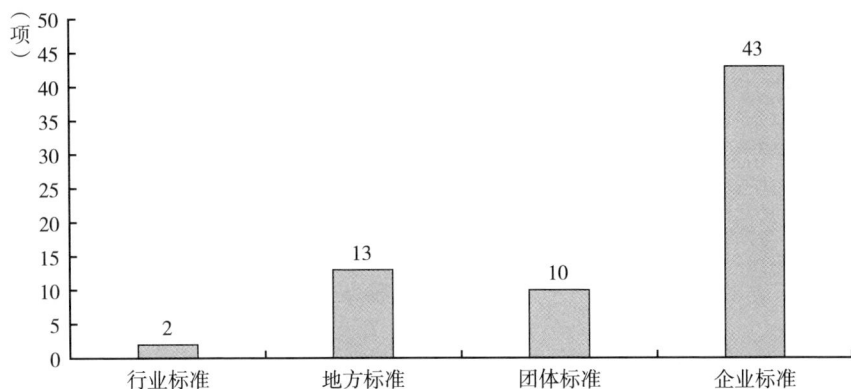

图3 薏仁米相关标准统计分布

资料来源：根据工标网、全国团体标准信息平台、企业标准信息公共服务平台中的数据，由作者统计整理得到。

7件，分别为蕲春薏苡仁、宁化薏米、金沙薏米、兴仁薏仁米、浦城薏米、晴隆糯薏仁米、泗流山薏苡仁。其中"国家地理标志产品"有4件，为浦城薏米、兴仁薏仁米、宁化薏米和蕲春薏苡仁，"农产品地理标志"有2件，为宁化薏米（宁化糯薏米）、泗流山薏苡仁，"地理标志证明商标"有3件，为兴仁薏仁米、金沙薏米、晴隆糯薏仁。而且在上述成功申报地理标志的薏仁米产品中兴仁薏仁米和宁化薏米还为双渠道保护的地理标志产品，兴仁薏仁米既是"国家地理标志产品"又是"地理标志证明商标"，宁化薏米既是"国家地理标志产品"又是"农产品地理标志"。

表1 薏仁米地理标志认证统计

产品名称	批准渠道	批准公号
蕲春薏苡仁	原质检总局	质检总局2014年第55号公告
宁化薏米	原质检总局	质检总局2014年第55号公告
	农业农村部	农业部公告第1870号
金沙薏米	原工商总局	商标公告1348号
兴仁薏仁米	原质检总局	质检总局2013年第167号公告
	原工商总局	商标公告1252号

产品名称	批准渠道	批准公号
浦城薏米	原质检总局	质检总局 2008 年第 140 号公告
晴隆糯薏仁米	原工商总局	商标公告第 1521 号
泗流山薏苡仁	农业农村部	农业部公告第 2105 号

资料来源：根据质检总局网、中国商标网、农业农村部网中的数据，由作者统计整理得到。

二 薏仁米公共技术服务平台建设规划

（一）平台建设目标与指导思想

薏仁米公共技术服务平台的搭建必须以薏仁米产业中的基础性及关键性的信息技术为前提进而展开相应的研究，以开发助推该产业健康快速发展的相关软件平台、技术及工具，最终形成以具有该产业共性服务技术的基础性平台，解决目前薏仁米产业在进行技术递进改造及运营模式更迭创新中所面临的普遍共性问题及困难，为打造面向薏仁米产业发展过程中的多种典型应用，带动产业集群以及提升整个产业链技术水平的相关公共技术服务平台的搭建提供基础的信息技术支撑。平台的建设规划及设计的指导思想为：对现有的产业优势资源进行不断整合，挖掘共性技术的突破口，加强对服务模式的创新，对示范应用的加大推广，持续加强对公共技术服务体系的构建及完善，充分利用科学技术对薏仁米产业发展的支撑及引领作用。

（二）平台建设原则

薏仁米公共技术服务平台的规划和建设必须与当前薏仁米产业发展对公共技术的需求紧密地捆绑在一起，以遵循共性支撑、前瞻性、统筹规划、按序实施及可拓展性等五大原则。对于共性支撑原则，需对现有的薏仁米产业公共技术资源进行有机整合，不断探索及寻找当下的基础、关键公共或集成技术的突破口，为产业的运营模式的创新、产业的集群以及形成新业态提供良好的环境。而前瞻性原则也是必不可少的一项原则，随着当前产业化的不断发展，公共技术服务平台的建设已成为薏仁米产业向前发展规划中的一个不可或缺的项目，平台的搭建也成为加速推动薏仁米产业健康快速发展的基础条件及保障，所以对于公共技术服务平台的规划及建设就必须要与薏仁米产业的长远期发展规划相适配①。在平台的建设过程中，统筹规划原则也非常重要，因为平台的建设本身就是一项系统的工程，在薏仁米的整个产业链条下，其涉及企业、政府、科研单位、种植农户等多重主体，这就要求将其作为一个完备的系统来进行统筹规划。在当前的薏仁米产业发展状况下，各企业及各区域的发展并不是在同一水平线，有的区域产业化发展还处于刚起步阶段，而一些区域则产业链条发展得较为完备，这就要求平台的建设要根据不同区域产业发展的实际情况制定相应的实施计划，且要按序实施。而且在当前信息技术发展极为快速的背景之下，平台在建设中必须要考虑到后期运营过程中的拓展性问题，以不被快速发展的信息技术所拖垮。

（三）平台服务支撑体系

在薏仁米产业的整个产业链条之下，其涉及的行业非常繁多，这也反向要求平台的服务需求多样化，所以平台在基于共性支撑的基础上，需运用多个不同类别的服务体系，即运用一个基础、两项支柱、四个服务类别的开放式多类别服务支撑体系。而多个类别服务体系的有效运用，能有力提升平台的拓展性及灵动性，也十分有利于为薏仁米产业发展中的不同行业提供多样化的技术服务。一个基础就是指要具有一个稳定且快速的平台网络硬件环境，基于平台的共性支撑这一内在属性的要求，平台的服务器就必然要具备

---

① 易正江、刘庆华：《公共物流信息平台规划与设计研究》，《电脑知识与技术》2009年第5期，第5106～5107页。

快速运算、海量存储以及调衡非对称负载的能力，以此来保障对公共服务的接入、公共技术的集成、技术资源的汇总分析和多用户同步访问等需求的满足。两项支柱则是政策法规和技术标准两项规范性文件，国家及地方出台的政策主要包含了对于薏仁米产业运营实体的税收、劳动保障制度以及刺激产业发展的相关优惠和激励政策，当然也包含了这些政策对公共技术、公共服务的公共投入。四个服务类别即共性技术支持服务、行业组件服务、公共技术信息服务及公共技术应用服务，共性技术支持服务主要是对产业的共性技术的接入及服务提供支持，产业内的相关企业在平台上接入服务后，可直接将这些服务同步到自己的企业平台，这样就免去了企业进行自己开发所造成的资金损失和资源浪费；行业组件服务就是为产业内部的不同行业企业提供不同行业组件，同时以统一的技术标准规范形成统一的平台接口；公共技术信息服务就是对薏仁米产业内各行业企业进行技术分享、交流、咨询、供求等提供信息服务，各企业就可通过平台搜索自己需要的相关行业技术的最为及时、最为全面的信息，从而为薏仁米产业所涉及的各个行业提供专业的"一站式"服务，在平台上的其他三项服务类别也通过公共技术应用服务进行展现，而公共技术应用服务也就成为平台使用者获取相关服务的入口。

三 薏仁米公共技术服务平台设计

（一）平台功能

薏仁米公共技术服务平台的搭建可为产业发展中的各企业提供多个不同类别服务，而针对整个产业中不同行业企业的不同服务类别特点主要发挥相关技术信息的发布及检索、组件发布及下载、服务注册及接入、公共技术服务支持及平台日常管理等功能。首先是发挥相关技术信息的发布及检索功能，平台上发布的技术信息主要包括了薏仁米产业链条下各个行业最新的技术招标、转让、供求及前言资讯等；其次是发挥组件发布及下载的功能，组件的提供商可在该平台上及时发布相关行业组件的信息，而有需求的企业通过平台获取相关组件的信息后，可与提供商进行沟通联系，对有需求的组件在平台上进行下载；再次是发挥对共性服务的注册及接入功能，对于共性服务的提供商可在平台上进行注册，在注册的过程中即完成了对于进入平台的接口的统一化规范化的描述，让有服务需求的相关企业或个人在进入访问平台后即可及时获取相关的信息及服务，共性服务的项目主要包括有电子认证、信息搜索、征信与信用等等；而对于公共技术服务支持功能的发挥，主要是在服务平台上自身服务平台的运营方为相关公共技术服务提供方提供公共支持服务，其提供服务的项目主要有在线调查、专家咨询、即时通信等，同时还提供在产业发展背景下的相关行业法律法规、技术政策、技术标准、行业报告等信息服务；最后是发挥平台的日常管理功能，平台的运营商必须在日常进行全方位的管理及维护，以切实保障平台的无障碍正常运转，而平台的管理与维护项目主要有注册用户管理（即相关技术信息获取方及提供方）、录入平台信息筛查及审核管理、录入平台技术及组件分类管理、共性服务管理、平台公共服务管理、平台数据库维护及更新管理、平台安全管理以及在平台后期进入商业化运营后的相关服务的计费管理等。

（二）平台架构

薏仁米公共技术服务平台的架构可采用主要业务逻辑端及表达端两个软件结构体系构成，主要业务逻辑端是对平台的技术信息管理、构件管理、共性服务管理、日常管理及信息筛查审核、服务调度等主要业务进行汇集及封装，同时进行初步分析并提供统一的接入平台端口[①]。表达端则是平台用户与系统进行交互的入口，表达端的相关应用经过主要业务逻辑接口进行访问

---

① 段征宇、孙伟等：《区域中心城市物流信息平台规划研究》，《现代物流技术》2009 年第 2 期，第 50~53 页。

同时调用相关主要业务项目，最终为平台用户提供相应需求的服务项目。主要业务逻辑端及表达端两个软件结构体系架构的设计，让主要业务逻辑端与外部的表达端都能保持相对的独立，这样也就有利于平台系统的后期拓展及复制，从而让薏仁米产业中涉及的相关行业及企业在调用相关主要业务时构建多样化、个性化的用户系统，如"一站式"门户、应用示范、运营服务等。

四 薏仁米公共技术服务平台发展趋势

在产业发展的过程中对于公共技术平台的建设与发展离不开产业对公共技术需求的市场基础，同样更离不开以政府为主导的强大推动力。基于薏仁米公共技术服务平台建设与发展中可预见的相关问题，需不断对政府的主导定位及具体的实践方法进行强化和细化，如在财政资金的投入、制度的规范化建设等方面，以推动服务平台在数量上持续增长的同时保证质量上的不断提升，扩展平台对产业内涉及的各行业及各企业的适用性及服务覆盖面，最终形成规范运行、好公信力、强服务力，对薏仁米产业的技术普及提升具有强效和持久支撑作用的服务平台。

（一）持续加强政府财政资金投入

1. 明确以政府为主体建设的职责

根据薏仁米产业在一些特定的聚集区及产业发展中对公共技术的需求，当面对没有龙头企业、龙头企业较少或实力较弱以及对建设公共技术服务平台的意识不强的情况时，政府及相关的主管部门应直接统筹资金来建设公共技术服务平台，以及时弥补产业发展过程中在平台建设方面的缺失或是滞后。同时，当已建立有服务平台，但对于运行该服务平台的主体难以有效发挥对产业服务的作用时，政府及相关的主管部门也有职责通过直接介入，对已有平台的服务项目及能力进行改造提升，以匹配产业发展中对公共技术的需求。在平台的建设与发展过程中，政府可通过独资或控股参股等不同形式与相关具备公共技术服务能力的企业或科研院所进行合作来搭建平台。

2. 持续加强政府对平台建设扶持资金的投入

政府要将公共技术服务平台建设作为扶持的重点，逐步、逐年加强薏仁米产业专项资金对平台建设及运营的扶持倾斜力度。财政资金在对规范运营、服务能力较强、对产业技术提升有明显带动示范作用的优秀平台进行重点扶持的同时，也需对扶持的覆盖范围进行逐步放大，以点带线，以线促面，引导企业及其他市场主体参与到平台的建设中。在对现有平台进行有力扶持的同时，还要加强对一些具备较强发展潜力的平台建设主体的培育力度。从产业发展的进程来看，龙头企业在技术、设备、资金及市场等方面有着一般企业不可比拟的优势，其自然也就成为整个产业在技术创新提升的核心及引领力量，政府财政资金要扶持龙头企业技术研发部门的发展壮大，将现有技术及设备的优势资源有效转化为高起点、高能力的公共技术服务平台，特别是对于有能力但缺乏动力的企业要拓宽其视野，转变其企业发展观念，以适应产业的发展趋势及产业的政策导向，从而进入更高的产业发展领域。

（二）不断完善平台制度框架

确立及完善平台的建设标准，规范平台在组织形式、管理机构、办公地点、硬件设备、人员组织、服务范围、发展导向等方面的建设要求。以建设标准为纲推动平台的基础框架建设，设立规范化的公共技术服务机构，同时以标准中的规定内容对现有及新的平台进行审核及认定。在不断完善平台制度框架中，要有目的性的做好平台内部的企业化运行机制及平台外部的技术服务导向管理制度。

1. 企业化运行机制

从平台自身的内部条件来看，其制度建设的基础无疑是企业化运行机制，同时也是平台内生发展力量的来源。对于平台的建设主体可以是政府、企业或其他的市场主体，但平台的运营则必须按市场经济的规则进行企业化运作，再通过对产业公共技术需求的服务达到平台的自我发展。首先对于政府及相关主管部门等建立的平台需建立企业化运行机制，以具备自我独立生存的能力；其次是对于由企业建立但不具有独立法人资格的平台，应尽量加快从原有企业中分离独立出来，由原有企业中的一个分支部门转变成自主运营、自我核算的独立经济实体。

2. 平台技术服务导向管理制度

从平台运营的外部环境角度来看，在基于平台内部已建立企业化运行机制的基础上，政府及相关主管部门需以外部建立有效规范平台技术服务导向的行政管理制度，从而保证平台的运营能有效服务于产业的发展需求。而对于平台技术服务导向的行政管理制度主要包含有两方面的内容，首先是平台的动态监测及评价制度，需对平台的产业服务导向和服务绩效的评价制定相应标准，包括有平台的年度计划、长远规划、服务形式及计费规范、服务效应统计、服务可持续性等等。① 服务的获得方是对平台的服务向导及优劣的感知最为直接的，所以服务获得方对平台的满意度也是对平台进行评估的关键及终极指标，以企业作为建设主体的平台，为确保其产业服务导向，在加强制度建设的外部约束力的同时，还要不断加大平台自身对产业服务认知意识的提升，这在大量的产业发展的实践过程中已得到多方面的论证，一些企业渐渐意识到平台的建立已不单单是开拓一个业务项目，平台的建设还能产生对企业的自身形象以及整个产业的影响力、知名度等一些无形资产的大幅度提升的效果，而作为龙头企业及引领产业发展方向的骨干企业还看到平台的搭建能让企业自身与整个产业实现双赢的长远效益。其次是平台的服务计价监管机制，平台的运营有着作为独立经济实体的营利性商业性质，但其又作为产业服务向导有着非营利性的公益性质，基于其相对存在的两种性质，政府及相关主管部门需对平台的服务计价标准进行指导和监督管理，避免平台这两种性质的失之偏颇，始终让平台的服务收费标准契合与产业服务的需

---

① 宋东升：《河北省中小企业公共技术服务平台建设与发展的路径》，《河北学刊》2012 年第 6 期，第 229～233 页。

求关系。所以，一方面政府及相关主管部门应实事求是地制定平台相关服务的计价标准，标准中应依照服务的项目及内容不同的实际情况，制定具有差异化的计价及收费形式，如在提供相关检测服务等一些技术含量不高或可重复性较强的服务项目计价标准时可考虑适时降低或是免费，而对于像技术研发、转让等技术含量较高且本身成本高昂的服务项目则需进行合理计价。另一方面还需要在产业的内部进行协调组建大多数企业都参与的诸如像平台会员制度等相关产业内部共享机制，以形成平台的运营主体与获益企业在公共技术推广及应用方面的相互监督与协同的体制，在保证产业的公共技术能及时扩散及广泛应用的同时，也能为企业提供物美价廉、物有所值的技术服务。

（三）有效提升平台服务功能

1. 提升研发服务能力

在保证平台的营利性运营的同时，也需要不断增加对平台实现创新突破发展的资金投入，加大高素质技术人才特别是对于技术研发人才的引进力度，持续优化平台在专业技术人才的组织构架，及时对平台的仪器设备进行更新换代，加速推动平台的主要服务项目及内容的研发能力的建设进程，转变当前一些已有平台限定于只具有产品检测、信息查询、技术培训等层次较低的服务内容现状，形成具有较强的对于公共技术研发的支撑能力，且能持续的研发出与产业发展需求相吻合的新技术、新工艺及新产品。开展技术合作亦是对提升平台技术研发能力的主要途径之一，以国外运行较为成熟的此类平台来看，将平台转变为各种技术服务提供方之间进行技术知识交流与聚合的载体已成为平台后期发展的一个主要方向。从国内的相关平台运营实践来看，将企业、科研院所以及高校的技术资源进行整合优化后，能有效增强平台的技术支撑及服务能力，这也成为国内类似的服务平台建设及运营的一种惯用做法。在产业发展中对技术需求关系的作用之下，一些科研院所已逐渐转变为产业的技术研发应用中心，同时一些地方政府与科研院所及高校展开联谊合作，并建立相关产业技术开发研究院。为了对产业内的各种市场主体的技术及人才资源实现有效整合，平台必须进行开放式的合作来实现产、学、研、教的紧密连接，龙头企业与科研院所和高校之间可对自身的实验室及技术设施设备进行共享，以股权合作等多种形式建立技术联盟或是联合研发实验基地等，搭建网络化、共享化的公共技术服务体系，实现技术资源的共享以及技术优势的互补，提升技术的有效利用率的同时亦可统筹开展产业公共技术研究。目前在全国范围内的各个薏仁米产业聚集区由于区域经济社会发展水平的具有差异化的特征，也不可避免的造成了各个薏仁米产业聚集区内已建成的公共技术服务平台出现技术支撑较差、研发能力薄弱的现象，而以整个薏仁米产业的角度出发，在对现有薏仁米公共技术资源进行优化整合中，可通过跨区域的薏仁米技术项目合作或企业联盟等多种较为灵活有效的方式，以实现全国薏仁米产业整体技术含量的提升及关键技术的突破。

2. 拓展服务功能

首先是对公共技术服务功能的拓展，在一些平台出现服务的项目及内容过于单一化时，应及时对平台的技术服务范围进行扩展，增加面对产业发展需求的服务内容，如技术研发、技术推广、技术培训、产品研发、产品检测、信息检索等等，将平台努力发展为综合性的公共技术服务平台，强化平台的综合性服务能力，同时有效促进平台内各项服务内容的有机融合，以最终实现一体化的发展。其次是对平台中非技术服务功能的拓展，在基于以公共技术服务为根本的基础上，以产业的发展需求及平台的自身实际情况为前提，可酌情适时将平台的服务功能向非技术服务领域拓展，如增加企业管理咨询、产品质量追溯、产品认证、市场营销、品牌打造、法律援助等综合性服务项目，一些发展条件较成熟的平台则可直接转化为能为产业内的初创或规模较小企业提供一站式、立体式的全方位、综合性公共服务平台。

以目前我国薏仁米产业发展的趋势及现有公共技术的状况，构建服务于整个薏仁米产业发展的公共技术服务平台迫在眉睫，平台的搭建本着统筹整合现有优势资源、找寻共性技术的突破口、不断对服务模式进行创新的设计指导思想，坚持共性支撑，前瞻性、统筹规划，按序实施及可拓展性的基本原则，运用一个基础、两项支柱、四个服务类别的开放式多类别服务支撑体系结构，为薏仁米产业公共技术的服务提供方和需求方提供一个相互交流的平台，为促进薏仁米产业发展提供平台支持[①]。

---

① 苏雪峰、岳云康：《山西省现代服务业公共技术服务平台规划与设计》，《农业网络信息》2010年第5期，第88~90页。

B.13
薏仁米公共服务建设研究报告

朱忠琴　杜小书*

摘　要： 薏仁米作为一种极具营养价值和药用价值的传统农作物，广泛应用于各个领域。基于其诸多优点，薏仁米越来越被作为一种文化产业、康养产业、旅游产业、扶贫产业等特色产业来发展。而在这些产业的发展过程中，都缺少不了公共服务的巨大贡献，公共服务与薏仁米产业发展的有机融合，不仅有利于公共服务建设的完善，更有利于薏仁米产业的健康、绿色、快速发展。本文在简要梳理了薏仁米公共服务主体及其职能的基础上，分析了当前我国薏仁米公共服务建设中存在的农业基础设施薄弱、财政支持力度低、科技支撑度不高以及信息化服务程度低等问题，提出了完善薏仁米公共服务建设的八条建议。

关键词： 薏仁米　公共服务　公共服务建设

一　薏仁米与公共服务

首先，我们来了解一下公共服务的含义，这对有效理解公共服务与薏仁米产业发展的共同点有着重要意义。目前，业界对公共服务的定义已经普遍达成共识，公共服务是指以政府机构为主体的公共部门，利用公共权力和公

---

* 朱忠琴，贵州大学公共管理学院，2018级硕士研究生，研究方向为公共政策。杜小书，贵州省社会科学院研究员，研究方向为文化产业。

共资源满足公众需求，提供社会产品与服务的总称，其目标是平等地解决社会成员的基本生存和基本生活问题、平等地改善公民的生活状况、提高公民的生活质量、造就身心健康且有能力的公民。[①] 对于现阶段的中国来说，公共服务的内容主要包括国防、公共安全、教育、就业、社会保障、医疗卫生、文化体育、基础设施、科学技术、环境保护、计生服务等方面。薏仁米是我国传统的种植作物。近年来，它已日益发展成为一种文化产业、康养产业、旅游产业、扶贫产业等特色产业。一方面，这些产业的发展离不开公共服务的巨大贡献，另一方面，薏仁米相关特色产业的发展也加强了公共服务的建设，拓展了公共服务的领域，促进了公共服务目标的实现。例如，薏仁米生产的生态环境、基础设施、栽培技术、养殖技术、加工技术、产品检测等都离不开公共服务的参与，且薏仁米的品牌打造也需要项目的支撑、品牌宣传、标识管理等，其产业的建立与发展也是一个标准化、体系化的过程。同时，对薏仁米的保护本身就是一种公权力的保护，其在公共生产过程中具有维护市场秩序、提供就业岗位、加快农业公共基础设施建设、加强公共环境保护等作用。因此，想要推动薏仁米产业的健康、绿色、快速发展，实现精准扶贫、改善民生、缩小区域和阶层之间的发展差异，让发展成果由人民共享，全面建成小康社会的公共服务目标，就必须促进公共服务与薏仁米产业发展的有机结合。

二　薏仁米公共服务的主体及其职能

薏仁米作为一种文化产业、康养产业、旅游产业、扶贫产业，在其公共生产过程中不仅带动了当地的经济发展，同时提供了更多的就业岗位、完善了当地的农业基础设施建设，为扶贫事业做出了巨大的贡献。政府也越来越重视对该行业的引导、扶持、管理及服务，此外，我国提

[①] 王春婷：《政府购买公共服务的内涵与动因》，《湖北科技学院学报》2012年第10期，第20~23页。

出了着力建设服务型政府的方针政策。为此，亟须提升薏仁米的管理及服务，转变其工作方式，使薏仁米产业在新形势下能够更好更快地发展。在当前我国薏仁米品牌保护中，申请渠道和保护主体多种多样，但最主要是由国家质量监督检验检疫总局批准的薏仁米国家地理标志产品，农业部批准的薏仁米地理标志产品以及国家工商行政管理总局批准的薏仁米地理标志证明商标三个部门构成的差异化的保护模式。[1] 在对薏仁米产品保护的过程中，三个部门的差异性，形成了不同的保护制度，构成了各自差异性的多元公共服务主体。[2] 下面将对薏仁米公共服务的主体及其职能进行详细的介绍。

1. 人民政府

在中国社会经济发展过程中，在资源配置中起着决定性作用的市场主要是通过价格、供求、竞争等手段来调节经济活动。而政府则主要通过诸如加强监管、强化信息化服务、完善基础设施建设、制定宏观的行业发展计划及政策法规，为企业发展提供最基本的保障等公共服务手段来支持、管理、引导当地社会经济的发展。在我国薏仁米产业的建立与发展过程中，国家部委及省、市、县人民政府，秉持科学指导、分配、协调政府各部门履行各自职能与责任的理念，从不同角度出发制定并颁发了促进薏仁米产业发展的相关措施，推进了薏仁米产业的保护与管理，促进了薏仁米公共区域品牌的打造与建立。2018 年，贵州省农委会出台《贵州省绿色农产品"泉涌"工程工作方案（2017～2020 年）》，强调扩大薏仁米等特色杂粮种植面积，建设全国特色杂粮种植加工基地，提高特色杂粮生产效率。2017 年，兴仁县人民政府出台的《兴仁县创建"兴仁薏仁米"贵州省地理标志产品保护示范区工作方案》中就提到要创建兴仁薏仁米示范区，进一步增强兴仁薏仁米的品牌影响力和市场竞争力，

---

① 段忠贤：《地理标志公共服务研究》，社会科学文献出版社，2017 年 8 月。
② 李发耀、黄其松主编《贵州蓝皮书：贵州地理标志产业发展报告（2017）》，社会科学文献出版社，2017。

提升兴仁薏仁米产品附加值，带动农户脱贫致富。[①] 2017 年，贵州省农业委员会出台的《省财政厅省农委关于下达 2017 年省级农业产业发展资金（农技推广植保专项）的通知》，涉及该项资金主要用于开展香禾、薏仁、小米等优质特色粮食作物病虫害绿色防控技术试验示范，其中薏仁米试验地点为兴仁县。2017 年，贵州省人民政府办公厅印发了《贵州省人民政府办公厅关于印发贵州省发展"一县一业"助推脱贫攻坚三年行动方案（2017~2019 年）的通知》，其中涉及将薏苡作为"一县一业"助推脱贫发展产业之一。农业部于 2016 年出台的《2016 年全国杂粮生产指导意见》，该"意见"根据薏仁米生产的区域范围、自然条件、生产现状提出了推进薏仁米产业增质、增效与可持续发展对策。贵州省政府在加快发展贵州特色优势农业产业、做大做强贵州薏仁米产业、提升薏仁米产业的市场竞争力与占有率、带动农户脱贫致富的部署背景下，于 2015 年出台了《贵州省薏仁产业提升三年行动计划（2015~2017 年）》。旨在全面提升贵州省薏仁产业的生产、加工技术水平，把贵州打造成全国乃至东南亚地区的薏仁加工首要集聚区和产品集散地。浦城也通过资金保障、技术保障、市场保障、种植保险"三保一险"政策扶持薏米产业发展。[②]

2. 知识产权部门

提出薏仁米产品专利法及其实施细则的草案；研究相关的知识产权法律法规；组织制定薏仁米专利工作的规章制度；组织制定薏仁米专利认定和侵权判断标准，并指定管理认定机构；指导地方有关部门处理专利纠纷和查处假冒专利行为的工作；负责薏仁米专利代理机构的审批、人员资格的确认；组织、推进专利法及有关法律法规的宣传普及工作；组织有关知识产权的教育与培训等。

[①] http：//www.gzxr.gov.cn/xxgk/xxgkml/jcgk_44556/zcwj_44570/rzfbf/201710/t20171020_2932979.html.

[②] 李发耀、石明、秦礼康主编《薏仁米产业蓝皮书：中国薏仁米产业发展报告（2018）》，社会科学文献出版社，2018。

3. 科技部门

拟订薏仁米产业发展的创新驱动战略方针，引进国外先进的薏仁米产业发展的政策方针与发展规划；统筹规划我国薏仁米产品创新体系的建设；促进薏仁米产品种植、加工等技术的改进，会同有关部门健全技术创新激励机制，推动薏仁米产品的创新发展；会同有关部门拟订薏仁米产业发展的相关专业人才队伍建设，如专业的种植人员、加工人员等，促进薏仁米创业的科学化、专业化、效益化发展。

4. 食品药品监督管理部门

根据食品安全、药品、化妆品监督管理的法律法规草案，对薏仁米相关产品进行安全检测，对薏仁米产品相关检测合格的基础上颁发薏仁米食品行政许可证并监督实施；负责开展相关食品药品安全宣传、教育培训，使消费者在充分了解薏仁米特性的基础上，能够安全食用、药用等。

5. 质量技术监督部门

负责检查监督辖区内的薏仁米产品生产企业的生产、运行、产品是否符合相关的法律法规，如果发现生产无生产许可证上市产品、抽检出不合格产品、特种设备不检验、无证经营等违法行为的，可给予行政处罚。

6. 工商行政管理部门

组织、监督和管理薏仁米地理标志产品的商标注册工作，负责著名商标的认定；查处商标侵权行为；负责监督管理商标的印刷；负责管理并指导商标代理机构和商标评估机构的工作；负责企业、专业合作社、从事经营的单位及个人等市场参与主体的注册登记并监督管理，如果发现无照经营违法行为的，则依法查处取缔。

7. 市场监督管理部门

负责组织薏仁米地理标志产品及薏仁米地理标志申报相关工作；配合当地政府编制薏仁米管理办法；组织相关部门、企业、合作社等制定薏仁米省级地方标准，包括标准立项申请、标准编制、标准评审及标准发布，对标准使用者进行监督管理；组织对已申报为薏仁米国家地理标志产品的进行地理标志标识申请使用工作，包括产地认证、企业认证、标准确立、检验报告等，对标识使用进行监督管理；培育当地薏仁米地理标志产品潜在资源；组织当地企业、合作社等机构进行薏仁米地理标志相关知识及法律法规的培训工作；组织协调相关部门进行薏仁米示范区建设。[①]

8. 出入境检验检疫部门

贯彻执行出入境卫生检疫工作，负责进出口商品的法定检验和监督管理，负责出入境检验检疫证单和标识、封识的签发并对其进行监督管理，负责出口商品普惠制原产地证和一般原产地证的签证工作，促进薏仁米产业的公共品牌打造。

9. 农业部门

指导薏仁米生产；组织实施扶持和促进薏仁米生产发展的政策措施；引导薏仁米产业结构调整与产品品质的改善；联合有关部门引导薏仁米产业的标准化、规模化生产；提出发展薏仁米产业的资金使用建议；负责薏仁米质量的安全监督管理；拟订薏仁米质量安全监管体系建设规划并组织实施和开展薏仁米产品的质量安全风险评估；发布有关薏仁米产品质量安全状况信息；负责薏仁米质量安全与生产环境的监测；制定并组织实施薏仁米生产的技术标准和产品质量标准；依法实施薏仁米种子（种苗）、农药、肥料、农用膜的许可和监督管理。促进薏仁米产前、产中、产后一体化发展。

10. 环保部门

负责薏仁米生产环境监理和环境保护行政稽查，监督生产商在生产加工过程中是否造成了环境污染，如果发现生产商在生产加工过程中环境污染标准超过了环境保护红线，应该给予相应的惩罚，对于那些在生产加工过程中有意识的保护生态环境的，对保护生态环境做出贡献的生产商要给予一定的经济或精神奖励。推动薏仁米生产者参与环境保护。

11. 宣传部门

负责薏仁米品牌的公共宣传工作，通过报纸、学术性文章、电视媒体、

---

① 段忠贤：《贵州地理标志公共服务研究》，载《贵州省地理标志产业发展报告》，社会科学文献出版社，2017。

互联网、新媒体等多种形式对薏仁米进行宣传推广，增强薏仁米产品的知名度，促进薏仁米产业的品牌化发展。

12. 财政部门

补贴薏仁米生产商足够的资金并严格把关其资金使用，保证资金合理地运用到薏仁米产业的发展上，打通薏仁米产业发展的资金关。

13. 产业办、行业协会、合作社、企业

负责薏仁米相关产品的商标申请、地理标志申请、专利申请，负责薏仁米养殖、种植、加工、研发等。

三 当前薏仁米公共服务建设存在的问题

1. 农业基础设施薄弱

在中国，薏仁米一般不种植在当地比较肥沃的地方，而是种植在自然灾害发生频率较高的地区。这些地区存在着生产条件差、农业基础设施十分薄弱、水利设施不健全、水电缺失等现象，致使薏仁米播种以后，水分不足，无水灌溉，最终导致薏仁米产量低、品质下降，直接影响了薏仁米的产量和效益。

2. 政府财政支持不足

要想薏仁米能够在新形势下更好、更快地发展，成为新形势下产业发展的优胜者，就必须学习和引进新的经验、先进的技术以及新的品种。但是由于我国从总体上来说，政府对于薏仁米产业的发展重视度不够，因此，其财政支持度也存在着明显的不足，使新经验、新技术、新品种的推广应用失去了核心支柱，最终造成了全国低产薏仁米的面积大，经济效益低的现象。

3. 科技支撑力度不够

虽然薏仁米作为我国的传统农作物，有着丰富的营养价值和药用价值，但它作为一种产业发展，特别是作为一种扶贫产业发展引起政府的重视还是近几年的事情。因此，我国薏仁米产业在发展过程中明显存在着薏仁米科研支撑力度不够的问题。主要表现在以下几个方面：第一，我国从事薏仁米研究的专职人员比较少。第二，由于我国基层农技人员业务知识储备不足，薏仁米推广过程中，缺乏专业知识的指导。第三，科研部门在良种选育、高效栽培技术、病虫害综合防治以及采收加工等方面的研究匮乏，不能彻底解决生产中存在的种种实际问题。第四，高校学者、科研所对薏仁米的研究时间也相对较短，这一方面的学术成果也相对较少。

4. 信息化服务程度低

目前，我国薏仁米在发展过程中信息化服务程度比较低，例如，像微博、微信这样的新媒体信息平台上，也只有"兴仁薏仁米"一个微信公众号，且公众号里面的内容只是很简单涉及了关于薏仁米功效、历史简介以及薏仁米双创大赛的内容。而对于薏仁米相关产业的信息收集、传播以及市场信息却很少涉及，这就导致了"信息鸿沟"的产生，即薏仁米生产农户不能及时地根据市场的需要对产品结构进行调整，不利于产业的健康发展和农民收入的提高。同时，薏仁米市场信息的不流通也会影响到我国薏仁米的出口，使生产与贸易脱节，不利于市场发展。

四 完善薏仁米公共服务建设的对策建议

1. 完善薏苡产业发展的基础设施建设

良好的基础设施建设是薏仁米产业发展的基础，政府应该加大力度完善相关农业基础设施，如建立健全水利设施，保证薏仁米在种植过程中水电充分等。即在薏仁米产业发展过程中提供好硬件设施、生产环境和公平的市场竞争环境方面提供合理合法的支持。

2. 制定薏仁米相关的国家标准

标准在促进薏仁米产业规模化、规范化生产及可持续发展过程中起着引领的作用。然而，由于我国薏仁米产业化发展起步比较晚，其产业发展相关配套设施和标准也比较匮乏。到目前为止，我国尚未发布薏仁米发展的相关国家标准，更多的是一些地方制定的地方薏仁米发展标准，虽然具有一定的可行性，但对于全国来说，缺乏普遍性。随着薏仁米产业对经济发展的重要性越发明显，想要进一步把薏仁米做大做强，充分发挥其优势，为我国扶贫事业做出更大的贡献，制定薏仁米国家标准势在必行。

3. 加强薏仁米标准化示范基地建设

榜样是一种力量，彰显进步；榜样是一面旗帜，鼓舞斗志；榜样是一座灯塔，指引方向；有榜样的地方，就有进步的力量。薏仁米产业在发展过程中，必须要重视榜样的力量，加强薏仁米标准化示范基地建设。使薏仁米生产者可以在生产活动中通过"榜样"的灯塔指引方向，主动控制诸如安全种植、生产薏仁米等安全生产活动；使安全种植、生产意识深入种植户的心中。这将有助于保证薏仁米及系列产品的质量，有助于从源头上控制薏仁米的安全生产。

4. 加强相关政策法规的宣传

薏仁米产业的发展必须符合相关的法律法规，对薏仁米的种植、加工具有强制性的食品系列的政策法规就直接规范着种植者和加工者的行为。想要从思想层面上控制种植者与加工者过度的贪欲，进一步增强种植者、生产者的道德责任感，为薏仁米产业的发展营造一种良好的社会环境与市场环境，必须要加强有关政策法规的宣传，让生产者与消费者知道违规使用、添加违禁物品所承担的后果，使法不可违的思想深入种植者和加工者的心里，使薏仁米的种植与生产领域在法制轨道内运行，保证了薏仁米种植和生产安全。

5. 制定薏仁米产业发展的促进政策

产区各级政府政策上的引导、扶持和鼓励是中国薏仁米进一步发展壮大的保障。想要把薏仁米产业做大做强，实现企业增效、种植户增收、地方财政经济增长，实现薏仁米种植与加工业规模化、集约化、产业化的发展目标就必须结合当前薏仁米产业的发展布局，制定关于鼓励、扶持、引导薏仁米种植、加工业的促进政策。例如：制定促进薏仁米加工产业地区人才引进、产品研发、重大精深加工项目引进的相关政策，促进薏仁米加工产业的专业化、规模化、产业化发展。

6. 成立行业专业协会

根据"资源依赖理论"的观点："一个组织体的生存、发展需要从周围环境中吸取资源，需要与周围环境相互依存、相互作用才能达到目的。"毫无疑问的，资源依赖理论同样也适用于薏仁米产业的发展。因此，薏仁米产业的持续、健康发展也需要从相关行业中吸取资源，需要与其他相关行业相互依存、需要从其他行业中吸取相关的知识。例如，政府可以在薏仁米种植与加工区域通过邀请、吸收薏仁米种植、销售、研究、养生、企业管理、产品宣传等领域的专家，把相关行业的零散力量聚集起来，成立一个专业协会，借助他们共同的力量把薏仁米产业进一步做大做强。

7. 加大薏仁米种植、加工和产品开发的科技投入

首先，政府要给予薏仁米产业发展足够的资金支持，加大薏仁米相关课题的研究，培养高水平的研究团队、科技人员及种植队伍，重视薏仁米种植、加工过程中的科技投入，并把最新研究成果用到种植和加工中，为薏仁米种植和加工注入更高的科技含量，打牢薏仁米产业做大做强的基础。其次，在现有基础上提高科技含量，增强薏仁米产品的科技含量。目前中国薏仁米产业发展正处于升级转型的关键时期，产区须立足于现有的种植基地、加工基地，依托高校与科研院所的科技实力，以龙头企业为带动，大力推进薏仁米产业的科技自主创新，推进标准化生产，完善薏仁米质量安全全程控制和可追溯制度，提高薏仁米系列产品质量安全水平。

8. 加强信息化服务

目前，我国薏仁米发展存在着种植户与市场需求信息不对称的情况，且信息化服务相对较低，因此，为了使种植户生产出的产品能够更好地迎合市场需要，促进薏仁米产业的健康、快速发展，必须加强信息化服务。基于现在是一个新媒体时代，几乎每个人都会使用手机，刷刷微博、微信，因此，可以借助新媒体的力量建立薏仁米产品信息公众号、官方微博、网站等对薏仁米产品相关产业、政府及有关部门的动态以及薏仁米产品的市场信息以新闻与信息的形式进行公开。使种植户了解到当前薏仁米产业的发展状况，种植出迎合市场的薏仁米相关产品，促进薏仁米的更好更快发展。

五 结语

薏仁米产业在近几十年的发展中取得了巨大的进步，它正进一步朝着标准化、体系化、产业化、市场化的方向发展，越来越被作为一种文化产业、康养产业、旅游产业、扶贫产业等特色产业来发展，公共服务在此过程中做出了巨大的贡献。例如在薏仁米种植、培训、加工、检测、申请地理标志保护、专利、宣传及公共区域性品牌打造等过程中，众多公共服务组织和机构的参与更有利于增强薏仁米产业市场的规范及活力，最大限度地发挥出了薏仁米品牌的溢出效应。因此，我们必须清楚地认识到薏仁米产业的发展与公共服务的建设是紧密相连、不可分割的，它需要在我们不断地完善相关配套公共服务设施中发展壮大。

参考文献

李发耀、黄其松主编《贵州地理标志产业发展报告（2017）》，社会科学文献出版社，2017。

李发耀、石明、秦礼康主编《中国薏仁米产业发展报告（2017）》，社会科学文献出版社，2017。

李发耀、石明、秦礼康主编《中国薏仁米产业发展报告（2018）》，社会科学文献出版社，2018。

B.14
薏仁米公共宣传建设研究报告

刘清庭　卢俊锋*

摘　要： 公共宣传在薏仁米产业发展过程中起着重要作用。当前的薏仁米公共宣传主要通过报纸、杂志、电视、专题节目、会议、展会、网络、自媒体等进行，宣传的形式丰富多样，同个主题多个渠道同时报道，宣传的内容从"薏仁养生"到"薏仁产业"到"提质创品"的主题过渡。为促进薏仁米产业健康发展和品牌化建设，各级政府和企业应更加重视薏仁米的公共宣传，建立系统的公共宣传机制。

关键词： 薏仁米产业　品牌　公共宣传　宣传工具

一　公共宣传对薏仁米产业的重要意义

（一）社会对公共宣传的定义

现代汉语词典中对于"公共"的解释是"属于社会的，公有公用的"，包含有一定的公益性，"宣传"是运用各种有意义的符号传播一定的观念以影响人们的思想和行动的一种社会行为。何谓"公共宣传"，根据美国公共关系专家菲利普·科特勒的解释是：单位或组织以不付费的方式从新闻媒体

---

* 刘清庭，贵州省地理标志研究中心助理研究员，研究方向为地理标志；卢俊锋，贵州省地理标志研究中心助理研究员，研究方向为市场营销与管理、电子商务、进出口贸易等。

获得编辑报道版面，使社会各界阅读或潜在顾客阅读、看到、听到，以达到帮助之实施销售活动的特定目的活动。其特点：一是公共宣传非广告宣传，它不需付费；二是公共宣传是实施传播，推销"自身"的一项活动，有别于一般的政治宣传。[①]

公共宣传作为塑造形象的重要手段，在薏仁米产业发展过程中有其自身独特的魅力，进行有计划的、战略性的公共宣传显得尤为重要。公共宣传的形式灵活、丰富多样，根据公共宣传的内容和目的而选择不同宣传工具。传统的公共宣传工具有：如报纸、杂志、书籍等印刷媒介和广播、电视、电影等电子媒介；举行演讲会、记者招待会、新产品展览会、经验或技术交流会，印发公共关系刊物，制作视听资料，以及举行其他形式的公共关系专题活动；一面旗帜，一枚徽章，一套制服，一座博物馆……都可以成为宣传手段。

（二）公共宣传对薏仁米产业发展的意义

中国是世界薏仁米的种植和消费大国，据不完全统计，全国每年对薏仁米的需求量在100万吨以上，而现在每年仅生产27万吨，生产与消费之间的矛盾十分突出，每年需要大量从东南亚国家进口薏仁米[②]。全国薏仁米市场产品主要以加工米为主，近年薏仁米食用、医药、美容的功效不断凸显，出现了薏粉、薏面、薏烤芙、薏仁饮料等系列薏仁替代产品，以及美容化妆品、药品等，薏仁米市场呈现多级细分的发展趋势，人们对于薏仁米的认知程度不断加深，薏仁米作为绿色健康食品的需求量不断增加。我国薏仁米产业发展至今经历了从产量的扩张到质量的提升，从薏仁米产品到薏仁米品牌的演变过程。消费者对薏仁米有更深入了解的同时，逐渐趋于选择知名度较高的薏仁品牌。

[①] 菲利普·科特勒、凯文·莱恩·凯勒著《营销管理》（第14版），王永贵、陈荣、何佳讯译，格致出版社，2012。

[②] 《贵州兴仁薏仁米走上市场化、国际化道路——〈薏仁米产业蓝皮书〉在京发布》，《中国经贸导刊》2017年第27期，第47~48页。

我国在薏仁米的宣传方面一直以其食用、药用、美容方面进行推介与宣传。2002 年，原卫生部发（卫法监发〔2002〕51 号）《关于进一步规范保健食品原料管理的通知》中，将薏仁米列为食药两用物品。2004 年，中国粮油学会在《我国粮油中长期（到 2020 年）科学和技术发展规划的意见和建议》中指出，要抓好薏仁的产品开发，形成工业化、系列化产品，重点开展薏仁特有成分和营养功能研究及提取与精制技术。国家对于薏仁米产业一直有针对性地引导和宣传，人们对薏仁米的接受度和认可度不断提升。对薏仁米及品牌进行精准、及时、到位的公共宣传，可以增加公众对薏仁米的认知度，促使公众对薏仁米产生兴趣，激发公众购买欲，扩大薏仁米需求市场，提高薏仁米品牌知名度。

二　薏仁米的公共宣传现状分析

（一）薏仁米公共宣传概况

我国当前的薏仁米公共宣传并不多，对于公共宣传的意识较为薄弱，薏仁米公共宣传的历史较短，总体来说，我国薏仁米的公共宣传经历了萌芽、发展的演变过程。

从宣传的工具来看，当前薏仁米的公共宣传主要通过报纸、杂志、电视、专题节目、会议、展会、网络、自媒体等进行，宣传的形式丰富多样，同一个主题多个渠道同时报道，宣传的内容从"薏仁养生"到"薏仁产业"再到"提质创品"的主题过渡。

1. 薏仁米公共宣传的萌芽

在 2002 年原卫生部将薏仁米列为食药两用物品的背景下，薏仁米逐渐被人们重视，当时的薏仁米公共宣传几乎接近于无，少有的宣传主要表现为第三方媒体在报刊、网页发布关于薏仁米养生保健、食疗餐补的新闻或论坛帖子。2009 年，贵州兴仁、云南师宗、福建蒲城逐渐关注薏仁米的公共宣传。2012 年，兴仁市相关政府部门组织拍摄了兴仁县薏仁米产业发展宣传片《黔山养精华，薏仁绽奇葩》，并组织全县相关工作人员观看，开展薏仁米相关教育培训。同年在兴仁召开的"全省薏仁米高产创建及产品推进会"上播放该宣传片，会上强调了"政府作为要进一步提升，强力推动，宣传上要做到知行合一，言行一致，要从自己做起，从日常生活做起，要在高速公路沿线应多设广告牌，树薏仁米品牌"。2013年黔西南州在当年的基层党员干部现代远程教育集中学习计划中，将"《黔山养精华，薏仁绽奇葩》——推进兴仁县薏仁产业"作为教育主题列入学习计划中，这一阶段主要表现为薏仁产区政府部门内部范围内的宣传教育，人民对薏仁米的品牌意识和宣传意识还不够强，产区民众对薏仁米种植积极性还不太高。

2. 薏仁米公共宣传的发展

2014年，中央电视台首个乡村旅游类节目《美丽中国乡村行》走进黔西南——兴仁：参观薏仁基地、美食制作、体验薏仁收割，通过中央电视台向全国观众展示了兴仁薏仁米产业与生态旅游融合的美好形象。兴仁本土节目《兴仁视点》播出了《兴仁薏仁米的成功之路》第一篇《成长》，阐述兴仁薏仁米产业发展的起步、壮大、品牌化之路。同时在各薏仁产区，纷纷涌现出薏仁米相关宣传报道。2015年，福建蒲城县专门将薏仁米的宣传列入下半年新闻宣传纲要，贵州省政府制定《贵州省薏仁产业提升三年行动计划（2015~2017年）》中，将薏仁米公共品牌的宣传与创建提上计划，依托兴仁"中国薏仁米之乡"称号和"兴仁薏（苡）仁米"国家地理标志保护产品，以现有的"聚丰薏苡"、"逸仁"、"壹心壹薏"、"薏米阳光"等品牌为基础，开展品牌策划、运营管理和宣传推广，在省内主流媒体开辟专栏、专题综艺节目，到主要目标市场投放宣传广告等方式，将薏仁的产业特点、品质特性、保健功效、文化魅力和旅游体验等进行总结提炼和宣传推广，将薏仁产业打造成为多彩贵州新名片。从2017~2019年，在各地政府的引导和宣传下，薏仁米产业发展迎来爆发期，纷纷吸引了各媒体注意，多家新闻、电视、网络自媒体、明星推介等为薏仁米产业助力宣传。

（二）薏仁米公共宣传效果评估

1. 以报刊为传播媒介，有效保存信息，适应专业化和专门化的受众需求

报刊是大众传播的重要载体，专业化、专门化的报纸、杂志等媒介以针对性的内容拥有特定的读者群并对他们在每一方面施加特殊影响，以适应专业化、专门化受众的特殊需要。例如：兴仁薏仁米的宣传覆盖了经济信息时报、中国工商报、粮油市场报、贵州日报、中国农机化导报、中国食品报、国际商报、贵州日报、黔西南日报等各大新闻媒体。有效利用新闻媒体，将信息报送给新闻中心，同个宣传主题，多家新闻媒体同时报道，进一步加大宣传，增加受众反复接触的机会（见表1）。

表1　以报刊为媒介的薏仁米相关宣传

时间及版次	内　　容
2002 - 05 - 31（003）	陈雪寒：《消暑保健养生粥》，《中华合作时报》
2002 - 07 - 06（004）	川才：(主任医师)《荷藿薏仁粥治疗"空调病"》，《上海中医药报》
2004 - 04 - 15（007）	张洪军：《粗粮中的抗癌高手之薏仁篇》，《保健时报》
2008 - 06 - 13（013）	郭静：《常吃薏米　祛湿健脾》，《广东科技报》
2009 - 02 - 05（020）	陈小飞：《患风湿喝薏仁粥可消肿》，《健康时报》
2014 - 03 - 26（004）	何丹丹：《从湿热辨顽固寒热不调》，《中国中医药报》
2014 - 06 - 11（006）	刘鹏：《兴仁薏仁米抢占全球7成市场》，《经济信息时报》
2014 - 06 - 12（005）	卜锐：《兴仁薏仁米销量占全球75%以上》，《中国工商报》
2014 - 07 - 12（A04）	鲍复建：《宁化薏米产业"破壳"而出》，《粮油市场报》
2014 - 11 - 22（A04）	杜芳：《薏米深加工闯出国际大市场》，《粮油市场报》
2014 - 12 - 08（B02）	邱有平：《一粒薏仁的崛起》，《江西日报》
2014 - 12 - 27（A04）	冯所怀：《打造全产业链　挖掘薏仁新价值》，《粮油市场报》
2015 - 01 - 15（A01）	彭波：《薏仁受宠或成投资新热点》，《云南经济日报》
2015 - 01 - 17（A03）	薛丹：《薏仁或将成为云南又一项热门生物产业》，《中国食品安全报》
2015 - 03 - 05（001）	罗国林：《兴仁薏仁米强劲进入国际市场赚外汇》，《黔西南日报》

时间及版次	内　　容
2015－06－10（003）	《中国薏苡产业发展论坛专家发言（摘录）》，《黔西南日报》
2015－06－12（007）	黄诚克：《兴仁"抢滩"全球薏仁产业制高点》，《贵州日报》
2015－06－14（002）	黄诚克：《我省实施薏仁产业提质增效行动》，《贵州日报》
2015－06－24（001）	卢雁妮：《打造独树一帜的薏仁生态旅游栖居小镇　服务好"回头看"项目让投资商安心发展》，《黔西南日报》
2015－07－06（001）	杨杰：《"中国薏仁米之乡"贵州兴仁：三十万亩薏仁期待机械化生产》，《中国农机化导报》
2015－07－07（B04）	武开义：《贵州有个薏仁米之乡》，《粮油市场报》
2015－09－03（A01）	向定杰：《杂粮变主粮　一株薏仁背后的亿元产业》，《粮油市场报》
2015－10－16（001）	李颖：《坚持发展现代山地高效特色农业全面打造薏仁产业》，《黔西南日报》
2015－10－21（002）	杜涛：《贵州将打造全国最大薏仁加工中心》，《中国食品报》
2015－11－25（002）	杜涛：《贵州特色杂粮抱团闯京城》，《中国食品报》
2015－12－09（002）	吴古昌：《我州薏仁米产业化"催生"出400家加工企业》，《黔西南日报》
2016－04－25（B04）	张建：《兴仁县薏仁交易已占全球七成份额》，《国际商报》
2016－08－30（001）	韦欢：《投资7000万元合力打造薏仁产业"航母"》，《黔西南日报》
2016－09－20（001）	杜涛：《贵州特色杂粮主打绿色优质》，《中国食品报》
2016－09－23（013）	李其忠：《湿热体质的药物养生（一）》，《上海中医药报》
2016－10－18（006）	杜涛：《贵州小薏米初成大产业》，《中国食品报》
2016－10－24（011）	罗石香：《贵州薏仁产业："特"和"精"上做文章》，《贵州日报》
2017－01－04（005）	樊园芳：《"园区＋N"发力　带动产业融合发展》，《贵州日报》
2017－01－09（007）	倪硕：《贵州兴仁县薏苡仁行业商会凝心聚力助脱贫》，《中华工商时报》
2017－02－07（011）	陈鑫龙：《科技助推师宗薏仁产业崛起》，《云南日报》
2017－02－09（A02）	陈鑫龙：《科技注入新活力　师宗小薏仁变大产业》，《粮油市场报》
2017－04－05（001）	陶昌武：《他们把薏仁米种到国外》，《黔西南日报》
2017－05－04（002）	吴古昌：《兴仁县42家合作社与农户"抱团"发展壮大薏仁米产业实体》，《黔西南日报》
2017－05－11（001）	卢雁妮：《小小"一粒米"　闯进大世界》，《黔西南日报》
2017－05－19（002）	鲁利泉：《安龙"薏仁米"产业提质增效》，《黔西南日报》
2017－07－18（007）	周静：《泛亚实业集团为贫困户创造薏品田园新家园》，《贵州日报》

时间及版次	内　　容
2017 – 07 – 18（B03）	李丽:《汤进:探寻发展新模式　薏米做成大产业》,《贵州政协报》
2017 – 08 – 04（A01）	何博:《小小薏仁米　构建大产业》,《贵州政协报》
2017 – 09 – 06（003）	聂福秀:《兴仁做强薏仁产业助推脱贫攻坚全面小康》,《黔西南日报》
2017 – 09 – 28（011）	宋洁:《金州金秋收获忙　薏仁之乡产业强》,《贵州日报》
2017 – 11 – 01（001）	许新晓:《精准扶贫的"泛亚模式"》,《黔西南日报》
2018 – 01 – 24（005）	雷振平:《薏苡仁:健脾渗湿通淋　清热除痹抗癌》,《中国中医药报》
2018 – 05 – 18（003）	刘久锋:《一粒薏仁米的"七十二变"》,《农民日报》
2018 – 06 – 01（B03）	李丽:《贵州薏米阳光:躬耕薏米点亮致富之光》,《贵州政协报》
2018 – 08 – 11（002）	郭连军:《天士力贵州汇珠薏仁集团:产品转型升级　薏仁米变身"珍珠粉"》,《黔西南日报》
2018 – 09 – 19（004）	韦欢:《打造农产品金字招牌　让优质薏仁米风行天下》,《黔西南日报》
2018 – 09 – 20（007）	王嘉:《小小薏仁米　产业大舞台》,《中国质量报》
2018 – 09 – 21（A02）	王杰:《"一颗米"的经济发展效应》,《贵州民族报》

注:本表信息经中国知网信息检索整理而来。

2. 电视传播弘扬品牌文化, 树立品牌形象

新闻节目是传播事实的主要途径, 有强大的公信力和号召力(见表2)。央视2套2017年《第一时间》中讲述兴仁30万亩薏仁米开始收割, 农户喜获丰收喜悦, 又继续报道兴仁薏仁米上市, 为农户带来的巨大效益。向观众传达劳动致富的文化和理念, 向观众渗透兴仁薏仁米的品牌文化。《贵州新闻联播》2012年8月5日报道"兴仁县荣获'中国薏仁米之乡'称号", 2017年11月11日进行3分钟关于"黔货出山'双十一':县长代言电商给力, 兴仁薏仁米卖出品牌来"深度报道。《兴仁视点》2014年3月21日第10期播出《兴仁薏仁米的成功之路》第一篇《成长》。以节目专题报道的形式, 生动形象地向公众传达薏仁米品牌内涵和文化, 利用其强有力的权威性和号召性, 引起公众的关注和兴趣。

电视专题节目让主题相对统一, 全面、详尽、深入地反映主题。CCTV – 7是央视的农业频道, 近年提出"公益三农、共赢蓝海"的经营理念, 旗下开设的《美丽中国乡村行》、《每日农经》等专题节目分别以专题形式，对兴仁薏仁米进行全方位的专访和报道。《美丽中国乡村行》走进全国最大的薏仁米集散基地黔西南州兴仁县，同当地少数民族体验薏仁米收割、传统薏仁脱壳方式、制作和品尝当地薏仁美食，这个专题不仅展示兴仁县乡村的美丽风貌，更渗透了兴仁薏仁米生态、优质的品牌内涵。

电视公益广告，品牌传播撬动地方产业发展，推动地区脱贫。兴仁薏仁米入选 CCTV "国家品牌计划——广告精准扶贫"项目，在央视多个有公信力的平台多次免费播出，将兴仁薏仁米的特点用内容丰富、层次感强的画面展现出来，同时将兴仁薏仁米的品质风味与万千薏农辛勤劳作结合在一起，借用兴仁薏仁米把兴仁县风土人情、美丽景色融入进去，扩大影响，形成效应，助推兴仁薏仁米品牌面向全国，推动地区脱贫。

表2　电视新闻或节目形式薏仁米有关宣传活动汇总

2012 年,兴仁县薏仁米产业发展宣传片《黔山养精华,薏仁绽奇葩》
2012 年 8 月 5 日,《贵州新闻联播》兴仁县荣获"中国薏仁米之乡"称号
2014 年 3 月 21 日,《兴仁视点》第 10 期《兴仁薏仁米的成功之路》第一篇《成长》206 次播放
2014 年 11 月 28 日,CCTV - 7 军事农业频道《美丽中国乡村行》走进黔西南——兴仁三绝:参观薏仁基地、美食制作、体验收割
2015 年 12 月 22 日,黔西南综合频道《财经关注》兴仁:自营出口薏仁米 2000 吨创汇 300 万美元
2017 年 7 月 4 日,《兴仁视点》第 165 期"中国薏仁宴"点亮大美黔菜
2017 年 11 月 11 日,《贵州新闻联播》3 分钟深度报道"黔货出山' 双十一':县长代言电商给力　兴仁薏仁米卖出品牌来"
2017 年 10 月 20 日,CCTV - 7 军事农业频道《每日农经》刘媛媛推介贵州兴仁薏仁米
2017 年 10 月 20 日,CCTV - 2 财经频道《第一时间》贵州兴仁:30 万亩薏仁米开镰收割农户喜获丰收
2017 年 11 月 28 日,CCTV - 2 财经频道《第一时间》贵州兴仁:四万亩薏仁米上市,打好"有机"牌助农增收。
2018 年 09 月 29 日,CCTV《国家品牌计划》多彩贵州·精品黔货——贵州兴仁薏仁米
2018 年 8 月 5 日,贵州卫视《詹姆士的厨房》扶贫公益宣传片:兴仁薏仁米美食制作
2019 年 01 月 21 日,CCTV - 6 电影频道《中国电影报道》姚晨助力"脱贫攻坚战——星光行动"二度走进贵州调研兴仁薏仁米加工产业

3. 召开或参加各种会议论坛、开展专题或展会活动，增强公众参与度，提升公众对薏仁米的认同感

大型产业会议论坛，聚集薏仁产业，传递业态信息，扩大影响力。2012年9月24日，"贵州省薏仁米高产创建及产品推进会"在兴仁县召开，此次会议共有一百多人参加，会议期间参观了兴仁薏仁良种繁育基地、万亩高产创建示范片、华丰薏仁公司桃酥生产线、聚丰薏苡股份有限公司薏仁粉和精米生产线、泛亚集团电子商务平台和薏苡产品展示。2017年08月，"中国——东盟薏仁米国际论坛暨贸易洽谈会"在贵州省兴仁县召开，会议围绕"中国薏仁米质量与品牌建设"、"中国薏仁米种植与加工现状及趋势"，就中国薏仁米种植加工、药食两用、养生文化、品牌建设、产业发展等焦点问题进行深入研讨和广泛交流，发布的《兴仁宣言》提升了兴仁县作为"中国薏米之乡"的形象，彰显了"世界薏仁在中国，中国薏仁在兴仁"的全新活力和无穷魅力。2018年9月，"中国（兴仁）薏仁米博览会——中国质量万里行走进贵州·兴仁：2018中国薏仁米品牌国际论坛暨贸易洽谈会"在兴仁召开，会议以质量品牌万里行为主题，设立薏仁国家标准圆桌会议、薏仁米品牌建设论坛，兴仁薏仁米与农业大数据圆桌论坛，借此会议聚焦品牌建设、推动合作交流、创新贸易洽谈，进一步增强国际互信、深化国际合作、促进国际交流。兴仁连续两次作为国际性会议的承办方和会议点，云集了国内外经济、学术、政治、农业、中医药、媒体等多个领域的人士共同探讨薏仁米产业未来发展之路，薏仁米上升到国际层面，大大提升了兴仁薏仁米的知名度，树立了兴仁薏仁米在公众的美誉度和形象，间接促进薏仁米的销售。

开展文化专题活动近距离阐述品牌文化，通过展销推介会及时宣传交流促成交易，及时获取市场信息及动态。2014年3月，兴仁县薏仁商会组织薏仁米龙头企业泛亚集团、贵州薏仁集团公司在北京举办薏仁产品宣传推介活动，引起北京市民"追捧"，全国40多家新闻媒体竞相报道。2017年1月，贵州泛亚集团于贵州兴仁举办首届"中国薏仁米节"，全民参与薏仁美食制作，推介兴仁薏仁美食文化，树立了泛亚集团的企业形象，提升了品牌知名度。2019年，由共青团贵州省委、贵州省经信委主办，贵州省中小企

业局、贵州省兴仁市人民政府、贵州省青年创业就业服务中心、贵州泛亚实业（集团）有限公司承办的全国"兴仁薏仁米创新创业大赛"在兴仁举行，以兴仁薏仁米为主题，吸引广大青年参与，助推兴仁薏仁米产业发展。政府与企业联合，以兴仁薏仁米为载体，通过创新、创意及创业，使农产品供给数量充足、品种和质量契合消费者需要，为优质绿色农产品生产流通提供支撑，真正形成结构合理、保障有力的农产品有效供给，促进农产品供给侧结构性改革。

4. 明星推广代言，形成名人效应

央视电影频道文化娱乐类节目《中国电影报道》"脱贫攻坚战——星光行动"星光队员姚晨深入黔西南兴仁调研兴仁薏仁米加工产业，利用明星本身的知名度和美誉度，在央视频道的强力宣传下使兴仁薏仁米成为一种潮流。CCTV-7军事农业频道《每日农经》上，国家一级女高音歌唱家刘媛媛为兴仁薏仁米代言，推介兴仁薏仁米。这些明星背后拥有一定的关注群体，再通过强有力的传播平台及时传播信息，扩大宣传范围，吸引更多社会群体关注。

三 对未来薏仁米产业公共宣传的思考和建议

（一）重视薏仁米公共宣传，加强公共宣传力度

我国薏仁米产业发展进入规模化、产业集约化、品牌化阶段，公共宣传对于公共品牌创立、建立品牌信任度有重要意义。而当前我国对薏仁米的公共宣传重视程度远远不够，在公共宣传方面开展力度不大。加大对薏仁米公共宣传的重视程度，加强对薏仁米的公共宣传力度不容忽视。

（二）培养专业的公共宣传队伍，提高宣传人员素质，建立系统的公共宣传机制

公共宣传活动对于宣传人员的要求较高，需要相关的宣传人员具有远大

的战略意识、敏锐的洞察力、缜密的逻辑思维能力以及较强的执行能力。除了做好日常新闻宣传，具备新闻写作的基本素养之外，还需要对行业情况有较为深入的了解，一方面可以把握内部公众的心理动态，采取内增凝聚力的公关宣传手段进行有效的对内宣传，另一方面也可以根据市场经济形势，紧跟发展潮流，通过有重点、有针对性地对外公共宣传，提升薏仁米的品牌形象。建立相应的公共宣传机制，设立专门人员，持之以恒地有计划、有策略地做好薏仁米公共宣传。

（三）丰富公共宣传的工具，开展形式多样的宣传活动

1. 建立公共宣传机制，在现有报纸、网络宣传的基础上，需要进一步拓宽宣传工具，实现全面宣传

除传统的印刷媒体，广播、电视、电影等电子媒体外，还可以开辟微信公众号、微博、知乎、抖音、今日头条、快手、火山等网络自媒体平台，随着互联网信息不断深入人们的生活，网络自媒体已经成为公共宣传不可忽视的生力军，拥有着众多的关注人群而成为公共宣传的主流，其传播速度快、范围广、影响力深。目前薏仁米产业已有部分通过微博或微信公众号进行对外宣传，但运营积极性不高，宣传策略缺乏创新，取得的效果不明显，应不断创新宣传策略，吸引公众注意，引起公众共鸣。如2019年全国高考期间，各地警察在官方抖音账号上以"让某明星闭嘴"的方式来呼吁为高考静音，给众多学子一个良好的考试环境，这一幽默诙谐的宣传方案被众多用户纷纷点赞转发。薏仁米的公共宣传，可以从其他成功的宣传案例中获得启示。

2. 参加国内外知名的相关展会和论坛

各级政府应定期或不定期组织企业参加国内外相关的展会和论坛，展会是各地经销商，消费者直观了解公司产品、企业实力、相关产品知识最直接的平台，也是企业做好市场宣传最好的时机，通过经销商和消费者的实际了解，真实感受，口口相传，让产品知识、企业知名度更好地传播。论坛是相关专家对薏仁米功能，前景展望的专业解读，更有公信力和说服力。也更有传播和宣传的价值。

3. 赞助有影响力的社会活动

薏仁米要发展，赞助社会公益活动也是一个自我宣传的良好途径。比如每年在各地开展的马拉松比赛，参赛人员多，围观者更是数不胜数，有人的地方就有广告的效应，比如参加关爱空巢老人，关爱退伍参战老兵，关爱留守儿童等等公益活动，传播爱心的同时，也传播了薏仁米品牌的价值，也是一个无形给薏仁米品牌做最有说服力的公关宣传。

四 结语

一个品牌的形成是市场和消费者自然选择的作用，市场和消费者的选择离不开公共宣传。在薏仁米产业品牌化之路上，公共宣传显得尤为重要。本文通过梳理近年的薏仁米公共宣传情况，分析现有的公共宣传带来的效果和影响。文中统计信息并不全面，分析论点尚不成熟，仅作为建设薏仁米公共宣传模式的初步探索，以呼吁人们对薏仁米公共宣传的重视。

参考文献

菲利普·科特勒、凯文·莱恩·凯勒：《营销管理》（第14版），王永贵、陈荣、何佳讯译，格致出版社，2012。

《贵州兴仁薏仁米走上市场化、国际化道路——〈薏仁米产业蓝皮书〉在京发布》，《中国经贸导刊》2017年第27期。

B.15
中国薏仁米核心主产区兴仁创建
全国绿色食品原料基地纪实

涂涓芝*

摘　要： 贵州省兴仁市有良好的生态环境资源环境优势，发展薏仁米
绿色食品产业具有得天独厚的条件，为进一步扩大薏仁米绿
色食品产业优势，将生态环境优势转变成经济优势，贵州省
兴仁市严格按农业部绿色食品管理办公室和中国绿色食品发
展中心推动兴仁市的薏仁米全国绿色食品原料标准化生产基
地建设。本文介绍了兴仁市申报启动创建薏仁米全国绿色食
品原料标准化生产基地的做法、特点、影响及下一步的工作
重点。实践证明，全国绿色食品原料标准化生产基地建设的
探索，为兴仁市发展现代农业，推动社会主义新农村建设开
辟了一条新的重要途径。

关键词： 兴仁薏仁米　绿色食品　原料基地

一　全国绿色食品原料基地建设现状

全国绿色食品原料标准化生产基地指的是产地环境符合 NY/T 391《绿
色食品　产地环境质量》，所有的技术标准、全程的质量控制体系等都按照

---

* 涂娟芝，贵州省地理标志研究中心助理研究员，研究方向为绿色品与安全。

绿色食品来生产与管理，建立健全并且有效运行基地的相关管理体系，申报的区域、场所须具有一定的规模，并且要经过农业部绿色食品管理办公室和中国绿色食品发展中心审核批准的种植区域或养殖场所。

基地建设与管理工作主要包括四个方面，即创建、验收、续报以及监管。

为了切实有效发挥绿色食品的示范性带动作用，农业部相关部门，农产品质量安全局局长马爱国指出，在 2004 年，农业部开展了有关绿色食品大型原料标准化生产基地创建的试点工作，首次试行地点是在黑龙江省。2005 年，便在全国范围内正式启动绿色食品原料标准化生产基地建设。经过 10 年的不懈努力，基地建设取得了重要的进展，也取得了阶段性的成果，成功走出一条以品牌化带动标准化，以标准化带动农产品质量安全以及农业经济效益的新路径，同样也带动了各地区农户的经济收入，提高了农户的生活水平。截至 2014 年，在全国范围内共创建了 635 个绿色食品原料标准化生产基地，其种植面积达 1.6 亿多亩，总产量达到 1 亿吨，带动 2010 万户农户，与基地对接的企业有 2310 家，农民的收入每年可直接增加 10 万元以上。在农业部有关部门的抽检中，基地产品的质量基本稳定可靠，特别是在 2010 年抽检基地产品质量的时候，抽检的合格率达到100%。

经过多年的发展，在创建全国绿色食品原料标准化生产基地建设上取得了较明显的成效。在取得成效的同时，还存在很多问题，绿色食品原料基地大多建设在黑龙江、江苏、内蒙古等 8 个省份，其基地的数量之和可占全国基地数量的75%，基地面积之和占全部基地面积的86%；而广东、浙江等 9 个省份的基地数量之和只占全国基地数量4.3%，面积之和占全部基地面积的2.1%；部分地区甚至还没有启动基地创建工作，出现区域发展不平衡的状态。在中国的西南地区，尤其是贵州省，地处高原山地，地貌以高原山地居多，在创建绿色食品原料基地建设上自然会处于诸多不利，由于绿色食品原料标准化生产基地是采取区域化布局、标准化生产、规模化管理、产业化经营的综合性农业生产项目，贵州省的地势地貌给各县域申报创建绿色食品原料基地，规模化生产经营带来了不利影响。

目前贵州省只获得一个全国绿色食品原料标准化生产基地——修文县全国绿色食品原料（猕猴桃）标准化生产基地，已签订《全国绿色食品原料（猕猴桃）标准化生产基地创建责任书》。贵州省正在创建的兴仁薏仁米全国绿色食品原料基地也顺利完成前期文本申报，并顺利通过省级机构的现场核查，现在是等待申请材料通过农业部绿办和中心审核，获得农业部绿办和中心批准，进入创建期，并与省级工作机构签订《基地创建责任书》。

二 兴仁薏仁米创建全国绿色食品原料基地现状及内容

（一）兴仁薏仁米创建全国绿色食品原料基地现状

兴仁薏仁米创建全国绿色食品原料基地，截至目前，完成了：向省级绿色食品工作机构提出创建基地申请，提交了相关申报材料；通过了省级绿色食品工作机构根据对申请材料的初审，省级绿色食品工作机构到现场进行了检查，委托相关有资质检测机构进行了基地环境质量监测，拿到相关环境质量监测报告；省级绿色食品工作机构将申请材料、环境质量监测报告、现场检查报告、现场检查照片和《创建全国绿色食品原料标准化生产基地 省级工作机构初审报告》已上报农业部绿办和中心。

现在是等待申请材料通过农业部绿办和中心审核，获得农业部绿办和中心批准，进入创建期，并与省级工作机构签订《基地创建责任书》。

（二）兴仁薏仁米创建全国绿色食品原料基地可行性

兴仁市基本情况：兴仁市位于贵州省西南部，黔西南州中部，是滇、黔、桂三省结合部的中心。地理坐标为东经105°11′50″~105°12′20″、北纬25°32′40″~25°33′15″之间，东与贞丰县，南与安龙县、兴义市接壤，西接普安县，北与晴隆县毗邻，和安顺地区关岭县隔江相望。东西长60公里，南北宽40公里。交通便捷，区位优势突出，是黔西南州的公路交通枢纽。

东靠 324 国道、西近 320 国道，省道 214、215 线和关（岭）兴（义）高等级公路、南（宁）昆（明）铁路以及晴（隆）兴（义）、惠（水）兴（仁）高速公路贯穿全境，全市通车里程达 1100 公里。距省会贵阳 288 公里，距州府兴义 69 公里，兴义火车站 50 公里，距南北盘江水运码头 70 余公里。全市总面积 1785 平方公里，现有耕地 93.86 万亩；林地 92.56 万亩；草地 41.95 万亩。优越的产地环境：适宜的气候条件。兴仁市位于东南暖湿季风、西南干湿季风和冬季大陆气团控制的交接处，属于低纬度高原性中亚热带温和湿润季风气候区。年平均气温 15.2℃，绝对最高温 34.6℃，最低温 −7.8℃，≥10℃ 的年活动积温 4526.3℃，无霜期 281 天。全市总面积为 177837.69 公顷，其中耕地面积 62519.82 公顷，占土地总面积的 35.15%，耕地中水田 14033.80 公顷，占耕地面积的 22.45%%。基地所处地势开阔平坦，山地少，耕地集中，土地肥沃。基地的土壤主要以黄壤为主，也有黄色石灰土，黄色石灰土是灰岩风化残积而来的。基地耕层厚，土壤肥沃，开阔平坦，可进行机耕生产。基地土壤 pH 在 5.5～6.5 之间，全市的耕地有机质含量高，平均值在 35.59g/kg 左右；土壤的全氮含量在 0.62～6.54/kg 范围内，平均值为 2.03g/kg；全市耕地土壤速效钾最高值为 527mg/kg，最低值为 47mg/kg，平均值 166.80mg/kg。兴仁薏仁米的种植技术发展较成熟：兴仁薏仁米市内的种植历史有 400 多年，兴仁薏仁米作为兴仁市的传统经济作物之一，是兴仁市正努力打造的一种独具特色的农产品，是兴仁市支柱产业；薏仁米具有丰富的营养价值和药用价值，被称为"世界禾本科植物之王"，兴仁薏仁米也成为兴仁市人民百姓爱不释手的一种食物，长期以来兴仁市人民养成了使用兴仁薏仁米的习惯，形成了一套特有的养生长寿之道，因此，兴仁市 2012 年被评为"中国长寿之乡"。兴仁薏仁米种植历史悠久，目前，兴仁薏仁米主要在兴仁市屯脚镇、巴铃镇、回龙镇、下山镇内种植。据统计，兴仁薏仁米种植面积有 35 万余亩，预计的产量可达 10.5 万吨。同时，兴仁市市委、市政府高度重视薏仁米种植业的发展，兴仁市已形成"企业＋合作社＋农户"种植模式，大力发展薏仁米农业特色优势产业，将兴仁市培育成为中国薏仁米之乡、全球薏仁米集散地，助推农业产业升级。薏仁米品牌认可度较高：兴仁市现形成了"聚丰薏苡"、"逸仁"、"壹心壹薏"、"薏米阳光"等 14 个注册商标。2011 年 2 月，国家工商行政管理总局授予兴仁市一个地理标志证明商标——"兴仁薏仁米"，并且认定兴仁市为中国薏仁米种植的原产地；国家粮食行业协会在 2012 年 7 月授予兴仁市"中国薏仁米之乡"的称号；2015 年，兴仁市荣获"兴仁薏仁米"驰名商标。国家质检总局于 2016 年 6 月授予兴仁市"兴仁市国家级出口薏仁米质量安全示范区"。兴仁市薏仁米产品获得"有机转换产品认证证书"的约有 900 公顷，产量可达 3685 吨；兴仁市巴铃镇早春薏仁米农民专业合作社申报的 2000 公顷薏仁米种植基地，已申报成功。薏仁米产业发展良好：兴仁市薏仁米生产水平领先、基础设施条件良好、标准化生产基地比重大，良种覆盖率达 100%，薏仁总产值占区域农牧渔业（林业）总产值比重高。产业规模位居全国第一，被授予"国家级出口薏仁米质量安全示范区"、"中国薏仁米之乡"等荣誉称号。建立了薏仁米社会化服务体系。一套完善的流通设施，全市加工企业 478 个，薏仁米初加工率 100%；产地专业市场完备，建成"中国薏仁米国际交易中心"。与超市、学校、企业、社区等建立长期合作关系，并通过电商销售。积极推进薏仁米与各网络平台的融合发展，特别是现在"互联网＋"的时代，更是拓宽了薏仁米产品的线上销售，还可以举办相关展会等活动，推广薏仁米产品与网络平台融合发展。薏仁米商品率 100%，国际市场占有率 70% 以上，销售地区为国内主要销往广州、北京、上海、安徽、山东、福建、台湾等省和地区；出口日本、韩国、美国、加拿大、新加坡、马来西亚等国家。2017 年末，全市有耕地面积 94.01 万亩，农村劳动力 27.8 万个，有贵州省薏仁研究中心、贵州大学、贵州省农科院等科研机构技术支撑，有州农业局、市农业局技术服务，成立了薏仁办公室，薏仁种植面积 35 万亩（占全市耕地面积的 37.23%），薏仁米的建设规模与薏仁米的生产条件，薏仁米生长环境的承载力，薏仁米种植生产的技术应用以及薏仁米种植加工的管理水平相匹配。基地服务体系完善：建立了完善的社会化服务体系，包括薏仁米种子的供应，薏仁米的生产加工，相关技术服务，仓储、运输，销售等关键环节，其中薏仁米生产是整个社会化服务体系的基础。兴仁市有农业局、供销社、工科局、市场监督局、环保局等市级各类政府服务机构 10 个、乡镇（街道）农业服务中心 15 个，有兴仁市薏仁行业商会、薏仁产业协会等县级服务机构 7 个，有 5 个国家级、省级专业合作社示范社和其他农民专业合作社 75 个，有国家级、省级农业产业化龙头企业 9 个，其他各类服务组织 848 个（其中生产性服务组织 105 个、加工流通服务组织 478 个、市场营销服务组织 265 个）。

（三）兴仁薏仁米创建全国绿色食品原料基地内容

在农业标准化工作中，全国绿色食品原料标准化生产基地建设是其重要组成部分，是新阶段农产品质量安全管理工作的重要内容，全国绿色食品原料标准化生产基地建设在深化农业结构调整、优化农业的生产布局、发展高效农业、提高农民收入中发挥着重要的作用。全国绿色食品原料薏仁米标准化生产基地以贵州兴仁为首，兴仁市申报创建 3.7 万亩全国绿色食品原料薏仁米标准化生产基地，在基地申报创建过程中，兴仁市投入了大量的人力、物力、财力。

1. 成立示范区工作领导小组

成立项目领导小组，设置专职人员和基地办公室，统筹并协调相关产业发展。该领导小组有明确的人员安排及任务分配；示范区筹建工作顺利开展；创建示范区工作机构，明确机构内工作职责；建立由政府职能部门、重点企业、农民专业协会、合作社等多方参与的示范区建设组织体系。

2. 制定基地规划及工作方案

制定了符合兴仁市发展的基地规划及工作方案，明确基地创建总体目标、阶段目标、主要内容、资金分配与筹措、基地创建具体时间安排、保障措施等内容。

3. 确定基地建设范围

根据兴仁市薏仁米种植情况及产地环境现状，明确基地建设地点，并提供具体的基地地图，并根据基地地图进行基地地块划分及统一编号。

4. 基地建设组织管理体系

成立基地建设领导小组（包括成员单位名单及其职责）；成立基地建设办公室文件（明确机构职能、人员及职责分工）；基地单元负责人、技术服务、质量监督和综合管理人员以及各村配备具体工作人员名单；各基地单元全部农户档案（须包含农户姓名、生产单元地块编号、生产面积、种植/养殖品种、联系方式）；县、乡、村监督管理队伍体系架构图；县、乡、村农业技术推广服务体系架构图。

5. 基地建设管理制度

基地环境保护制度；生产技术指导和推广制度（须包括按照绿色食品技术标准制定的生产作业指导书样本、基地范围内病虫害统防统治具体措施、绿色防控技术推广措施等）；绿色食品专项培训制度；生产档案管理和质量可追溯制度（须包含投入品购买记录、田间生产管理与投入品使用记录、收获记录、仓储记录、交售记录样本，其中田间生产管理与投入品使用记录内容应包括生产地块编号、种植者、作物名称、品种、种植面积、播种或移栽时间、土壤耕作情况、施肥时间、施肥量、病虫草害防治施药时间、用药品种、剂型规格及数量等）；农业投入品管理制度（含县域内投入品管理体系、市场准入制度、监督管理制度、基地允许使用的农药清单及肥料使用准则、基地允许使用的投入品销售及使用监管措施等）；综合监督管理及检验检测制度（须包括针对基地环境、生产过程、产品质量及相关档案记录的具体监督检查措施）。

6. 企业订购管理制度

完善企业订购基地生产薏仁米制度，形成完善健全的订购流程，做好基地薏仁米销售去向的记录。

7. 加强企业绿色食品认证力度

基地建设期间，加强企业绿色食品认证意识，争取到 2020 年基地内薏仁米深加工企业绿色食品认证企业达到 3 家以上。

8. 示范效果

从经济效益、社会效益、生态效益等方面分析基地形成的示范效果，基地建设带动企业发展情况，基地建设推动绿色食品认证、标准化生产等情况。

9. 资金概算及筹措

（1）资金概算

项目资金概算合计 94 万元。其中，具体相关费用安排如下：

①基地规划及工作方案的制定与实施（各 1 个）10 万元；

②基地建设组织管理体系 20 万元，主要包括基地地块分布图绘制及编号编写、农户档案编制、技术服务、质量监督等内容产生费用；

③基地建设管理制度 30 万元，主要包括基地环境保护制度、生产技术指导和推广制度、绿色食品专项培训制度、生产档案管理和质量可追溯制度、农业投入品管理制度、综合监督管理及检验检测制度；

④基地产地环境检测费 15 万元，包括基地申报起至获得基地称号期间基地范围内水、土壤的检测费；

⑤基地宣传体系建设费 10 万元，包括新闻媒介、扶持企业电商产业支持等费用；

⑥扶持企业进行绿色食品认证 9 万元，基地建设期间推进 3 家企业完成绿色食品认证，每家企业获得 3 万元项目经费支持。

（2）资金筹措

①基地建设项目纳入兴仁市"三品一标"三年计划建设规划；

②每年市级部门提供专项经费。

三 兴仁薏仁米创建全国绿色食品原料基地对薏仁米产业发展的影响

（一）是改善兴仁市薏仁米标准化种植、生产的必然要求

据史料记载，兴仁市种植薏仁米已有 400 余年的历史，薏仁米的营养价值高、药用价值独特。兴仁市种植生产的薏仁米，外观色白，饱满，光滑，

腹沟适中，颗粒匀称，一句话称之为"小、白、亮、香、糯"。兴仁市特殊的气候、独特的地势与自然环境为薏仁米提供了得天独厚的条件。近年来，经过长期种植经验积累、科研人员技术创新及兴仁市人民政府的政策和制度支持，为兴仁市薏仁米种植业基本实现标准化、规范化生产。其标准化、规范化生产是兴仁市申报全国绿色食品原料（薏仁米）标准化生产基地的充分条件，而兴仁市薏仁米种植基地的申报正是将兴仁市薏仁米产业提升到绿色食品的台阶，是兴仁市提升薏仁米标准化种植、生产的必经之路。

（二）是规范薏仁米种植生产及管理的必然要求

全国绿色食品原料标准化生产基地要求申报单位在实现"基地＋企业＋农户"生产经营模式后，逐步实现"五个统一"：优良品种的统一、生产操作规程的统一、投入品供应和使用的统一、田间管理的统一、收获的相关生产管理统一。通过制定相关标准、制度、管理办法对基地内薏仁米生产和管理的不同部门间形成规范管理，强调兴仁市薏仁米产业链间的统一生产和管理。

（三）是提升薏仁米产品质量安全的必然要求

全国绿色食品原料标准化生产基地创建将实现薏仁米从农田到餐桌的可追溯，基地产地环境要求及田间管理严格按照农业部《绿色食品　产地环境质量》、《绿色食品　农药使用准则》、《绿色食品　肥料使用准则》标准执行，基地建设通过制定投入品使用管理制度、基地环境保护制度、生产技术指导和推广制度、生产档案管理和质量可追溯制度、综合监督管理及检验检测制度、绿色食品专项培训制度、相应基地建设组织管理体系、基地建设管理制度、企业订购管理制度等。实现基地生产薏仁米从农田到餐桌的可追溯，从种植、田间管理、病虫害防治、采收、仓储、加工、销售等流程对薏仁米种植进行全面监管，并加强产品检测，全面提升薏仁米产品质量安全保障，让消费者买到放心产品。

四 兴仁薏仁米创建全国绿色食品原料基地对兴仁市发展的影响

薏仁米是兴仁市的名牌之一，其产业的发展具有推动脱贫攻坚事业发展、拉动全市经济全面增长、有效补救全市生态环境及带动其他产业共同发展等多方面的作用。

（一）社会效益

通过薏仁米的种植，贫困户脱贫的步伐加快了，从根本上解决了农民的就业问题，推动了脱贫攻坚事业的发展。截至 2017 年底，薏仁米种植产业的发展增加了农户的生产附加值，全市有 12007 户农户种植薏仁米，其中贫困户 5968 户，共有 20888 贫困人口从中受益，人均增收可达 2285 元，有效解决了脱贫致富的问题。2017 年，全市所有乡镇实现减贫摘帽，出列 71 个贫困村，累计减少贫困人口达 85685 人，贫困发生率下降至 1.82%。2018 年 7 月，顺利接受国家贫困市退出评估检查验收，农民的收入增加了，生活水平也随之提高了，开始向全面实现小康社会的总体目标靠近，努力使所有人都过上小康生活。

（二）经济效益

兴仁薏仁米的种植面积，截至 2017 年，已从 2014 年的 20.3 万亩增加到 35 万亩，总产量可达 10.5 万吨，平均亩产值达 300kg/亩。兴仁薏仁米经过加工之后，批发价是 12～14 元/kg；在市场上销售的价格是 20～30 元/kg；还有经过薏仁米深加工做成的其他产品，如：薏仁米面条、薏仁米粉、薏仁米零食、薏仁米香皂、薏仁米洗发水、薏仁米面膜、薏仁米保健品等系列产品。兴仁薏仁米产业从多渠道、多层次带动了兴仁市的经济发展，从第一、第二产业上提升了兴仁市的经济收入。

（三）生态效益

兴仁市薏仁米的种植是一道靓丽的风景，既美化了生态环境，更是在保持水土，调节区域小气候，改善微生物的生存环境发挥了重要作用。现代高效农业产业的发展，各种噪音的污染得到明显的改善，各个区域小气候也调节了，其中主要机理就是，运用现代高效农业技术生产的农作物，在吸收二氧化碳的同时制造氧气，会对空气进行过滤，从而改善区域的空气质量，使整个生态环境质量得到相应的提升。兴仁薏仁米的种植则同样是采用了标准化的技术，对病虫害的防治也采取了综合的标准防治措施，在化肥、农药的使用上进行严格把控，减少用量，水源、土壤、空气的污染明显降低了，保护了农业的生态环境。并且，在薏仁米的加工过程中，各企业对各个生产环节所产生的废弃物都加以无害化处理，尽可能循环利用，高效利用，做到无浪费、无废物、无污染。这样既做到原材料的集约节约利用，也减少了对生态环境的破坏、污染，确保农业生态环境得到有效改善。与此同时，兴仁薏仁米产业的发展也带动了其他产业的发展，兴仁薏仁米产业在发展的过程中，已经形成一定的发展模式，在向一、二、三产业推进，随着兴仁薏仁米产业文化的不断传播，引来更多的消费者，无形中带动兴仁旅游业的发展，其他产业的带动情况也就随之产生了。

五 兴仁薏仁米创建全国绿色食品原料基地对策建议

兴仁薏仁米创建全国绿色食品原料基地在获得农业部绿办和中心批准，进入创建期之后，还需在各方面加强管理，认真贯彻落实相关工作。

（一）培养专业人才，推广薏仁米生产新技术

农业、科技等部门要把绿色薏仁米科研项目和技术推广项目，优先纳入重点科研和推广计划。制订绿色食品薏仁米生产技术培训专项计划，选派示范区管理和技术人员到外地学习先进的农业理念和新型技术；建立挂点联系

制度，各成员单位、农业管理及技术人员联系到各乡镇单元基地，协助和指导各单元基地的生产管理以及相关专业技术指导；建立绿色薏仁米技术创新体系，依托与科研院所技术合作，加快建立绿色薏仁米生产及加工技术创新体系，发展一批绿色薏仁米技术创新型的企业。

（二）统一认识，加强领导

全市树立绿色生态品牌意识，建设绿色食品大市，要按照"品种特色化，基地规模化，生产标准化，经营产业化，投入科技化"的要求，确保拟创建基地的顺利实施，需成立全国绿色食品原料（薏仁米）标准化生产基地建设领导小组。各乡（镇）要成立相应领导小组和办公室，积极引导基地村成立绿色薏仁米标准化生产协会，搞好基地村绿色薏仁米种植技术服务和生产服务。

（三）加强服务，促进绿色薏仁米产业化

为确保兴仁薏仁米原料基地的稳定发展以及各农户的稳定收入，需形成"公司＋基地＋农户"产业化的组织形式，形成一个利益共同体。与此同时，完善市场的网络设施，建立绿色薏仁米批发市场平台，形成贯通城乡、辐射省内外的市场网络。加强市场的监督管理，严厉打击假冒伪劣薏仁米产品，维护绿色薏仁米知名品牌在市场上的形象，保护企业和消费者的合法权益。加强绿色薏仁米市场供求信息平台建设，推动绿色薏仁米产业发展。

（四）创新投入机制

在做好绿色薏仁米标准化生产基地项目建设工作的同时，需要创新投入机制，积极引导绿色薏仁米种植加工龙头企业和社会资金作为投资主体，从而形成多形式、多层次、多渠道的绿色薏仁米开发投资机制，提高薏仁米生产的集约化水平。

（五）加强产业化经营及薏仁米品牌宣传

大力推广品质优良的薏仁米品种，顺应市场的需求，同时也要不断优化薏仁米基地结构，增强基地薏仁米的市场竞争力。培育壮大龙头企业和农民专业合作社，提高基地与企业对接，不断完善企业和农户之间的利益联结机制，让每个乡镇的农民从参与绿色食品薏仁米原料标准化生产基地创建中有获得感，幸福感。加强基地薏仁米产品的促销和市场服务。通过各种媒体平台，广播、电视、报刊、电商等，全面开展以绿色食品为主题的相关宣传活动，提升薏仁米种植基地的影响力，让薏仁米绿色食品原料基地建设在深入推进农产品品牌战略中起带头引领作用，推动整个薏仁米产业的发展。

参考文献

张志华、唐伟、陈倩：《绿色食品原料标准化生产基地发展现状与对策研究》，《农产品质量与安全》2015 年第 2 期。

白鸽：《黑龙江绿色食品标准化基地建设研究》，东北农业大学硕士毕业论文，2013。

刘斌斌：《我国绿色食品发展现状与对策思考》，《农产品质量与安全》2012 年第 6 期。

朱佳萍：《黑龙江省绿色食品发展对策研究》，中国农业科学院硕士毕业论文，2007。

胡端娥：《秭归县创建"全国绿色食品原料（柑橘）标准化生产基地"成效与发展对策》，《中国园艺学会、中国农用塑料应用技术学会设施园艺专业委员会》，《第六届全国设施园艺产业发展与安全高效栽培技术交流会论文汇编》，《中国园艺学会、中国农用塑料应用技术学会设施园艺专业委员会：中国园艺学会》，2017。

毕永军：《伊犁河谷全国绿色食品原料标准化生产基地建设现状、存在的问题及对策》，《新疆农垦科技》2016 年第 3 期。

吉真虎、周远成、周颖：《青川县创建全国绿色食品原料（茶叶）标准化生产基地现状与对策》，《中国茶叶》2015 年第 12 期。

李曼曼、薛涛：《绿色金融促进绿色产业发展面临的挑战与对策》，《中华环境》2019 年第 4 期。

B.16
中国质量万里行走进贵州兴仁专题报告

刘章颋　杨贤　徐买柱　王璐*

摘　要：　对2018年兴仁市申报"兴仁薏仁米"为"中国好品质"品牌建设工作，2018年中国质量万里行走进贵州兴仁工作进行系统梳理，整理、回顾和总结上述工作历程，进行专题报告，对今后"兴仁薏仁米"产业发展，特别是合作平台搭建、品牌建设、战略伙伴关系的建立、薏仁米"药食两用"价值的深入挖掘等方面，具有很强的现实意义和指导意义，提供了一条可借鉴、可复制的路径，对推动薏仁米产业持续健康发展、促进区域群众致富，助推脱贫攻坚，提高"兴仁薏仁米"品牌影响力、公众知晓率、市场占有率方面将具有十分重要的作用。

关键词：　中国好品质　中国质量万里行

　　兴仁市地处贵州省西南部、黔西南州中部，是黔西南州的地理中心和交通枢纽，位于北纬25度，平均海拔1300米，处于广西丘陵向云贵高原过度的斜坡地带，是滇、黔、桂三省（区）结合部的中心市。区位优越、交通便捷，320国道、309省道、313省道，关岭至兴仁、兴仁至安龙两条高等

＊　刘章颋，贵州省兴仁市薏仁米产业发展办公室专职副主任；杨贤，贵州省兴仁市薏仁米产业发展办公室工作员；徐买柱，贵州省兴仁市农业农村局工作员；王璐，贵州省兴仁市农业农村局农艺师。

级公路及晴隆至兴义、惠水至兴仁两条高速公路在兴仁城区（郊）交汇，正在规划的贵阳至兴义铁路穿境而过，并将在兴仁设置站点。市政府距贵阳龙洞堡机场 260 公里，距兴义万峰林机场 50 公里，距普安高铁站 60 公里，距顶效火车站 42 公里，距贞丰白层港 56 公里，距南北盘江水运码头 70 公里。

兴仁市国土面积 1785 平方公里，下辖 12 个乡镇、4 个街道，居住着布依、苗、彝、回等 16 个少数民族，其中少数民族占全市总人口的 23.3%。总人口 58 万人。2018 年，全市地区生产总值完成 164.53 亿元，同比增长 12.3%；人均 GDP 达 39164 元；工业增加值完成 39.01 亿元，同比增长 11.3%；税收收入完成 19.54 亿元，同比增长 7.3%；金融机构存贷款余额增长 9%，达到 283.8 亿元；全面小康实现程度达 96.6%。在全省县域第一方阵经济发展综合测评中，排第 10 位，比 2017 年上升 4 位。全市森林覆盖率达 47% 以上，具有丰富的水资源和充足的负氧粒子，是世界上最适宜居住的地区之一。

近年来，兴仁市先后获得"中国薏仁米之乡"、"中国长寿之乡"、"中华诗词之乡"、"中国牛肉粉之乡"、"全国粮食生产先进县"、"全国科技进步先进县"、"全国文化先进县"等荣誉称号。全市经济社会发展实现连年增比进位，2018 年，同步小康、减贫摘帽、撤县设市三大历史任务已如期完成。

一 "兴仁薏仁米"产业发展概况

薏仁米又名薏苡、薏仁，在贵州当地百姓普遍称之为"五谷米""六谷米"。据《后汉书·马援传》记载，兴仁种植薏仁米已有近 1000 年历史，是全世界薏苡种质起源中心之一，薏仁米种质资料特别丰富，已收集薏苡种质资源 500 多份。薏仁米是一个生态产品，又是纯天然的药食同源食物。以兴仁产小白壳薏仁米蛋白质含量高达 18% 以上，支链淀粉含量高达 96% 以上，其微量元素铁、钙、硒含量，氨基酸总含量高于东南亚和国内其他地区种植生产的薏仁米，完全符合《国家药典》（2015 版）对薏仁米药材质量要求（水分、总灰分、浸出物、甘油三油酸酯）。

2018 年，兴仁市薏仁米种植面积达 32 万亩，全市种植农户达到 5 万余户 19 万余人，薏仁米加工贸易企业 400 余家，从事加工、销售人数近 2 万人，年加工能力达 35 万吨，综合年产值达 50 亿元。汇聚了周边县市和云南、广西以及越南、缅甸、老挝、柬埔寨等东南亚国家的薏仁米。产品主要销往国内各大城市、港澳台地区，出口韩国、日本、英国、美国、澳大利亚等世界各地，占全球同行业市场份额的 70% 以上，成为广大消费者养生保健的首选佳品。目前，兴仁已成为全国乃至全球最大的薏仁米种植生产基地和产品集散中心，是名副其实的"中国薏乡"。

近年来，兴仁市把薏仁米作为"一县一业"重点农特产业来抓，按照一年制定薏仁米标准体系、二年提升薏仁米品牌质量、三年唱响薏仁米文化的思路，制订了"兴仁薏仁米"产业发展三年规划，不断扩大种植面积，采取有效措施促进精深加工，着力提升附加值，"兴仁薏仁米"的品牌魅力不断上升，逐步实现种植面积、加工能力、良种繁育、研发能力、品牌影响、规划定位、交易市场"七个第一"。于 2017 年 8 月和 2018 年 9 月，成功举办了两届"中国（兴仁）薏仁米博览会"，对中国薏仁米标准建立、品牌建设、药食两用、产业扶贫等焦点问题展开讨论探索，成效显著，影响空前，"兴仁薏仁米"在全国的引领作用和首席地位得到彰显。兴仁百岁老人喜食薏仁米，是兴仁市在充分挖掘后，发现兴仁人长寿的密码。

二 "兴仁薏仁米"获"中国好品质"历程

（一）前期工作对接

基于"兴仁薏仁米"产业三年发展规划中第二年"提升薏仁米品牌质

量"的主题和内需，兴仁市委、市政府需与品牌质量方面有影响力的组织机构建立长期的战略合作关系，推动第二届中国（兴仁）薏仁米博览会的有序筹办。

2018年3月30日下午，兴仁市第二届中国（兴仁）薏仁米博览会系列活动·脱贫攻坚"春风行动"薏仁米产业招商暨产品研讨会在北京国家会议中心成功举办，在贵州省地理标志研究中心李发耀主任的协调下，兴仁市政府分管薏仁米产业的领导（市委常委、市政府常务副市长冯子建）与中国质量万里行促进会副会长裴晓颖（原国家质检总局科技司巡视员）进行了会谈，对"兴仁薏仁米产业"进行了探讨，裴晓颖副会长指出："'兴仁薏仁米'产业现在最重要的是品牌建设，资源是有限的，物以稀为贵。（'兴仁薏仁米'的）独特性、稀缺性要突出来。不同产品有不同消费群体，薏仁米全身是宝。（'兴仁薏仁米'要）走精深加工，让市场给你价值，有市场才能有价值，要进行专卖"。并初步对2018年"中国（兴仁）薏仁米博览会"（以下简称"薏博会"）举办的相关事项进行了沟通。

在李发耀主任的沟通协调下，2018年5月21日中午，兴仁市委常委、市政府常务副市长冯子建带队从兴仁出发，前往北京对接2018年"薏博会"系列活动筹备事宜。2018年5月22日上午，兴仁市领导冯子建、邱锦林等一行在北京拜访了中国质量万里行促进会相关领导，与中国质量万里行促进会副会长、秘书长高伯海等促进会领导进行座谈，就2018年"薏博会"筹备事宜深入交换意见，高伯海副会长认为兴仁市有很好的发展条件，"兴仁薏仁米"品质优良，薏仁米产业正在如火如荼的发展，前景大好。高伯海副会长分析了"兴仁薏仁米"品牌提升、质量和销售是兴仁薏仁米产业发展的薄弱环节。高伯海副会长代表促进会同意用中国质量万里行促进会优势平台，有针对性地帮助兴仁解决薏仁米产业发展中存在的薄弱环节问题。此次对接会议上，高伯海副会长还就兴仁市2018年"薏博会"的筹备提出了很多具有建设性、指导性的意见，在2018年"薏博会"的筹备上与兴仁市形成了五个方面的共识：一是原则将2018中国（兴仁）薏仁米博览会主题名称确定为"中国质量万里行走进贵州兴仁——2018中国（兴仁）

薏仁米品牌国际论坛暨贸易洽谈会"；二是确定了会议举办时间、地点及规模；三是中国质量万里行促进会将组织新闻媒体宣传报道"兴仁薏仁米"，提升"兴仁薏仁米"的知名度、知晓率；四是与兴仁市人民政府建立战略合作伙伴关系，努力把"兴仁薏仁米"打造成为贵州名片；五是兴仁薏仁米申报"中国好品质"、"中国质量万里行促进会推荐品牌"称号有关事宜。

（二）实地考察签订合作框架协议

2018 年 6 月 19 日下午，在前期北京拜访对接的基础上，中国质量万里行促进会副会长、秘书长（原中国品牌杂志社社长）高伯海，中国质量万里行促进会副会长（国家原质检总局巡视员）裴晓颖一行到兴仁市考察调研。调研组一行先后深入兴仁市回龙镇一二三产融合发展项目示范基地、兴仁市马大姐食品有限公司、贵州兴仁聚丰薏苡股份有限公司、兴仁城市规划馆、兴仁国际会议中心、中国薏仁米之乡——兴仁薏仁米特色馆考察。

6 月 19 日晚，为配套做好 2018 年"薏博会"贸易洽谈板块内容，打开"兴仁薏仁米"市场销路，提升"兴仁薏仁米"市场占有率，调研组电商代表海尔日日顺联席 CEO 李文宪等专家在兴仁市帝贝酒店会议室召开"兴仁薏仁米"好品质电商洽谈会。

6 月 20 日上午，中国质量万里行促进会副会长、秘书长高伯海一行调研组在兴仁市政府常务会议室就 2018 年"薏博会"相关筹备事宜进行洽谈，副会长、秘书长高伯海，副会长裴晓颖充分肯定了兴仁前期大量卓有成效的工作，对"兴仁薏仁米"产地环境等资源优势一致认同，并分别就 2018 年"薏博会"的筹办提出了很多指导性意见，表示中国质量万里行促进会将充分利用平台资源优势，全力以赴，帮助兴仁办好 2018 年"薏博会"。会议还就"兴仁薏仁米"向中国质量万里行促进会申报"中国好品质"品牌工作进行了对接。会上，副会长、秘书长高伯海代表中国质量万里行促进会与兴仁县人民政府签订了《兴仁薏仁米质量与品牌提升合作框架协议书》；李文宪代表海尔日日顺与兴仁市人民政府签订了《战略合作意向书》。

（三）深入交换意见落实合作事项

在前期多次对接沟通的基础上，2018 年 7 月 22 日下午，兴仁市委常委、市人民政府常务副市长冯子建带队赴北京，继续与促进会对接洽谈 2018 年"薏博会"相关筹办具体事项。

2018 年 7 月 23 日上午，兴仁市领导冯子建、邱锦林等一行在中国质量万里行促进会二楼会议室与中国质量万里行促进会副会长、秘书长高伯海，副会长裴晓颖进行对接洽谈，双方就 2018 年"薏博会"筹办具体工作事宜形成一致意见。一是中国质量万里行促进会、黔西南布依族苗族自治州人民政府为"薏博会"主办单位，兴仁市人民政府为承办单位，贵州省农业委员会、贵州省粮食局、贵州省社会科学院等为支持单位；二是促进会邀请和组织中国质量报、中国经济日报、人民日报、新华社、中国国门时报等新闻媒体到兴仁现场报道中国（兴仁）薏仁米博览会；三是落实"中国好品质兴仁薏仁米"申报、评估、授牌事宜；四是落实促进会行文、邀请事宜；五是落实促进会开展专项工作后勤保障事宜。

（四）"兴仁薏仁米"中国好品质品牌评审

2018 年 9 月 1 日，中国质量万里行促进会组织专家对"兴仁薏仁米"进行了中国好品质的评审，专家组查阅了相关资料，听取了兴仁市申报"兴仁薏仁米中国好品质"工作情况报告，经过专家咨询、现场提问等方式进行评审，形成如下意见：一是申办方提供的资料丰富，内容翔实。二是"兴仁薏仁米"已成功申报了国家地理标志产品，兴仁市政府高度重视，成立了相应的专门管理机构，制定了工作规划，建立了完备的工作机制，重视品牌的宣传，对"兴仁薏仁米"地理标志产品的品牌建设起到很好的促进作用，使品牌附加值得到提升。三是兴仁市政府积极努力，创造条件，争取资源，协调各方组织建设了"兴仁薏仁米"产业质量，市场和品牌的监测体系，充分发挥了重要的组织协调作用，为保证"兴仁薏仁米"的品质提供了保障。四是兴仁已成为薏仁米的集散地，建议尽快建立系统完整的质量标准和溯源体系，更好地对"兴仁薏仁米"地理标志产品实施保护。综上所述，专家建议认定兴仁薏仁米为中国好品质。

"中国好品质"是中国质量万里行首创的，授牌有很多条件和体系标准，评审严格，含金量高。冬枣是第一个获得"中国好品质"授牌的，"兴仁薏仁米"是第二个。

（五）"兴仁薏仁米"中国好品质品牌新闻发布

2018年9月7日下午，兴仁市人民政府在北京贵州大厦举行的2018年"薏博会"新闻发布会上，中国质量万里行促进会副会长、秘书长高伯海介绍了"兴仁薏仁米中国好品质"的评审结果，宣布"兴仁薏仁米"申报"中国好品质"，经专家评审，被认定为"兴仁薏仁米中国好品质"品牌。

（六）"兴仁薏仁米"中国好品质品牌荣誉授牌

2018年9月16日上午，"中国（兴仁）薏仁米博览会 中国质量万里行走进贵州·兴仁：2018中国薏仁米品牌国际论坛暨贸易洽谈会"开幕式在兴仁国际会展中心一楼大会议室举行，中国质量万里行副会长裴晓颖（原国家质检总局科技司巡视员）宣读了中国质量万里行促进会关于授予"兴仁薏仁米中国好品质"荣誉决定，并向兴仁市授予了"兴仁薏仁米中国好品质"荣誉牌匾，中共兴仁市委副书记、兴仁人民政府市长方先红同志接牌。

三 2018年中国质量万里行走进贵州回顾

（一）中国质量万里行走进贵州兴仁的背景

中国质量万里行促进会副会长、秘书长（原中国品牌杂志社社长）高伯海，在2018年9月7日下午北京贵州大厦举行的"中国质量万里行走进贵州兴仁 2018中国（兴仁）薏仁米博览会新闻发布会"上，回答《人民日报》记者时说道："中国质量万里行，中国质量万里行促进会是 1994 年成立，由政府部门、中央新闻机构、经济学家、研究企业与科技界的人士组织的全国性组织，负责组织指导协调全国质量万里行工作，业务主管是国家市场监管总局，质量万里行促进会的使命是质量为己任，推动质量与品牌的发展。"

中国质量万里行的宗旨和职责以兴仁市薏仁米产业第二年"提升薏仁米品牌质量"目标紧扣，以 2018 年"薏博会"主题有机衔接。

高伯海在回答《人民日报》记者时说道："质量万里行当时成立的初衷是打假维权，当年朱镕基同志当副总理的时候倡导成立这么一个组织，当时还不叫促进会是叫组委会，当时主要的责任是我们国家改革开放之初假冒伪劣产品，媒体中央电视台、新华社、人民日报与我们这个组织带队去各地去打假报告，比如说温州当年穿的鞋子，一个礼拜底掉了，穿的羽绒服没有羽绒都是鸡毛，在俄罗斯极大地损害了我们国家的形象。当年万里行威力很大，到各地去当地政府是害怕的，因为信誉质量出了问题要问责，官员要丢官的，企业曝光就是砸锅了，当然消费者还是满意的。"

高伯海在回答《人民日报》记者时说道："改革开放这么多年，国家质量的提升，现在假冒伪劣已经不猖獗了，所以中国质量万里行也和党中央国务院一致要转型，中央有五大发展理念，中国质量万里行就有五大服务理念，第一服务政府，第二服务企业，第三服务消费者，第四服务区域经济，第五服务我们的会员。"

（二）中国质量万里行走进贵州兴仁的科学选择

高伯海在回答《人民日报》记者时重点介绍道："2013 年以来，'兴仁薏仁米'被国家质检总局批准为我们地理标志保护产品，近年来薏仁米产业的高速发展，产品质量工作显著，取得了很好的质量效益。2018 年'兴仁薏仁米'全体通过我们促进会中国好品质的审核，从质量促进品牌发展的角度，我们促进会选择今年去推进质量品牌，助推贵州的产业扶贫发展工作。还有为什么要走到兴仁去我有三个体会，我去他们那考察了。有三点：

第一，兴仁有好领导。兴仁市政府和市委领导特别朴实，我带过去的电商特别感动，他们没有官架子，真真切切为人民群众办事，而且对质量、品牌的建设非常的渴望。如果一个地方政府没有积极性我们也不可能去，首先要有积极性、内在动力。第二，兴仁有好人民，兴仁的人民特别的朴实，他们用工匠精神来种薏仁米。第三，标准化非常的严格，用标准保证品质，就是兴仁的好品质吸引了我们。"

"兴仁薏（苡）仁米"地理标志产品保护区的产品（兴仁薏（苡）仁米），按国家质检总局批准的"地理标志产品兴仁薏（苡）仁米"质量技术要求在保护区范围内生产出的兴仁薏（苡）仁米。地理标志产品保护范围，按国家质检总局 2013 年第 167 号兴仁薏（苡）仁米地理标志保护范围是：黔西南州兴义市、兴仁市、义龙试验区、安龙县、贞丰县、普安县、晴隆县、册亨县、望谟县 9 个县市（区）现辖行政区域。

兴仁市是中国粮食行业协会授予的唯一的"中国薏仁米之乡"，具有其他地区、区域所不能替代的八大优势条件，即：得天独厚的自然环境、类别繁多的种质资源、自觉种植的群众基础、产能强大的加工规模、自主创新的核心技术、前景广阔的销售市场、影响深远的品牌价值、成果丰硕的体系建设。此外，薏仁米产业在兴仁市农业产业中占有举足轻重的地位和不可替代的作用，是脱贫攻坚的支撑性产业，具有在兴仁市形成乡镇（街道）的全覆盖、薏仁米种植群体众多、薏仁米在主产区的乡镇（街道）脱贫户中的收入占比高、薏仁米产业在脱贫攻坚中所占的比重大等特点。

故，中国质量万里行选择走进贵州兴仁，选择"兴仁薏仁米"产业，与促进会服务宗旨、职责一致，与 2020 年全国同步小康、国家产业发展政策紧扣、完美融合。把"薏仁米质量与品牌万里行"作为 2018 年"薏博会"的主题，是有上述背景和缘由的。

（三）中国质量万里行走进贵州兴仁新闻发布

2018 年 9 月 7 日下午，兴仁市在北京贵州大厦举行的 2018 年"薏博会"新闻发布会上，中国质量万里行促进会副会长、秘书长介绍了 2018 中国质量万里行走进贵州·兴仁,助推薏仁米质量与品牌建设情况。

2018 年 9 月 15 日晚,兴仁市在兴仁大酒店五楼会议室召开了 2018 年 "薏博会"媒体见面会,对"薏仁米质量与品牌万里行"宣传主题进行了新闻通气。

(四)中国质量万里行走进贵州兴仁仪式启动

2018 年 9 月 16 日上午,在兴仁国际会展中心一楼大会议室举行的"中国(兴仁)薏仁米博览会 中国质量万里行走进贵州·兴仁:2018 中国薏仁米品牌国际论坛暨贸易洽谈会"开幕式上,贵州省政协副主席左定超宣布"中国质量万里行走进贵州·兴仁"仪式启动。

四 其他相关内容整理总结

(一)发挥平台资源优势,积极协助兴仁市做好会议嘉宾邀请

一是以"中国质量万里行促进会"名义,制作"中国(兴仁)薏仁米博览会 中国质量万里行走进贵州兴仁 2018 中国薏仁米品牌国际论坛暨贸易洽谈会"邀请函,帮助兴仁市邀请贵州省领导,省相关职能部门。二是邀请了国家部委领导、欧盟外宾、部分重要嘉宾,并组织嘉宾参会。三是协调和组织开展"中国质量万里行走进贵州兴仁"启动仪式暨 2018 中国(兴仁)薏仁米博览会暨新闻发布会。四是邀请和组织新华社、中国质量报、经济日报、中国食品报,国门时报等参会工作,并组织新闻发稿;邀请阿里巴巴、京东、苏宁易购、日日顺、顺农有机等电商企业代表,并组织参会。

(二)细化目标任务,有序推动工作开展

在《兴仁薏仁米质量与品牌提升合作框架协议书》的基础上,中国质量万里行促进会与兴仁市薏仁米国有独资公司贵州供销惠农薏苡实业有限

公司签订了《服务合同书》，以：中国（兴仁）薏仁米博览会、中国质量万里行走进贵州兴仁、2018 兴仁薏仁米品牌国际论坛暨贸易洽谈会技术服务为目标，约定各方权利义务，有序推进各项筹备工作，确保会议的圆满举办。

（三）强化信息沟通，确保各项工作落地

与中国质量万里行促进会签订《服务合同书》后，促进会与兴仁市明确了专人进行信息对接、沟通和反馈，对确定的事项制作了备忘录，并逐一梳理清单，一一对接、核准到位，对工作推动中存在的问题，及时研究共商，形成共识，确保各项工作落地。

（四）工作联系常态化，助推产业健康发展

2018 年"薏博会"成功举办后，兴仁市与中国质量万里行促进会的沟通联系更加常态化，兴仁市充分利用促进会平台资源，在薏仁米产业发展上做足文章，从过去侧重于开发"兴仁薏仁米"食品、向薏仁米"中医药"方向发展，致力于把薏仁米"药食两用"功效最大限度凸显出来、挖掘出来，运用起来，造福人类。以此延长"兴仁薏仁米"产业链和提高附加值，让区域种植农户受益、增收致富，企业和政府增产增效，助推产业发展，巩固和提升兴仁市脱贫攻坚成果；推动"健康中国"战略建设，推动薏仁米产业供给侧机构性改革。

薏仁米品质大数据报告

敖茂宏　杜小书　姚　鹏　彭渊迪*

摘　要： 薏苡是传统药食兼用经济作物，籽粒脱壳后的薏仁米具有极高的营养价值和重要的药用价值。本报告通过对全国薏仁米主产区所产薏仁米进行样品采集，统一送往具有检测资质机构进行分析测试，对该检测机构出具报告进行统计与分析，建立了薏仁米品质分析测试指标，对比了国内薏仁米不同产区薏仁米品质数据差异，旨在为进一步研究薏仁米品质提供基础数据，为推动薏仁米产业发展提供数据支撑。

关键词： 薏仁米　品质　大数据

薏苡起源于亚洲，中国为薏苡重要的起源中心之一，具有悠久的栽培历史，为世界薏苡主要栽培国家。薏苡是传统药食兼用经济作物，具有极高的营养价值和重要的药用价值，其营养价值堪称"世界禾本科植物之王"。随着国内经济的快速发展，人民生活水平的日益提高，为了健康养生的需要，人们对具有药用兼食用的食材关注度提高，对食用价值、药用品质提出了更高要求。如何客观评价薏仁米的品质？市场上销售的薏仁米品质现状如何？国内各产区薏仁米品质有何差异？根据文献查阅检索，对薏仁米品质分析研究报道较少，现今仍未有相关研究机构给出比较全面的薏仁米品质分析报告。

---

* 敖茂宏，贵州省农业科学院亚热带作物研究所副研究员；杜小书，贵州省社会科学院研究员；姚鹏，贵州省社会科学院助理研究员；彭渊迪，贵州省地理标志研究中心助理研究员。

本报告通过对全国薏仁米主产区所产薏仁米进行样品采集，统一送往具有测试资质的北京谱尼测试集团股份有限公司进行分析测试，对该检测机构出具样品检测报告（部分指标检测在其他单位实验室完成）进行统计与分析，建立了薏仁米品质分析测试指标，对比了国内薏仁米不同产区薏仁米品质数据差异，特别是主产区贵州省区域内不同县区薏仁米品质数据差异，并结合国内现有的相关杂粮营养指标作为参考，对检测结果中一些关键指标进行分析比较，旨在为进一步研究薏仁米品质提供基础数据，为推动薏仁米产业发展提供数据支撑。

一　样品采集信息基本情况

中国薏仁米分布范围较广，但是栽培主要产区集中在我国西南地区及东南沿海地区，其中以贵州、云南、广西、福建栽培面积最大，根据 2017 年相关统计，该区域种植面积占据全国栽培面积 85% 以上，其中贵州栽培面积为全国栽培面积 65% 以上，其他地区均为零星种植。为了确保样品分析测试的代表性与合理性，收集的样品来源主要为国内薏仁米主产区，其中样品主要来源为贵州、云南、广西、福建、四川、湖北、浙江、辽宁八个省和东南亚地区（老挝、越南）共计 96 份样品。大部分样品为项目组成员亲自前往薏仁米产地收集，确保样品来源的准确性，部分样品（辽宁、东南亚）通过联系购买、采用快递邮寄获得，样品采集时间为 2017 年 8 月至 2018 年 4 月，样品采集后，经过统一晾晒、除杂、编号后于 2018 年 4 月送往北京谱尼测试集团股份有限公司进行检测分析。（样品采集信息见表 1，样品采集数量比例见图 1）。

表 1　样品采集信息

地点	贵州	云南	广西	福建	四川	湖北	浙江	辽宁	东南亚
数量	46 份	12 份	8 份	8 份	4 份	4 份	3 份	3 份	8 份

注：合计 96 份样品，均为栽培带壳种（毛谷）。

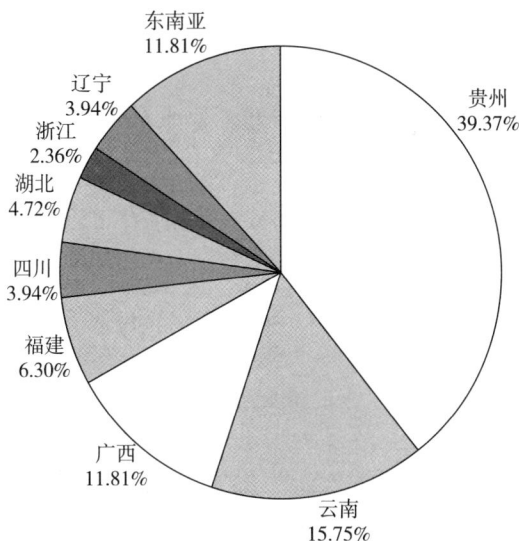

图1 样品采集数量百分比

二 品质评价指标组成

目前国内薏仁米产品质量没有国家标准，现有农业行业标准有 NY/T 2977《绿色食品 薏仁及薏仁粉》，涉及产品质量的地方标准有贵州的 DB52/T 1072《薏苡仁米（粉）》、DB52/T 1067《地理标志产品 兴仁薏（苡）仁》、福建的 DB35/T 942《地理标志产品 浦城薏米》。通过查阅相关标准，进行标准对比分析，每项标准对其产品质量要求各有差异，为了便于比较分析，在现有的标准要求基础上结合其他粮食作物对品质的要求，将薏仁米的品质分为感官品质、加工品质、蒸煮食味品质、营养品质、药用品质、安全指标这六大类。

感官品质评价指标由外观形态、色泽、粒径（长、宽）组成；

加工品质评价指标由糙米率、整精米率、不完善率组成；

蒸煮食味品质指标由淀粉糊化温度、蒸煮后薏仁米粒的色、香、味感官综合评分组成；

营养品质评价指标由蛋白质、淀粉、脂肪、氨基酸、维生素、部分微量元素组成；

药用品质评价指标（参考药典标准）由水分、灰分、浸出物、甘油酸三油脂组成；

安全评价指标由黄曲霉素 B1、部分农残指标、部分重金属指标组成。

三　薏仁米品质分析

1. 感官品质分析

感官品质分析主要采用的方法为感官鉴定，主要凭借人体各种感觉器官（眼、耳、嘴、鼻、手）接触粮油产生的客观感觉，根据质量标准和以往实践经验直接鉴定粮油品质的方法。一般采用该法鉴定粮油的外观形状、杂质及不完善粒含量或色泽、气味、滋味和外观形态进行综合性的鉴定和评价。感官评定法仍然是目前国际上最通用的方法，人体感官评定方法简单、直接，可以真实反映人们的需求特点，具有简便、快速的特点，无须特殊设备仪器，但缺点是评定结果难免带有主观片面性，是对质量的一种模糊评定，不能准确量化。薏仁米属于小杂粮范畴，为非主要粮食作物，对薏仁米的感官品质评价需要参考其他粮食作物的感官评价方法。

送检样品均来自全国薏仁米主产区，样品均为脱壳的薏仁糙米，从外观形态上均以卵圆形为主，背部圆凸，米仁中间具有腹沟，腹沟呈现黄褐色，对于同种植物籽粒外观形态上并无明显差异；麸皮颜色以黄褐色为主，少数具有红褐色、黄褐色（交易中根据麸皮颜色叫红米、黄米，实质为未去除麸皮的薏仁糙米），脱去麸皮后（俗称精米）均为乳白色或灰白色；从薏仁米颗粒大小上看，贵州兴仁、云南师宗、广西西林米粒较小，薏仁米颗粒的长和宽分别在 4.8mm、3.3mm 以下，薏仁颗粒质地较硬。东南亚米粒较大，薏仁米颗粒长和宽分别在 5.0mm、3.8mm 以上，薏仁颗粒较脆具有粉性；不同产区的薏仁糙米具有薏仁米特有的气味，均无特殊异味。不同地域（产地）薏仁米感官品质特征见表2；不同产地薏仁颗粒长、宽数据见图2。

表2　不同产地薏仁米感官品质特征

序号	样品名称	外观形态	色泽	粒径(mm) 长/宽	备注
1	贵州兴仁薏仁米	呈宽卵圆形，圆润饱满，光滑，背面圆凸、腹面有纵沟	浅褐色	4.6/3.2	
2	云南师宗薏仁米	呈卵圆形，圆润，较光滑，背面圆凸、腹面有纵沟	黄褐色	4.8/3.3	
3	广西西林薏仁米	呈长卵圆形，较光滑，背面圆凸、腹面有纵沟	黄褐色	4.7/3.1	1. 样品名称为地域名称＋薏仁米 2. 样品为经过脱壳的糙米
4	福建蒲城薏仁米	呈卵圆形，饱满，腹沟较宽，具有粉性	红褐色	4.7/3.2	
5	浙江衢州薏仁米	卵圆形，腹沟较深	红褐色	4.8/3.4	
6	辽宁锦州薏仁米	呈卵圆形，背面圆凸、腹面有纵沟，欠饱满	浅褐色	4.7/3.2	
7	四川泸州薏仁米	呈卵圆形，颗粒较大，具有粉性	黄褐色	4.9/3.5	
8	湖北蕲春薏仁米	呈卵圆形，背面圆凸、腹面有纵沟	黄褐色	4.8/3.6	
9	东南亚（老挝）薏仁米	呈卵圆形，颗粒较大，背面圆凸、腹面有纵沟，较浅，具有粉性	灰褐色	5.0/3.8	

2.加工品质分析

薏仁米加工品质主要指碾磨品质，是薏仁米在碾磨加工过程中表现的特性，结合薏仁米在加工脱粒中的工艺特性，选择糙米率、整精米率和不完善率三个指标来评价薏仁米的加工品质。薏仁米碾磨是脱去薏仁谷谷壳（颖壳）和皮层（糠层）的过程。薏仁谷（毛壳）由谷壳、皮层、胚和胚乳组成。薏仁谷加工的目的是以最小的破碎程度将胚乳与其他部分分离，制成有易于食用的薏仁米。薏仁米毛谷由谷壳、皮层、胚和胚乳组成，研究表明，各部分的重量百分比为：谷壳15%左右，皮层3%左右，胚乳66%～70%，胚2%～3%。各组成部分的化学成分差别较大，其中谷壳含纤维高达40%，无多大营养价值；皮层含有丰富的蛋白质和脂肪，但含纤

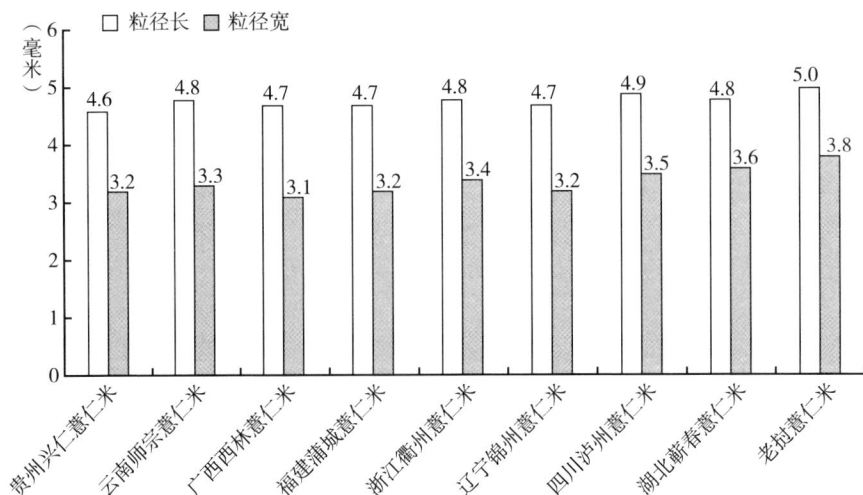

图 2　不同产地薏仁颗粒长、宽数据

维也较多；胚含有大量的蛋白质、脂肪和维生素；胚乳含碳水化合物最多，纤维最少。

国内薏仁米加工早期无专用脱粒设备，当地薏仁米种植农户用家用脱米机进行调试加工，在后期经过不断摸索改进，由机械加工厂家进行研究开发，可以提供市场需要的薏仁米专用脱粒设备，糙米率都在 58% 以上，薏仁米脱粒设备技术工艺的进步，为薏仁米产业化进程提供了加工技术保障。薏仁米加工工艺初步可分为清理、砻谷和碾米 3 个主要工序，清理工艺主要为清除薏仁毛谷中各种杂质的过程，砻谷为谷糙分离得到糙米的过程，碾米为去除薏糙米麸皮得到精米的过程。不同产区毛谷加工品质数据见表 3。

薏仁米的加工品质除与机械加工设备的先进性、工艺的合理性、技术工人的熟练性有关以外，还与薏仁米谷壳结构、毛谷含水率有关。在实际生产中，除了自然晾晒以外，需经过人工烘干以后再进行加工，提高加工品质。为确保统计准确性与合理性，本样品用同一仪器设备，相同的操作方法，毛谷含水率控制在 13% 以下，通过实验统计，不同地域的薏仁米糙米率都在 58% 以上，整精米率在 50% 以上。

表3　不同产区薏仁毛谷加工品质数据

序号	样品名称	糙米率（%）	整精米率（%）	不完善率（%）
1	贵州兴仁薏仁米	68.5	59.5	5.8
2	云南师宗薏仁米	63.5	55.4	6.8
3	广西西林薏仁米	65.7	55.8	6.2
4	福建蒲城薏仁米	64.8	54.5	8.5
5	浙江衢州薏仁米	65.5	54.3	6.5
6	辽宁锦州薏仁米	63.1	52.5	5.8
7	四川泸州薏仁米	58.2	53.2	6.6
8	湖北蕲春薏仁米	62.5	56.3	6.7
9	老挝薏仁米	60.5	51.2	6.4

以上，不完率在5%以上。其中兴仁薏仁米的糙米率为最高，可以达到68%以上，整精米率59.5%以上，不完善率在5.8%以下，四川泸州薏仁米糙米率在60%以下，该样品毛壳较为坚硬，呈现黑褐色珐琅质，脱粒较为困难。

3. 蒸煮食味品质分析

蒸煮食味品质即指薏仁米在蒸煮和食用过程中所表现的各种理化及感官特性。薏仁米难以蒸煮，在日常生活中需要加水浸泡后再蒸煮，蒸煮时间较长，影响薏仁米蒸煮的因素有淀粉糊化温度、膨胀性、吸水性，以及薏仁米蒸煮后的软硬性、黏滞性及色、香、味等。评定薏仁米的蒸煮食味品质需要通过实地的蒸煮试验和品尝试验来完成，薏仁米的食味主要取决于薏仁米中直链淀粉、蛋白质、水分、脂肪酸含量等。鉴于影响薏仁米蒸煮特性的原因较多，也无针对薏仁米蒸煮品质的相关标准，结合现有的文献报道和实验室现有的实验条件，采用测试薏仁米的淀粉糊化温度和蒸煮后的人工品尝感官指标综合评分去反映薏仁米蒸煮食味品质。其中人工品尝感官评分细则为将薏仁米蒸煮后的评价内容分为香气、色泽、柔软性、黏性、滋味五项内容，其中每项内容评分等次为好、较好、一般、较差、差五个等级，每个等级评分对应为5分、4分、3

分、2 分、1 分。参加鉴品的人数为 10 人，以综合平均分进行鉴评。不同地域薏仁米蒸煮后的感官食味品质综合评分见表 4，感官食味评分细则见表 5。

表 4　不同地域薏仁米蒸煮后的感官食味品质综合评分

地域	贵州	云南	四川	湖北	广西	辽宁	福建	浙江	东南亚
评分	48.50	46.80	46.20	44.50	41.30	45.60	48.30	46.50	40.30

表 5　感官食味评分细则表

评分	香气					色泽					柔软性					黏性					滋味					平均分
	好	较好	一般	较差	差	好	较好	一般	较差	差	好	较好	一般	较差	差	好	较好	一般	较差	差	好	较好	一般	较差	差	
人数																										
得分																										

对于薏仁米蒸煮食味的品质需要采用传统的人工品尝方法进行综合测评，测评指标主要是依据香气、色泽、柔软性、黏性、滋味五项内容进行综合评分，根据测评结果看，贵州兴仁，福建浦城薏仁米得分最高为 48 分以上，东南亚薏仁米得分最低为 40.3 分，说明小粒薏仁米蒸煮食味方面更加优于大粒薏仁米。薏仁米经过蒸煮后食味较为清淡，无特殊异味，在生活中一般作为熬粥、煲汤主要食材，为改善薏仁米蒸煮品质，现在市场上有薏仁熟食粉出售，用开水浸泡即可食用，极大地提高并改善了薏仁的食用品质。

淀粉糊化有一个温度范围，双折射现象开始消失的温度称为开始糊化温度，双折射现象完全消失的温度称为完全糊化温度。不同作物淀粉的糊化温度不相同，其中直链淀粉含量越高的淀粉，糊化温度越高；即使是同一种淀粉，因为颗粒大小不同，其糊化温度也不相同。一般来说，小颗粒淀粉的糊化温度高于大颗粒淀粉的糊化温度。

根据不同地域（产区）薏仁米淀粉糊化温度（测试结果见图3）数据结果来看，薏仁米糊化温度除东南亚以外都在70℃以上，其中以广西西林的薏仁米淀粉糊化温度最高为78.6℃，东南亚（老挝）薏仁米糊化温度较低为67.8℃。从糊化温度可以看出，薏仁米较难以蒸煮，终其原因与淀粉结构密切相关，小粒薏仁米结构紧密，淀粉糊化温度较高，不易蒸煮，大粒则相反，糊化温度较低。在生活实践中蒸煮薏仁米前需要用水浸泡，待充分吸水后，蒸煮较为容易，说明吸收膨胀后能够影响糊化温度。

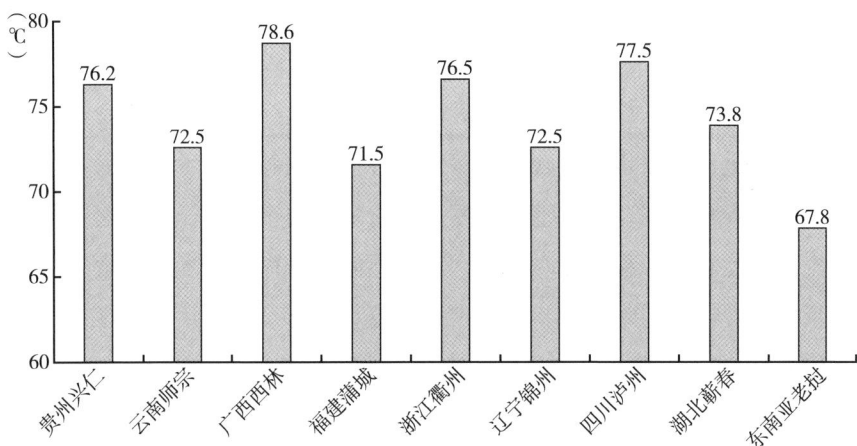

图3 不同地域（产地）薏仁米糊化温度

4.营养品质分析

薏仁米营养品质主要取决于薏仁米蛋白质、淀粉、脂肪酸、氨基酸、微量元素、维生素等。淀粉作为薏仁米的主要成分，其含量占薏仁米的50%以上，是决定薏仁米食用品质的主要因素。淀粉又分为支链淀粉和直链淀粉，直链淀粉是影响薏仁米食用品质的主要因素。研究发现，直链淀粉易溶于水，但黏性小，其含量的高低与食物的蒸煮品质及食用品质呈负相关关系，与蒸煮后食物的硬性呈正相关关系，与浸泡吸水率呈负相关关系。当食物中直链淀粉含量高时，吸水率高，膨胀率较大，蒸煮后食物相对较硬，颗粒间较松散。根据相关文献报道,直链淀粉在 12%～19% 的薏仁米,蒸煮时吸水率低,蒸煮的薏仁米粒柔软,黏性较大,涨性小,冷却后仍能维持柔软的质地,食味品质好;直链淀粉含量在 20%～24% 的薏仁米,蒸煮时吸水率高,体积膨胀较大,糊化温度高,薏仁米粒蓬松,较硬,冷却后变硬;直链淀粉含量在 25% 以上的薏仁米,蒸煮时薏仁米粒蓬松、硬、黏性差,冷却后薏仁米粒变得更硬。根据表 6 不同地域(产区)薏仁米营养成分分析测试数据可以看出,全国主产区薏仁米中淀粉含量较高,平均在 55% 以上,其中以贵州贞丰龙场产的薏仁米淀粉含量最高,其淀粉含量为 62.3%,淀粉含量相对较低的为云南师宗、福建浦城其淀粉含量分别为 51.5%、54.7%。

蛋白质在薏仁米粒的细胞壁中有较多的存在,淀粉细胞中淀粉粒之间也存在有填充蛋白质。蛋白质含量的多少将直接影响到薏仁米粒的吸水性,薏仁米的蛋白含量较高,米粒结构紧密,淀粉粒间的空隙小,吸水速度慢,吸水量少,因此薏仁米粒蒸煮时间长,淀粉不能充分糊化,米饭黏度低,较松散。蛋白质含量低的薏仁米,其薏仁米粒更具香味、柔软性和黏性;含量高的薏仁米其米粒更硬,具有较高的咀嚼性。根据表 6 不同地域(产区)薏仁米营养成分分析测试表的测试数据可以看出,全国薏仁米中蛋白质含量较高,平均在 15% 以上,其中以贵州晴隆产的薏仁米蛋白质含量最高,其蛋白质含量高达 20% 以上,蛋白质含量相对较低的为贵州紫云板当、贵州贞丰龙场,其蛋白质含量分别为 13.5%、13.8%。

薏仁米中脂类含量也是影响薏仁米蒸煮后米粒可口性的主要因素之一,油酸含量较高,薏仁米粒光泽较好,薏仁米粒香味与米粒所含不饱和脂肪酸有关。但是,油脂的水解和氧化所产生的酸败,也是引起薏仁米陈化和劣变的重要原因。根据表 6 不同地域(产区)薏仁米营养成分分析测试表的数据可以看出,不同产地的薏仁米中脂肪含量差异很大,最高的为东南亚缅甸产的薏仁米,其脂肪含量高到 8.4% 以上,脂肪含量最低的为紫云板当,其薏仁米中所含脂肪含量仅为 2.6%。

表 6 不同地域（产区）薏仁米主要营养成分测试表

地域名称、名称 营养指标、指标	蛋白质（%）	脂肪（%）	淀粉（%）	
贵州兴仁下山	17.9	4.4	57.9	
贵州晴隆碧痕	20.2	3.6	58.1	
贵州普安青山	17.0	4.4	60.4	
贵州紫云板当	13.5	2.6	61.6	
贵州安龙龙广	15.6	6.1	59.5	贵州省
贵州贞丰龙场	13.8	4.1	62.3	（主产区）
贵州兴仁巴铃	15.1	3.9	62.1	
贵州晴隆安谷	17.8	5.1	55.2	
贵州安龙洒雨	18.7	3.2	59.0	
贵州兴义万峰林	16.3	5.5	58.8	
东南亚（缅甸）	17.0	8.4	53.0	
广西西林	16.3	6.6	56.2	
福建浦城	18.9	5.6	54.7	
四川泸州	15.8	6.6	58.2	其他省
湖北蕲春	17.7	5.9	57.8	
贵州兴仁	15.7	6.6	58.1	
云南师宗	17.4	6.1	51.5	

贵州作为全国薏仁米主产区，测试样品涵盖了贵州省所有薏仁米的产区，通过省内不同产区薏仁米营养指标对比统计，蛋白质含量存在差异，最高为晴隆碧痕，最低为紫云板当，其蛋白质含量别为 20.2%，13.5%，脂肪含量存在显著性差异，最高为安龙龙广，最低为紫云板当，其脂肪含量分别为 6.1%，2.6%，全省薏仁米中淀粉含量差异较小，平均都在 55% 以上。

氨基酸是蛋白质的构建模块，人体内有 20 多种氨基酸，其中 9 种是必需氨基酸，需通过饮食从食物中摄取。由于蛋白质是由氨基酸构成，因此我们需要富含蛋白质的食品以获取足够的必需氨基酸。通过不同地域（产区）薏仁米中氨基酸的含量测试表中可知，薏仁米中 16 种氨基酸的含量都在

12%以上，主产区云南师宗、东南亚老挝、贵州兴仁，其氨基酸含量分别为12.7%，12.9%，13.3%，氨基酸中各成分组成数据见表7不同地域薏仁米中氨基酸含量测试。

表7 不同地域薏仁米氨基酸含量

指标 名称	天门冬氨酸	苏氨酸	谷氨酸	脯氨酸	甘氨酸	丙氨酸	缬氨酸	蛋氨酸	异亮氨酸	亮氨酸	酪氨酸	苯丙氨酸	赖氨酸	组氨酸	精氨酸	氨基酸总量
云南师宗	0.79	0.39	2.93	1.11	0.31	1.25	0.27	0.29	0.52	1.86	0.31	0.75	0.24	0.28	0.49	12.7
东南亚老挝	0.28	0.40	2.93	1.09	0.35	1.27	0.72	0.27	0.52	1.80	0.27	0.78	0.26	0.30	0.55	12.9
贵州兴仁	0.83	0.40	3.15	1.13	0.30	1.35	0.72	0.27	0.54	1.95	0.28	0.76	0.24	0.29	0.49	13.3

微量元素为人体所需的一大类营养物质，属于矿物质中的一部分，人体不能合成，只能从外界食物和水中摄入，微量元素虽然在人体内的含量不多，但与人的生存和健康息息相关，对人的生命起至关重要的作用。微量元素的摄入过量、不足、不平衡或缺乏都会不同程度地引起人体生理的异常或发生疾病。微量元素最突出的作用是与生命活力密切相关，极少量就能发挥巨大的生理作用。维生素也是人和动物为维持正常的生理功能而必须从食物中获得的一类微量有机物质，在人体生长、代谢、发育过程中发挥着重要的作用。维生素既不参与构成人体细胞，也不为人体提供能量，但是维持身体健康所必需的一类有机化合物，在物质代谢中起重要作用。这类物质由于体内不能合成或合成量不足，所以虽然需要量很少，但必须经常由食物供给。

在食品的营养价值评价中，微量元素与维生素的含量也作为评价食物营养价值的参考评价指标。薏仁米为特色杂粮，根据测试结果，也含有丰富的微量元素和维生素，其不同产地薏仁米中所含的维生素与微量元素测试数据结果见表8。

表8 不同地域薏仁米微量元素、维生素测试结果

名称 指标	铜 （mg/100g）	铁 （mg/100g）	钙 （mg/100g）	硒 （ug/100g）	维生素 B1 （mg/100g）	维生素 B2 （mg/100g）
东南亚老挝	0.50	3.29	14.5	8.60	0.402	0.11
贵州兴仁	0.50	3.78	50.1	8.80	0.412	0.20
云南师宗	0.53	4.32	46.3	6.20	0.423	0.22
福建浦城	0.51	3.24	23.5	5.32	0.425	0.24
辽宁锦州	0.51	3.56	21.4	6.25	0.416	0.22

5. 药用品质分析

薏仁米为药食两用植物，性凉，味甘淡，入脾、胃、肺经。具有利水渗湿、健脾胃、清肺热、止泄泻等作用，根据2015版《中华人民共和国药典》中对薏苡仁药材质量的规定，对薏苡仁中水分、总灰分、浸出物、甘油三油酸酯有相应要求，其中水分要求不得超过15%，总灰分不得超过3%，浸出物不得少于5.5%，甘油三油酸酯不得少于0.5%。通过对全国薏仁米主要产区样品的测试比较分析，样品均符合药典要求，其中甘油三油酸脂以云南师宗（黑壳）含量最高，其薏仁米中所含的甘油三油酸脂含量为1.02%，贵州兴仁为0.75%。不同地域薏仁米药用指标测试见表9。

表9 不同地域薏仁米药用指标测试

单位：%

名称指标	水分	总灰分	浸出物	甘油三油酸酯
贵州兴仁（白壳）	10.2	1.8	10.1	0.75
云南师宗（黑壳）	12.2	1.7	9.4	1.02
福建浦城（白壳）	11.8	1.8	9.2	0.68
辽宁锦州（白壳）	12.5	1.7	10.5	0.70
东南亚老挝（黑壳）	10.9	2.1	9.7	0.64
广西西林（白壳）	12.5	1.9	11.3	0.76

6. 安全指标分析

根据现有的薏仁米产品标准中对其安全指标的要求，安全指标主要有黄曲霉素、重金属、农药残留等，现结合薏仁米生产中的实际，选取测试黄曲霉素 B1、部分重金属（铅、砷、汞、镉）、部分农药残留（草甘膦、吡虫啉、多菌灵、抗蚜威、三唑酮）作为安全评价指标。通过测试，除东南亚薏仁米中检测出重金属铅超过规定限量值以外，其他地区所产薏仁米中的黄曲霉素 B1、重金属、农药残留都在规定的限定值范围内（见表10）。

表10   不同地域（产区）薏仁米安全指标测试

名称 指标	黄曲霉素 B1 ug/100g	铅 mg/kg	砷 mg/kg	汞 mg/kg	镉 mg/kg	草甘膦 mg/kg	吡虫啉 mg/kg	多菌灵 mg/kg	抗蚜威 mg/kg	三唑酮 mg/kg
贵州兴仁(白壳)	未检出	未检出	未检出	未检出	未检出	未检出	未检出	未检出	未检出	未检出
云南师宗(黑壳)	未检出	未检出	未检出	未检出	未检出	未检出	未检出	未检出	未检出	未检出
福建浦城(白壳)	未检出	未检出	未检出	未检出	未检出	未检出	未检出	未检出	未检出	未检出
辽宁锦州(白壳)	未检出	未检出	未检出	未检出	未检出	未检出	未检出	未检出	未检出	未检出
东南亚老挝(黑壳)	未检出	0.087	未检出	未检出	未检出	未检出	未检出	未检出	未检出	未检出
广西西林(白壳)	未检出	未检出	未检出	未检出	未检出	未检出	未检出	未检出	未检出	未检出

本薏仁米品质分析报告是建立在现有收集的主要薏仁米产区（中国8个省份、东南亚）96份样品测试数据基础之上，初步建立以感官品质、加工品质、蒸煮食味品质、营养品质、药用品质、安全指标这六大类作为评价薏仁米品质的测试指标，客观反映了各个产区薏仁米品质指标数据的差异。但是，本报告测试指标数据量相对较少，未进行合理完整的统计分析，不能

进行严格意义上的质量比对，特别是评价指标较多，单一的指标对比并不能全面反映薏仁米的品质，尤其是薏仁米的营养品质跟蒸煮品质呈现负相关，为客观评价薏仁米的品质增加了难度。同一个产区的薏仁米在不同的指标对比中数据差异很大，不能仅凭其中部分数据含量高低去衡量品质的好坏，需要综合评价，本报告的测试对比数据仅为以后研究、合理评价薏仁米品质优劣做一数据支撑。

附 录
Appendices

B.18
薏仁米产区政府联合倡议书

中国·兴仁

李发耀 起草

为提升薏仁米质量与品牌建设，推动薏仁米产业发展，带动薏仁米产区经济建设，助推薏仁米产业与健康中国的实践，借2018年中国质量万里行促进会走进贵州兴仁的时机，兴仁县人民政府、兴义市人民政府、贞丰县人民政府、普安县人民政府、晴隆县人民政府、册亨县人民政府、望谟县人民政府、义龙试验区管委会，贵州省盘州市人民政府、云南省师宗县人民政府、福建宁化县人民政府等12家薏仁米产区政府代表，共同向全国薏仁米行业提出如下倡议。

一、形成薏仁米产业发展协同机制，建立全国薏仁米产区互通信息平台，互联、互通、共推薏仁米产业发展。

二、提升薏仁米产区产地环境保护，建立薏仁米产地环境资源评价系统、种质资源保护系统、生产加工规范系统、产品质量追溯系统。

三、发挥标准在薏仁米产业中的作用，加快薏仁米产区产地环境标准建设、种质资源标准建设、育苗标准建设、种植技术标准建设、病虫害防治标准建设、采收加工标准建设、产品系列标准建设、质量安全标准建设、贮运标准建设等。

四、坚持质量第一，安全第一，自觉遵守国家相关法律法规，履行社会责任，牢固树立质量意识、安全意识、诚信意识、服务意识，始终把提高薏仁米及其系列产品的质量和安全放在首要位置，把质量管理落到实处。

五、坚持品牌就是生命，共同推进薏仁米品牌价值快速增长，建立各产区薏仁米品牌保护制度。

六、改善和塑造薏仁米产区企业形象，坚守社会契约精神，建立薏仁米现代企业制度，形成薏仁米企业诚信文化与质量自觉的意识。

七、推进薏仁米生态产品、质量产品、文化产品、品牌产品、扶贫产品的全方位产业行动，共同维护薏仁米产业发展。

基于上述提议，薏仁米产区政府有责任有义务一起形成共识，联手行动，共同以质量品牌为目标，携手并进，做大做强薏仁米产业，助推"健康中国建设"。

B.19
中欧地理标志互认第二批清单：
兴仁薏仁米

李发耀* 起草

1. 地理标志名称

兴仁薏仁米（兴仁苡仁米）

2. 受保护地理标志名称类别

粮油类

3. 申请者

申请者名称：兴仁市薏仁米产业发展办公室

地址：贵州省黔西南布依族苗族自治州兴仁市振兴大道 22 号；

邮编：562300

4. 中国原产地的保护

受保护日期：2013 年 12 月 10 日

受保护证据：国家市场监督管理总局（原国家质量监督检验检疫总局 2013 年第 167 号批准公告）

5. 产品描述

兴仁薏仁米产于著名的"中国薏仁米之乡"贵州省兴仁市。产品质量特点显著，以"小（颗粒）、白（颜色）、亮（度）、香（米）、糯"而知名，具有外观饱满，颗粒匀称，表面光滑，色灰白，腹沟适中的独特品质，富含蛋白质、脂肪、多种氨基酸和维生素以及有益人体的多种微量元素。

---

* 李发耀，贵州省社会科学院研究员，研究方向为社会可持续发展。

（1）感观特色

外观饱满，颗粒匀称，表面光滑，色灰白，腹沟适中。

（2）理化指标

粒径 3 ~ 9mm，蛋白质含量≥14.5%，脂肪含量≥5.5%。

6. 地理区域的简明定义

地理区域界限：兴仁薏仁米（兴仁苡仁米）产地范围为贵州省黔西南州兴义市、兴仁县、安龙县、贞丰县、普安县、晴隆县、册亨县、望谟县 8 个县市现辖行政区域。

兴仁薏仁米（兴仁苡仁米）主要栽培管理要点如下。

（1）选种

选用饱满粒大且有光泽的种子。

（2）种子处理

用 5% 石灰水或 1∶100 的波尔多液浸种 24 小时至 48 小时后用清水冲洗，再以 60℃温水浸种 30 分钟。

（3）播种

每年 4 月上旬至 4 月中旬，采用穴播，行距 50cm，窝距 50cm，穴中心深度 5cm。将种子均匀播入穴内，每穴 8 粒至 12 粒。

（4）中耕除草

分两次进行，第一次苗高 5cm 至 10cm，第二次苗高 30cm。

（5）施肥追肥

每 667m^2（1 亩）施腐熟有机肥 3000kg 至 5000kg 和 45% 复合肥 40kg。

（6）辅助授粉

开花盛期上午以绳索等工具振动植株进行辅助授粉。

上述生产过程均在规定的地理区域内进行。

7. 与地理地域的关联性

兴仁薏仁米（兴仁苡仁米）的品质特色与产区气候、土壤、环境、人文等因素具有密切的关联性。

（1）与地理因素的关系

兴仁薏仁米（兴仁苡仁米）保护范围属珠江水系南北盘江流域，属典型的低纬度高海拔山区。整个地形西高东低，北高南低。最高点在兴义市七舍、捧乍高原顶峰，最低点在望谟县红水河边大落河口，境内薏仁米大多生长在北纬25度，海拔1200～1600米之间。核心产区兴仁市多丘陵和河谷盆地，地势开阔，水源条件好，是主要的粮油农作区，特别适合薏仁米的生长。此外，境内广泛分布着适宜薏仁米生长的黄壤土与水稻土，土壤中有机质和微量元素含量丰富，土壤呈中性和微酸性，土质疏松湿润，是薏仁米生长的好环境。

（2）与气候环境因素的关系

兴仁薏仁米品质形成与黔西南州的气候条件有密切关系。薏仁米为喜温湿植物，生长适宜温度25℃～30℃，年降雨量1200毫米以上，空气相对湿度75%～80%，土壤含水量30%左右。

产区兴仁气候属亚热带温暖湿润的季风气候。年平均气温15.2℃，年活动积温4531.1℃。年无霜期280天。大部分地区农作物以一年两熟为主。年日照时数1553.2小时。日照率为35%，在贵州属日照条件较好的地区。全年降水量1320.5mm，雨季降水量1116.3mm，占全年降水量的84.5%。全境降雨量充沛，热量充足，雨热同季，冬无严寒，夏无酷暑，为薏仁米生长提供了良好的环境。薏仁米在20℃～30℃的气温条件下是最佳生长时间，核心区的兴仁市6～8月的年平均气温为23.2℃，非常适合薏仁米的生长。整个区域属低纬度、适度海拔、日照兼具，是兴仁薏仁米品质优越的因素之一。

（3）与人文因素的关系

兴仁薏仁米种植历史悠久，品质特点突出。据（清）道光《兴义府志》记载："府属贫瘠之地皆产薏仁米，府驻之地优"。又据《黔南丛书》记载，西南产薏米，市场多奇货，多食可胜瘴疟之气，这说明黔西南州的薏仁米在历史上就有相当的特殊地位。

同时，薏仁米产区的世居民族主要为苗族和布依族。在长期的生产和生活过程中，当地居民发现薏仁米不仅可以治病，还可以作为主要食物，每逢佳节和亲朋好友到访之际，餐桌上决不会缺少一份以薏仁米为主的食品，以表达对客人的尊敬和祝福。目前，薏仁米产区保留丰富的薏仁米文化习俗。

8.（如存在）标签和使用的具体规则

无

9. 负责审查产品规范方面的管理机构/管理机关

兴仁市市场监督管理局

Chinese Coix Seed：Xingren Manifesto

1. Names of geographical indications

Xingren Coix Seed

2. Classification of protected geographical indication names

Cereals and oils

3. Applicants

Name of applicant：Xingren Coix Seed Industry Development Office

Address：No. 22, Zhenxing Dadao, Xingren City, Buyi and Miao Autonomous Prefecture, Southwest Guizhou Province

Zip code：562300

4. Protection of Origin in China

Date of protection：From December 10, 2013

Evidence of Protection：Notice No. 167, 2013, by State Administration of Market Supervision and Administration (former General Administration of Quality Supervision, Inspection and Quarantine).

5. Product Description

Xingren coix seed is produced in Xingren City, Guizhou Province, which is the famous "hometown of Chinese coix seed". It is known to have such remarkable quality features as "small, white, bright, fragrant, and glutinous", with unique quality of having plump and uniform particles, smooth surface, gray-white color, and being rich in protein, fat, a variety of amino acids and vitamins, as well as a variety of trace elements beneficial to human body.

(1) Sensory characteristics

The appearance is full. The granules are even. The surface is smooth. The color is grayish white, and the groin is moderate.

(2) Physical and chemical indicators

Particle size: 3 mm to 9 mm.

Protein content: $\geqslant 14.5\%$.

Fat content: $\geqslant 5.5\%$.

6. Geographical Protection Areas of Xinren Coix Seed

Xingren coix seed is produced in the following areas in southwestern Guizhou Province, namely Xingyi City, Xingren County, Anlong County, Zhenfeng County, Pu'an County, Qinglong County, Ceheng County and Wangmo County.

The main cultivation and management points of Xingren coix seed are as follows:

(1) Seed selection

Choose plump, large and lustrous seeds.

(2) Seed preparation

Soak the seeds in 5% limewater or 1 : 100 Bordeaux solution for 24 to 48 hours, then rinse them with clean water, and then soak them in warm water of 60 ℃ for 30 minutes.

(3) Sowing

Every year from early April to mid-April, hole sowing is adopted, with 50 – cm row spacing and hole spacing, and 5 – cm hole depth. Seeds were evenly sown into the holes, 8 to 12 seeds per hole.

(4) Intertillage and weeding

The first intertillage and weeding should be done when the seedling height is 5 cm to 10 cm, and the second is when seedling height reaches 30 cm.

(5) Fertilizing and topdressing

3000 – 5000 kg of decomposed organic fertilizer and 40 kg of 45% compound fertilizer for every 667 m^2.

(6) Assisted pollination

In the morning of blooming season, vibrate the plants with ropes and other tools to assist pollination.

The above-mentioned production processes are carried out in the prescribed geographical areas.

7. Relevance with Geographical Areas

The quality characteristics of Xingren coix seed are closely related to the climate, soil, environment and humanities of the producing area.

(1) Relation with Geographical Factors

The protection area of Xingren coix seed is a typical mountain area of low-latitude and high-altitude, which belongs to the North-South Panjiang valley of the Pearl River system. The whole terrain is high in the West and low in the east, high in the north and low in the south. The highest point is at Qishe and Pangzha plateau in Xingyi City, and the lowest point is at Daluohe Estuary near Hongshui River in Wangmo County. Most of the coix seed grows at 25 degrees north latitude and between 1200 and 1600 meters above sea level. The core production area, Xingren City, is hilly and a valley basin with open terrain and good water source conditions. It is the main grain and oil farming area, especially suitable for the growth of coix seed. In addition, loess and paddy soils suitable for the growth of coix seed rice are widely distributed in the territory. The soil is rich in organic matter and trace elements. The soil is neutral, slightly acidic, loose and moist, which is a good environment for the growth of coix seed.

(2) The relevance to climate and environmental factors

The quality of Xingren coix seed is closely related to the climate conditions in southwestern Guizhou. Coix seed is a kind of plant that likes warm and humid environment. It grows at 25℃ – 30℃ with annual rainfall of more than 1200 mm, relative air humidity of 75% – 80% and soil water content of about 30%.

The climate of the producing area is warm and humid monsoon climate in subtropical zone. The annual average temperature is 15.2℃ and the annual active accumulated temperature is 4531.1℃. The yearly frost-free period is 280 days. Most of the crops in the area are double cropping. The annual sunshine hours are 1553.2 hours. The 100% sunshine rate is 35%, the sunshine conditions is better than other areas in Guizhou. The annual precipitation is 1320.5 mm and 1116.3 mm in rainy season, accounting for 84.5% of the annual precipitation. The whole region has abundant rainfall, sufficient heat, hot and rainy season, no severe cold in winter and no heat in summer, which provides a good environment for the growth of coix seed. The best growing temperature for coix seed is under 20 – 30℃. The average annual temperature of Xingren City in the core area is 23. 2 C from June to August, which is very suitable for the growth of coix seed rice. Low latitude, moderate altitude and sufficient sunshine are the key factors of superior quality of Xingren coix seed.

(3) Relation with Humanistic Factors

Xingren coix seed has a long history and outstanding quality characteristics. In *Xingyi District Annals* in Qing Dynasty, it is recorded that "all barren areas of the government produce coix seed, and the best coix seed is produced where the capital city is ". According to the "*Southern Guizhou Series*", it's recorded that "the southwest of Guizhou produces coix of outstanding quality, eating which helps cure diseases caused by miasma", which shows that coix seed produced in Southwest Guizhou has a very special position in history.

At the same time, the inhabitants in coix seed producing area are mainly Miao and Buyi. In the long production history, local residents found that coix seed not only can cure diseases, but also can be used as the main food. During festivals and visits by relatives and friends, there will always be a food made of coix seed on the table to express respect and blessings to guests. At present, there are still colorful customs of coix seed in these areas.

8. Specifications for labeling and use

None.

9. Regulatory bodies/agencies responsible for product reviewing

Xingren Market Supervision and Administration Bureau.

权威报告・一手数据・特色资源

皮书数据库
ANNUAL REPORT(YEARBOOK)
DATABASE

当代中国经济与社会发展高端智库平台

所获荣誉

- 2016年，入选"'十三五'国家重点电子出版物出版规划骨干工程"
- 2015年，荣获"搜索中国正能量 点赞2015""创新中国科技创新奖"
- 2013年，荣获"中国出版政府奖・网络出版物奖"提名奖
- 连续多年荣获中国数字出版博览会"数字出版・优秀品牌"奖

成为会员

通过网址www.pishu.com.cn访问皮书数据库网站或下载皮书数据库APP，进行手机号码验证或邮箱验证即可成为皮书数据库会员。

会员福利

- 已注册用户购书后可免费获赠100元皮书数据库充值卡。刮开充值卡涂层获取充值密码，登录并进入"会员中心"—"在线充值"—"充值卡充值"，充值成功即可购买和查看数据库内容。
- 会员福利最终解释权归社会科学文献出版社所有。

数据库服务热线：400-008-6695
数据库服务QQ：2475522410
数据库服务邮箱：database@ssap.cn
图书销售热线：010-59367070/7028
图书服务QQ：1265056568
图书服务邮箱：duzhe@ssap.cn

社会科学文献出版社 皮书系列
SOCIAL SCIENCES ACADEMIC PRESS (CHINA)

卡号：782197576346
密码：

S 基本子库
UB DATABASE

中国社会发展数据库（下设 12 个子库）

全面整合国内外中国社会发展研究成果，汇聚独家统计数据、深度分析报告，涉及社会、人口、政治、教育、法律等 12 个领域，为了解中国社会发展动态、跟踪社会核心热点、分析社会发展趋势提供一站式资源搜索和数据分析与挖掘服务。

中国经济发展数据库（下设 12 个子库）

基于"皮书系列"中涉及中国经济发展的研究资料构建，内容涵盖宏观经济、农业经济、工业经济、产业经济等 12 个重点经济领域，为实时掌控经济运行态势、把握经济发展规律、洞察经济形势、进行经济决策提供参考和依据。

中国行业发展数据库（下设 17 个子库）

以中国国民经济行业分类为依据，覆盖金融业、旅游、医疗卫生、交通运输、能源矿产等 100 多个行业，跟踪分析国民经济相关行业市场运行状况和政策导向，汇集行业发展前沿资讯，为投资、从业及各种经济决策提供理论基础和实践指导。

中国区域发展数据库（下设 6 个子库）

对中国特定区域内的经济、社会、文化等领域现状与发展情况进行深度分析和预测，研究层级至县及县以下行政区，涉及地区、区域经济体、城市、农村等不同维度。为地方经济社会宏观态势研究、发展经验研究、案例分析提供数据服务。

中国文化传媒数据库（下设 18 个子库）

汇聚文化传媒领域专家观点、热点资讯，梳理国内外中国文化发展相关学术研究成果、一手统计数据，涵盖文化产业、新闻传播、电影娱乐、文学艺术、群众文化等 18 个重点研究领域。为文化传媒研究提供相关数据、研究报告和综合分析服务。

世界经济与国际关系数据库（下设 6 个子库）

立足"皮书系列"世界经济、国际关系相关学术资源，整合世界经济、国际政治、世界文化与科技、全球性问题、国际组织与国际法、区域研究 6 大领域研究成果，为世界经济与国际关系研究提供全方位数据分析，为决策和形势研判提供参考。

法律声明

"皮书系列"(含蓝皮书、绿皮书、黄皮书)之品牌由社会科学文献出版社最早使用并持续至今,现已被中国图书市场所熟知。"皮书系列"的相关商标已在中华人民共和国国家工商行政管理总局商标局注册,如LOGO( )、皮书、Pishu、经济蓝皮书、社会蓝皮书等。"皮书系列"图书的注册商标专用权及封面设计、版式设计的著作权均为社会科学文献出版社所有。未经社会科学文献出版社书面授权许可,任何使用与"皮书系列"图书注册商标、封面设计、版式设计相同或者近似的文字、图形或其组合的行为均系侵权行为。

经作者授权,本书的专有出版权及信息网络传播权等为社会科学文献出版社享有。未经社会科学文献出版社书面授权许可,任何就本书内容的复制、发行或以数字形式进行网络传播的行为均系侵权行为。

社会科学文献出版社将通过法律途径追究上述侵权行为的法律责任,维护自身合法权益。

欢迎社会各界人士对侵犯社会科学文献出版社上述权利的侵权行为进行举报。电话:010-59367121,电子邮箱:fawubu@ssap.cn。

社会科学文献出版社